Zhejiang Haiyang Lüyou Chanye
Fazhan Zonghe Yanjiu

NAL
宁波学术文库

CB33.201607

浙江海洋旅游产业
发展综合研究

项怡娴　苏勇军　邹智深 / 等著

ZHEJIANG UNIVERSITY PRESS
浙江大学出版社

图书在版编目（CIP）数据

浙江海洋旅游产业发展综合研究 / 项怡娴等著.
—杭州：浙江大学出版社，2018.10
ISBN 978-7-308-18434-2

Ⅰ.①浙… Ⅱ.①项… Ⅲ.①海洋－旅游业－
产业发展－研究－浙江 Ⅳ.①F592.755

中国版本图书馆 CIP 数据核字（2018）第 161001 号

浙江海洋旅游产业发展综合研究

项怡娴　苏勇军　邹智深 等著

策划编辑	吴伟伟（weiweiwu@ziu.edu.cn）
责任编辑	丁沛岚
责任校对	杨利军　夏湘娣
封面设计	春天书装工作室
出版发行	浙江大学出版社
	（杭州市天目山路 148 号　邮政编码 310007）
	（网址:http://www.zjupress.com）
排　　版	杭州中大图文设计有限公司
印　　刷	浙江省良渚印刷厂
开　　本	710mm×1000mm　1/16
印　　张	15
字　　数	254 千
版 印 次	2018 年 10 月第 1 版　2018 年 10 月第 1 次印刷
书　　号	ISBN 978-7-308-18434-2
定　　价	45.00 元

前　言

21 世纪是海洋经济时代,海洋开发已经成为世界经济新的增长点,亦是关系国家盛衰的战略利益空间。党的十八大报告提出:"提高海洋资源开发能力,发展海洋经济,保护海洋生态环境,坚决维护国家海洋权益,建设海洋强国。""建设海洋强国"的概念进入党的十八大报告,在当前国内外形势复杂的现状下,具有重要的现实意义和战略意义,是中华民族持续发展、走向世界强国的必由之路。在此背景下,我国海洋事业发展突飞猛进。2015 年,全国海洋生产总值近 6.47 万亿元,占国内生产总值的 9.6%。

海洋旅游(marine tourism)亦为我国沿海地区经济社会发展的支柱产业和国家海洋战略的重要组成部分,并有着巨大的发展潜力和广阔的提升空间。2012 年,国务院印发了《全国海洋经济发展"十二五"规划》,部署了海洋旅游业的发展,提出要"科学规划和开发滨海、海岛度假区等建设。实施旅游精品战略,因地制宜打造各具特色的滨海黄金旅游带"。2013 年 12 月,国家海洋局与国家旅游局签署了《关于推进海洋旅游发展的合作框架协议》,联合启动海洋旅游示范区的创建工作,适时推出一批全国海洋旅游示范县、示范岛和示范景区;支持一批重点海洋旅游景区发展成为具有较高国际知名度的精品旅游景区等。随着经济社会的发展,极地旅游、三沙旅游和无居民海岛旅游等新兴旅游方兴未艾。根据国际南极旅游业者协会(International Association of Antarctica Tour Operators, IAATO)统计,2013 年至 2014 年度,中国登陆南极的游客人数已达 3367 人次,仅次于美国和澳大利亚。2013 年 10 月,"椰香公主"号邮轮从海口秀英港码头出发,前往西沙海域永乐群岛,三沙旅游正式开启。2014 年,海洋旅游继续保持较快发展态势,邮轮游艇等新兴旅游业态发展迅速。全年海洋旅游业实现增值8872亿元,比上年增长12.1%,在整个海洋产业增加值构成比例中稳居第一,占比达到35.3%,海洋旅游业对我国东部沿海地区经济增长的拉动作用日益凸显。

浙江是我国的海洋大省,海岸线曲折绵长、海域岛礁众多、海岸类型多样、港口海湾资源丰富、滩涂面积广大、海洋渔业资源丰富。2011年,《浙江海洋经济发展示范区规划》的批复,标志着浙江海洋经济发展示范区建设上升为国家战略,成为国家区域发展战略布局的重要环节。根据规划,浙江将充分挖掘丰富的"海洋生产力",把海洋经济作为经济转型升级的突破口。浙江省内滨海和海岛旅游资源丰富,70多个岛屿拥有沙砾质海岸,沿海7大城市有2700个优良级单体,占全省的68.9%。优质单体相对集中在杭州湾北岸、宁波东南沿海、舟山群岛、温台沿海一带,旅游资源空间分布总体上呈现大分散、小集中的特点。海洋旅游在浙江的旅游产业中一直扮演着重要角色,特别是近10年来更是得到了长足发展,海洋旅游收入已经占到全省旅游经济总量的一半,在全省海洋经济总量中也有着举足轻重的地位。2016年2月,浙江省人民政府发布了《浙江省国民经济和社会发展第十三个五年规划纲要(2016—2020)》,强调:"统筹推进海洋经济发展示范区和舟山群岛新区建设,大力推进海港、海湾、海岛'三海联动',打造覆盖长三角、辐射长江经济带、服务'一带一路'的港口经济圈,推动海洋经济发展上新台阶","加强重要海岛开发和无居民海岛保护利用,积极发展非化石能源、港口物流、绿色石化、船舶制造、海洋旅游等产业。"大力发展浙江海洋旅游产业,契合浙江发展的新时代要求。但在浙江海洋旅游产业发展的过程中,由于开发随意性、盲目性较大,海洋文化内涵挖掘不够,导致产品定位雷同、层次较低、资源整体效益不高、盲目重复建设、缺乏创新等问题突出。另外,由于旅游管理和开发体制存在问题,"大旅游、小管理"的矛盾日益凸显,造成调控乏力,旅游资源、资金、人力等有效整合困难,对浙江海洋旅游资源潜力的进一步发挥形成制约。如何进一步创新管理体制,改善旅游管理部门职能,开发具有创新意义与符合时代潮流的海洋旅游产品,保持海洋旅游产业的可持续发展,是亟待解决的重要问题。

本书旨在全面解读改革开放以来,特别是进入"海洋世纪"后,浙江人民在省委、省政府的领导下,在海洋旅游产业发展领域所取得的辉煌成就,系统阐释浙江海洋经济发展战略上升为国家战略、国家"一带一路"战略层面，进一步发展海洋旅游产业、提升海洋旅游产业竞争力对实现浙江"十三五"奋斗目标的作用与意义，同时为当代浙江海洋社会经济建设建言献策。本书共八章：第一章主要阐述国内外海洋旅游研究的进展及发展方向；第二章主要梳理海洋旅游资源的分类、特征及发展状况等基本问题；第三章在界定海洋旅游产品基础上，对浙江海洋旅游产品体系构建及发展对策进行探讨；第四章以专题的形式，探讨了浙江海岛旅游的发展情况；第五章则以邮轮产业为例，阐述了浙江海洋旅游新业态发展；第六章以浙江省海洋经济发展示范区核心区宁波舟山为例，分析区域旅游协同发展的必要性与发展路径；第七章对浙江海洋旅游产业发展与城市经济之间的耦合协调进行了定性与定量分析；第八章则对浙江海洋旅游产业如何积极响应 21 世纪海上丝绸之路建设进行了深入思考。以上大致构成了本书的基本框架，希冀本书的出版对广大读者了解浙江海洋旅游产业的构成、内涵、特色、发展现状及未来发展态势有所帮助。

　　本书系浙江省重点创新团队（文化创新类）——"海洋文化研究创新团队"的系列研究成果之一；同时也是浙江省哲学社会科学重点研究基地——浙江省海洋文化与经济研究中心重大招标课题（项目编号：14HYJDYY04）研究成果之一。本书由项怡娴、苏勇军负责提纲拟定、研讨组织、全书统稿等工作，邹智深负责书稿的校对工作，相关章节分工如下：前言及第三、四章由苏勇军撰写，第一章由邹智深撰写，第二、六章由项怡娴撰写，第五章由沈世伟撰写，第七章由周春波撰写，第八章由周娟撰写。

　　本书得以付梓，是与各方力量的帮助和支持分不开的。感谢浙江海洋文化研究创新团队负责人龚缨晏教授、宁波大学人文与传媒学院院长张伟教授、浙江省哲学社会科学重点研究基地——浙江省海洋文化与经济研究中心主任李加林教授等一直以来的关心、支持和帮助，感谢浙江大学出版社吴伟伟老师为本书付出的辛劳。

　　本书期望能够客观、全面、深刻地思考浙江海洋旅游产业发展过程中面临的诸多问题，提出新时期浙江海洋旅游产业发展基本框架和运行体制，但由于浙江海洋旅游产业发展涉及面广，书稿中难免有挂一漏万之失；加之撰写时间仓促，学力有限，书稿中难免存在不当或错漏之处，敬请广大读者批评指正。本书广泛吸收了该领域最新的研究成果，这些成果尽可能在书中

——注释说明,若有遗漏,敬请见谅,在此一并感谢!

浙江省海洋文化研究创新团队

浙江省海洋文化与经济研究中心

2016 年 10 月 1 日

目录
CONTENTS

第一章　国内外海洋旅游研究进展

  人类与海洋的关系由来已久。海洋在人类历史上曾长久作为生产（主要是渔业生产和盐业生产）空间和交流（商业交流、文化交流等）通道而存在。法国著名学者 Rémy Knafou 教授研究发现，人类与海洋的新型关系，也就是海洋作为人类游憩和休闲的空间始于 17 世纪的荷兰（当时称"联合行省"）海滨。[①] 这种新型关系在此后一直有所丰富和发展，并逐渐扩散到全球。如今，全球约 3/4 的旅游活动发生在海滨、海岛和海洋上。从南极到北极，从太平洋到印度洋到大西洋，从东海、南海到地中海、加勒比海，从海滨到近海到远海，旅游者几乎无处不至。

  滨海地区从早期的"人烟稀少之地"[②]逐步发展成为 21 世纪令人向往的空间。滨海地区以其优越的地理位置和丰富的自然资源吸引着众人前往并在此开展一系列空间活动，包括居民定居、城市集聚、产业安置、港口建设、贸易流通，以及休闲场所的建设，等等。随着社会经济的发展，以及人们休闲意识的增强、闲暇时间的增多，滨海地区旅游业的发展已经成为滨海地区发展的强大动力。法国学者 Duhamel 认为滨海地区是 21 世纪"世界第一大旅游目的地"[③]；美国国家海洋和气象局曾在 1997 年公布："在滨海地区发生的活动中，没有一项活动的增长在数量和多样性上能超过滨海休闲旅游活动。"[④]

---

  ① Knafou R. Scènes de plage dans la peinture hollandaise du XVIIe sciècle[M]. Mappemonde, 2000,58(2):1-5.

  ② Corbin, A. Le territoire du vide. L'Occident et le desir du ravage 1750—1840[M]. Paris: Aubier.

  ③ Duhamel P,Violier P. Tourisme et littoral: un enjeu du monde[M]. Paris: Belin,2009.

  ④ 谷明.国外滨海旅游研究综述[J].旅游学刊,2008,23(11):87-84.

随着海洋旅游活动的发展,学术界关于海洋旅游的研究也不断深入。国外海洋旅游活动开始较早,并从 20 世纪 70 年代开始进入快速发展阶段,进入 21 世纪后仍有较强势头并成为现代旅游业增长最快的领域。与此同时,国外对于海洋旅游的研究与海洋旅游的发展实践是一致的,关于海洋旅游的研究成果随着实践发展不断丰富,且研究内容也在不断深化;尤其是进入 21 世纪后,相关的研究成果不断积累,研究的内容更加细致、更加深入。我国海洋旅游从 20 世纪 80 年代开始,2000 年后进入快速发展阶段,并成为我国海洋经济的支柱产业之一。

第一节　国外海洋旅游研究进展

一、国外海洋旅游研究特征

20 世纪,国外学者从实证主义、行为主义等角度,在地理学、经济学、社会学等领域,对海洋旅游进行了相关研究。研究的内容主要包括海岸地貌、海岸资源与旅游休闲之间的关系;滨海度假区的空间形态、开发模式;游客在滨海度假区的活动和行为,以及滨海地区的规划管理等。[①] 其中,旅游活动对滨海环境的影响及滨海环境的保护一直是研究的热点,今天也有不少学者进行相关研究;[②]此外,由于实践发展的需要,关于滨海度假区发展与演变的研究在这个时期发展得比较成熟,[③]研究成果也随着时代的发展不断增多。[④] 但是,这个时期关于海洋旅游的研究在整体上并未受到太多关注,不少成果只是从侧面在不同程度上涉及海洋旅游,如海洋资源的管理[⑤]、海洋

[①]　谷明. 国外滨海旅游研究综述[J]. 旅游学刊,2008 (11):87-84.

[②]　Schleupner C. Evaluation of coastal squeeze and its consequences for the Caribbean island Martinique[J]. Ocean & Coastal Management,2008,51(1):383-390

[③]　Chon K S, Oppermann M. Tourism development and planning in Philippines[J]. Tourism Recreation Research,1996,21(1): 35-43.

[④]　Prideaux B. The resort development spectrum—a new approach to modeling resort development[J]. Tourism Management,2000,21(3):225-240.

[⑤]　Graham T, Idechong N. Reconciling customary and constitutional law: managing marine resources in Palau, Micronesia[J]. Ocean & Coastal Management,1998,40(2-3):143-164

动物①及生态保护等,造成相关的研究成果有限,无论是研究广度还是研究深度都没有达到一定的层次。

进入 21 世纪后,国外海洋旅游不断发展,海洋旅游业在旅游产业中的分量不断上升,其经济效益、社会效益日益突出,使得关注海洋旅游的学者越来越多,并促使大批文献出现,研究成果不断完善。首先,研究领域不断拓宽。相关的研究成果涉及社会学、人类学、经济学、生态学、地理学、形态学、情景学等学科,研究人员来自不同的学科领域并从自身学科的角度对海洋旅游进行针对性研究,促进海洋旅游研究理论的成熟。其次,研究内容更加丰富。国外海洋旅游的研究紧随实践发展的需要,相关的研究内容基本涉及旅游活动的方方面面,主要包括:影响海洋旅游活动的要素;海洋旅游的管理;海洋环境保护的途径与保护价值;海洋旅游开发对生态环境和社会的影响;海洋旅游产品与旅游项目的研究;旅游市场主体研究,如旅游者行为研究、利益相关者研究等;海洋旅游可持续发展的实现,如滨海城市、海岛及港口的可持续发展等。

对于国外海洋旅游的研究内容,我们给出了 3 级分类表,根据研究对象的范围大小分为 1 级、2 级、3 级,每级对应相应的内容说明(见表 1-1)。研究方法更加科学、多样,体现在定性研究与定量研究相结合、实证研究与理论研究相结合,如层次分析、模糊数学、回归分析、网络分析等。并且能够借用其他学科的研究方法,实现多学科渗透、协同发展,以及利用现在的高新技术手段,如卫星图像、地理信息系统等,促进对滨海旅游的深入研究。

表 1-1　海洋旅游研究内容的 3 级分类

1 级	2 级	3 级
影响海洋旅游的因素	自然因素	空间形态,气候条件,海啸,风浪等
	人为因素	人工礁石,海洋污染,风力发电厂,海水酸化,新闻报道等

---

① Davis D, et al. Whale sharks in Ningaloo Marine Park: managing tourism in an Australian marine protected area[J]. Tourism Management, 1997, 18(5):259-271.

续表

1级	2级	3级
海洋旅游管理	研究领域	社会学、经济学、地理学、生态学、形态学、情景学
	其他方面	管理途径的创新,公益事业,以及私有化管理
海洋旅游地保护	保护途径	国家滨海公园的建立,新能源利用,污水治理,生态保护,法律,项目创新,遗产保护等
	保护意义	保护价值及非市场价值
	其他方面	环境影响评价体系存在问题
海洋旅游开发的影响	生态环境影响	野生动植物,滨海土地及植被,沙滩退化,水体污染
	社会影响	社会经济影响,人类身体健康等
旅游产品与旅游项目	传统旅游产品	沙滩,冲浪,潜水,垂钓,疗养,游艇等
	新兴旅游产品	野生动物表演,邮轮旅游
旅游市场主体研究	旅游者研究	个人特征,支付意愿,旅游动机,满意度,市场细分、晒黑理念等
	经营者研究	私人经营,滨海住宿业发展等
	其他利益相关者	旅游地居民
可持续发展的实现	旅游目的地的可持续	滨海城市、海岛、港口、国家滨海公园等
	相关评价	承载力评价,可持续发展评价指标构建,景区评价开发等

进入21世纪后,学者对于海洋旅游的研究,无论是研究领域、研究内容还是研究方法,都达到了较高的层次。值得注意的是,21世纪国外海洋旅游的研究紧随实践发展的需要,理论研究具有较强的实践指导意义。

二、国外海洋旅游研究主要内容

1.海洋旅游活动的影响因素

海洋旅游的开展以滨海地区丰富的资源为基础,旅游活动依赖于各种条件,特别是优美的自然条件。然而相对于国外海洋旅游的发展不断成熟,对于滨海地区旅游资源的分析与开发的文章却很少。除了少量关于对落后地区滨海资源分析的文章,大部分对于滨海旅游活动的影响因素研究,主要从旅游实践活动中存在的实际问题出发,且主要运用实证研究从自然因素和人为因素两个角度进行探讨。

对于海洋旅游活动自然影响因素的研究,不同的学者有不同的关注点。Agarwal 运用形态学理论,探讨了旅游吸引物空间布局对滨海度假区的影响。[①] Yuksel 以土耳其黑海地区为例,分析了气候条件对当地海洋旅游时节的影响。[②] Kathrin 研究了气候变化对爱尔兰主要滨海产业的影响,其中包括海洋旅游业、渔业等,并提出了各产业应对气候变化的措施。[③] Zahed 研究了日本海啸尤其是海啸产生的海洋漂浮物对海洋旅游业的影响,并以夏威夷为例,以灾前与灾后的旅游数据进行比较分析,为灾后海洋旅游的可持续发展提供了一些策略。[④] 此外,还有学者研究了海浪对旅游活动的影响及滨海礁石对于游客的吸引力,等等。[⑤]

在人为影响因素研究方面,Jang 评估了海洋污染对旅游经济的影响。[⑥] 同时,Rodrigues 对海水酸化的社会经济影响进行了评估,强调了对海洋旅游活动的影响。[⑦] Landry 以美国卡罗莱纳州北部沿海地区为例,研究了风力发电设施对当地旅游活动的影响。[⑧] Morgan 以美国佛罗里达关于滨海赤潮的新闻报道为研究对象,通过经验性分析,研究了新闻报道对海洋旅游活动的影响,研究发现新闻报道有助于提高公民的警觉或环保意识,对于滨海

---

① Agarwal S. Restructuring seaside tourism——the resort lifecyle[J]. Annals of Tourism Research, 2002, 29(1):25-55.

② Guclu Y. The determination of sea tourism season with respect to climatical conditions on the black sea region of Turkey[J]. Procedia Social and Behavioral Sciences, 2011, 19(12):258-269.

③ Kopke K, O'Mahony C. Preparedness of key coastal and marine sectors in Ireland to adapt to climate change[J]. Marine Policy, 2011, 35(6):800-809.

④ Ghaderi Z, Henderson J C. Japanese tsunami debris and the threat to sustainable tourism in the Hawaiian Islands[J]. Tourism Management Perspectives, 2013(8):98-105.

⑤ Costello M J. Long live Marine Reserves: a review of experiences and benefits[J]. Biological Conservation, 2014, 176(4):289-296.

⑥ Jang Y C, et al. Estimation of lost tourism revenue in Geoje Island from the 2011 marine debris pollution event in South Korea[J]. Marine Pollution Bulletin, 2014, 81(1):49-54.

⑦ Rodrigues L C, et al. Socio-economic impacts of ocean acidification in the Mediterranean Sea [J]. Marine Policy, 2013, 38(2):447-456.

⑧ Landry C E, et al. Wind turbines and coastal recreation demand[J]. Resource and Energy Economics, 2012, 34(1):93-111.

旅游地的环境压力具有缓解作用。① 此外,还有学者研究了石油污染②、人工礁石③等因素对海洋旅游活动的影响。

2.海洋旅游管理与相关保护研究

海洋旅游管理是海岸带管理的一部分,且海洋旅游的管理往往与滨海地区保护联系在一起,大多数滨海地区的管理都是出于对资源环境保护的目的。

(1)海洋旅游的管理

目前对海洋旅游管理的研究成果涉及社会学、经济学、生态学、地理学、情景学、形态学等领域,不同学者从各自专业领域对海洋旅游的某一方面进行研究,并对海洋旅游管理提出相应对策。Choi 从社会学角度研究了社区与海洋旅游之间的关系,提出了基于社区可持续发展的旅游管理策略;④法国学者英娜·波尔蒂娜运用旅游成本法,对法国滨海的捕鱼业和旅游业进行了经济评估,强调了旅游地经济价值和自然资源价值评估对滨海资源管理的重要性,同时强调了非市场化资源的价值在评估过程中的应用;⑤Daniel以美国特拉华州为例,探讨了沙滩维护成本,为滨海沙滩维护管理提供了一些对策;⑥Betty 从生态学的角度说明了欧洲海洋生态多样性保护的意义,认为滨海地区的整合管理是其重要途径;⑦还有学者运用形态学理论研究了大风浪旅游区游客安全的问题,并提出相应的解决措施。同时,一些学者还研究了海洋旅游管理的途径创新,像 Kelly 提出通过建立新型的旅游合作组

---

① Morgan K L,Larkin S L, Adams C M. Empirical analysis of media versus environmental impacts on park attendance[J]. Tourism Management, 2011, 32(4):852-859.

② Pena-Méndez E M, Astorga-Espana M S. Chemical fingerprinting applied to the evaluation of marine oil pollution in the coasts of Canary Islands (Spain)[J]. Environmental Pollution, 2001, 111(2):177-187.

③ Rendle E J, Rodwell L D. Artificial surf reefs: A preliminary assessment of the potential to enhance a coastal economy[J]. Marine Policy, 2014, 45(1):349-358.

④ Choi H, Sirakaya E. Sustainability indicators for managing community tourism [J]. Tourism Management, 2006, 27(6):1274-1289.

⑤ 沈世伟,苏勇军.海洋旅游:第二届中欧国际旅游论坛论文集[C].北京:海洋出版社,2014:112-127.

⑥ Daniel H. Replenishment versus retreat: the cost of maintaining Delaware's beaches[J]. Ocean & Coastal Management, 2001, 44(1):87-104.

⑦ Queffelec B, Cummins V, Bailly D. Integrated management of marine biodiversity in Europe: Perspectives from ICZM and the evolving EU Maritime Policy framework[J]. Marine Policy, 2009, 33(6):871-877.

织,来加强对滨海海洋旅游的管理;①Giuseppe以意大利撒丁岛为研究对象,
运用多重判据法,探讨了从海洋管理到区域整合管理,实现滨海资源、生态
旅游、环境保护三者的结合;②Kojima分析了日本滨海整合管理的实现方
式,以便缓解滨海资源与旅游之间的冲突,③等。

　　除此之外,学者们还从其他多个角度对海洋旅游的管理进行了探讨。
西班牙学者米盖尔・赛吉・利纳斯(Miguel Serge Linus)研究了海滩和公共
空间的私有化,这种私有化主要是指滨海地区使用权持续私有化,部分地区
限制公众进入,付费入内成为越来越普遍的现象;并且通过比较英美文化地
区,他认为拉丁文化地区的政府倾向于使用一系列的原因,如环境保护、避
免大众化、控制环境承载力等,来解释其私有化的政策;认为所有人都因为
随主流而接受了私有化,反抗私有化的声音日渐式微,人们从享有特权的公
民逐渐变成了消费者。④ Joanna Tonge以澳大利亚西海岸国家海洋公园为
例,运用IPA方法,从环境保护的重要性和游客满意度两方面进行了管理质
量评估,认为环境的保护比游客的满意度更为重要,呼吁管理者加强这方面
的意识。⑤

　　(2)海洋旅游地的保护

　　几乎所有文献均提及海洋旅游地保护问题,只是涉及的程度不同、侧重
点不同,且大多以实证研究为主,研究具有较强的针对性。对于旅游地保护
的研究,我们主要介绍三个方面,包括海洋旅游地保护的途径、保护的意义,
以及目前保护方式中存在的问题。

　　国外对于海洋旅游保护途径的研究主要有新能源的利用、海洋旅游活
动的创新、沙滩保护、法律保护、遗产保护、生态保护等几个方面,研究的范

---

① Kelly C, Essex S, Glegg G. Reflective practice for marine planning: A case study of marine nature-based tourism partnerships[J]. Marine Policy, 2012, 36(3):769-781.

② Ioppolo G, Saija G, Salomone R. From coastal management to environmental management: The sustainable eco-tourism program for the mid-western coast of Sardinia[J]. Land Use Policy, 2013, 31(2):460-471.

③ Kojima H, Kubo T, Kinoshita A. Integrated coastal management as a tool for local governance of coastal resources: A case study of Munakata coastal zone[J]. Ocean & Coastal Management, 2013, 81(3):66-76.

④ 沈世伟,苏勇军.海洋旅游:第二届中欧国际旅游论坛论文集[C].北京:海洋出版社,2014:10-19.

⑤ Tonge J, Moore S A. Importance-satisfaction analysis for marine-park hinterlands: A Western Australian case study[J]. Tourism Management, 2007, 28(3):768-776.

围广泛、角度新颖、实用性强。在新能源利用方面，Alfredo Bermudez-Contreras 研究了墨西哥滨海地区目前旅游业的能源消耗与水资源消耗情况，并对当地开发风能、太阳能等新能源进行了可行性分析，认为新能源的开发有利于环境保护和旅游业的长久发展；①Dalton 以澳大利亚昆士兰地区为例，对滨海地区大型酒店新能源的利用进行了分析。② 对于旅游活动的创新，Hunt 等人研究了东南亚深海潜水活动中"绿色潜水"方法的运用，并强调了这种潜水方法对海洋生态环境的保护作用。③ Buzinde 以西班牙滨海地区为例，讨论了游客对沙滩防护措施的感知，并根据研究结果，对沙滩防护措施的改进提出意见。④ Thur 等人从法律的角度对海洋旅游的生态环境、旅游资源等方面的保护进行了研究。⑤ Farina 对滨海地区文化遗产的保护进行了研究。⑥

海洋旅游地的保护，无论是对滨海地区生态环境的可持续发展，还是人类经济社会的发展，都具有重要意义。Chae 以英国兰迪滨海地区为例，对滨海旅游保护地的旅游价值与旅游成本进行了分析，运用旅游成本模型和消费者剩余理论，评估了滨海保护地的非市场价值。⑦ Farr 通过研究游客对大堡礁生态保护的态度，得出了海洋旅游过程中海洋物种的非消费价值，强调了海洋生物保护的重要性。⑧ 同时，Zubair 研究了马尔代夫滨海旅游对环境影响的评价报告，结合旅游主体的感知进行比较，指出目前的环境影响评价

① Bermudez-Contreras A. Renewable energy powered desalination in Baja California Sur, Mexico[J]. Desalination, 2008, 220(1):431-440.

② Dalton G J, Lockington D A, Baldock T E. Feasibility analysis of stand-alone renewable energy supply options for a large hotel[J]. Renewable Energy, 2008, 33(7):1475-1490.

③ Hunt C V, Harvey J J, Miller A, Johnson V. The Green Fins approach for monitoring and promoting environmentally sustainable scuba diving operations in South East Asia[J]. Ocean & Coastal Management, 2013, 78(78):35-44.

④ Buzinde C N. Tourists' perceptions in a climate of change Eroding Destinations[J]. Annals of Tourism Research, 2010, 37(2):333-354.

⑤ Thur S M. User fees as sustainable financing mechanisms for marine protected areas: An application to the Bonaire National Marine Park[J]. Marine Policy, 2010, 34(1):63-69.

⑥ Farina A, Pieretti N. The soundscape ecology: A new frontier of landscape research and its application to islands and coastal systems[J]. Journal of Marine and Island Cultures, 2012, 1(1):21-26.

⑦ Chae D R, et al. Recreational benefits from a marine protected area: A travel cost analysis of Lundy[J]. Tourism Management, 2012, 33(4):971-977.

⑧ Farr M, Stoeckl N, Beg R A. The non-consumptive (tourism) "value" of marine species in the Northern section of the Great Barrier Reef[J]. Marine Policy, 2014(43):89-103.

体系中存在的问题,并提出相应的修改措施。①

国外对于海洋旅游的管理与保护的研究,涉猎的范围较广,综合性强,研究角度细致、新颖,研究模式一般比较固定,大多以某方面存在的问题或现象进行分析,并采用适合的研究方法,得出相应的结论。这种具有较强针对性的研究,使其研究结果更具实操性,但也在一定程度上限制了研究成果的推广。

3.海洋旅游开发产生的影响

海洋旅游开发产生的影响,无论是对生态环境还是社会经济,一直是社会各界关注的热点。随着海洋旅游的不断发展,对其影响的研究成果也不断增多;进入21世纪,该领域研究紧随实践发展,理论成果也呈现出新角度、多姿态的特点。目前该领域研究主要集中在生态环境和社会经济两个方面。

学者们运用不同理论方法对海洋旅游开发产生的整体影响进行研究,既包括生态环境方面,又包括社会经济方面;同时将评价结果与其他方面的研究相结合,丰富了相关的研究成果。Ivana以克罗地亚滨海城镇为例进行实证研究,分析了旅游业发展给当地带来的消极影响,如沙滩腐蚀、生物多样性减少、居民与游客之间的冲突等;并在此基础上对当地的旅游政策进行了三方面的评价,包括当局处理消极影响的效率、利益相关者对当局处理的认可度、处理方式的技术可行性分析;认为当地对海洋旅游业的管理有所欠缺,相关政策有待进一步完善。② Xie运用形态学理论,研究了海洋旅游开发对斐济丹娜拉岛产生的影响,并认为立法措施是抵制开发破坏的有效途径。③

也有学者从某一个角度出发,研究海洋旅游产生的影响,如海洋旅游对海洋生物、沙滩、水体、经济、人类健康等方面产生的影响。虽然这类研究视角较为单一,但是研究较为深入,应用性强。在滨海动植物方面,Schleupner以加勒比马提尼克岛为例,运用GIS技术分析了当地旅游开发,尤其是酒店

---

① Zubair S, Bowen D, Elwin J. Not quite paradise: Inadequacies of environmental impact assessment in the Maldives[J]. Tourism Management, 2011, 32(2):225-234.

② Logar I. Sustainable tourism management in Crikvenica, Croatia: An assessment of policy instruments[J]. Tourism Management, 2010, 31(1):125-135.

③ Xie P F, Chandra V, Gu K. Morphological changes of coastal tourism: A case study of Denarau Island, Fiji[J]. Tourism Management Perspectives, 2013(5):75-83.

建设对生态环境的影响,包括对红树林的破坏、海岸的侵蚀、海平面上升等。[①] 此外,还有学者研究了潜水对珊瑚礁的破坏[②],游船对野生黄貂鱼的影响[③],以及海洋旅游对海鸟[④]、螃蟹[⑤]、鲨鱼[⑥]的影响等。对于滨海沙滩,Phillips 研究了滨海旅游对沙滩的侵蚀,并提出了相应的管理对策;[⑦]Daniel对葡萄牙滨海沙滩的旅游承载力进行了评价;[⑧]还有学者对沙滩质量的退化[⑨]、土地使用类型的转变[⑩]等方面进行了研究。同时,Mansour 构建了滨海旅游活动对水体重金属污染的评价体系,并对埃及赫尔加达地区进行了评价,认为应加强当地的海洋管理监督。[⑪] 在社会经济方面,Chi-Ok 以美国卡罗莱纳滨海地区为例,评估了公共沙滩的可进入性所带来的经济价值;[⑫]

① Schleupner C. Evaluation of coastal squeeze and its consequences for the Caribbean island Martinique[J]. Ocean & Coastal Management, 2008, 51(5):383-390.

② Hasler H, Ott J A. Diving down the reefs? Intensive diving tourism threatens the reefs of the northern Red Sea[J]. Marine Pollution Bulletin, 2008, 56(10):1788-1794.

③ Semeniuk C A D, et al. Hematological differences between stingrays at tourist and non-visited sites suggest physiological costs of wildlife tourism[J]. Biological Conservation, 2009, 142(8):1818-1829.

④ Velando A, Munilla I. Disturbance to a foraging seabird by sea-based tourism: Implications for reserve management in marine protected areas[J]. Biological Conservation, 2011, 114(3):1167-1174.

⑤ Schlacher T A, Jager R D, Nielsen T. Vegetation and ghost crabs in coastal dunes as indicators of putative stressors from tourism[J]. Ecological Indicators, 2011, 11(2):284-294.

⑥ Maljkovic A, Côté I M. Effects of tourism-related provisioning on the trophic signatures and movement patterns of an apex predator, the Caribbean reef shark[J]. Biological Conservation, 2011, 144(2):859-865.

⑦ Phillips M R, Jones A L. Erosion and tourism infrastructure in the coastal zone: Problems, consequences and management[J]. Tourism Management, 2006, 27(3):517-524.

⑧ Zacarias D A, Williams A T, Newton A. Recreation carrying capacity estimations to support beach management at Praia de Faro, Portugal[J]. Applied Geography, 2011, 31(3):1075-1081.

⑨ Mrini A E, et al. Beach-dune degradation in a Mediterranean context of strong development pressures, and the missing integrated management perspective[J]. Ocean & Coastal Management, 2012, 69(5):299-306.

⑩ Mendoza-González G, et al. Land use change and its effects on the value of ecosystem services along the coast of the Gulf of Mexico[J]. Ecological Economics, 2012, 82(20):23-32.

⑪ Abbas M, et al. Assessment and comparison of heavy-metal concentrations in marine sediments in view of tourism activities in Hurghada area, northern Red Sea, Egypt[J]. Egyptian Journal of Aquatic Research, 2013, 39(2):91-103.

⑫ Oh C O, et al. Valuing visitors' economic benefits of public beach access points[J]. Ocean & Coastal Management, 2008, 51(12):847-853.

Sajad 以拉姆萨滨海地区为例,研究了旅游与当地居民的交互影响等①。此外,Gerald 通过海水样本的比较试验,发现海洋旅游活动使得滨海浴场的海水质量下降,生成致病细菌,危害游客的身体健康。②

4.海洋旅游产品与项目

全球海洋旅游资源丰富,以资源为依托开展的旅游产品和旅游项目不胜枚举;对于这方面的研究成果也较为丰富。目前,国外学者研究的海洋旅游产品与项目主要有潜水、冲浪、海边垂钓、滨海疗养地、游艇、沙滩阳光浴、海洋野生动物参观及邮轮旅游等。国外对于海洋旅游产品与项目的研究往往与海洋旅游的管理、保护及旅游者行为等相结合,研究方法大多以实证研究为主,研究成果具有较强的指导性。

目前,国外对于潜水活动的研究大多与滨海环境保护、旅游者行为、滨海旅游业的可持续发展等方面相关。Harald Hasler 以埃及西奈半岛滨海地区为例,研究了潜水活动对滨海生态,尤其是对珊瑚礁的影响。③ Wongthong 从整合管理和旅游持续发展的角度,研究了泰国潜水活动存在的问题及解决途径。④ Smith 研究了潜水活动对鲨鱼产生的影响。⑤

国外对于冲浪、休闲垂钓、疗养地及游艇活动的研究,主要集中在参与这些活动的游客行为、开展这些活动所需要的条件、旅游管理和活动产生的影响等方面。Buckley 研究了冲浪者的行为及冲浪活动产生的影响,并为海洋旅游的管理提出了建议。⑥ Espejo 为滨海地区冲浪条件构建了定量的评

① Eshliki S A, Kaboudi M. Community perception of tourism impacts and their participation in tourism planning: a case study of Ramsar, Iran[J]. Procedia-Social and Behavioral Sciences, 2012, 36(6):333-341.

② Schernewski G, Schippmann B, Walczykiewicz T. Coastal bathing water quality and climate change a new information and simulation system for new challenges [J]. Ocean & Coastal Management, 2014,101(1):1-8.

③ Hasler H. Diving down the reefs? Intensive diving tourism threatens the reefs of the northern Red Sea[J]. Marine Pollution Bulletin, 2008, 56(10):1788-1794.

④ Wongthong P, Harvey N. Integrated coastal management and sustainable tourism: A case study of the reef-based SCUBA dive industry from Thailand[J]. Ocean & Coastal Management, 2014, 95(4):138-146.

⑤ Smith K R, et al. Scuba diving tourism with critically endangered grey nurse sharks (Carcharias taurus) off eastern Australia: Tourist demographics, shark behaviour and diver compliance[J]. Tourism Management, 2014, 45(1):211-225.

⑥ Buckley R. Surf tourism and sustainable development in Indo-Pacific islands[J]. Journal of Sustainable Tourism, 2002, 10(5):405-424.

估指标。① Cillari 研究了传统垂钓技艺对滨海休闲渔业的促进作用。② Schuhbauer 以厄尔多瓦大龟群岛为例,对该地区休闲渔业的发展情况进行了评估,并指出其中存在的问题,提出了改进措施。③ Crecente 以西班牙加利西亚滨海地区为例,通过考虑经济、社会、环境等多方面因素,构建了海水浴疗养地的综合评价模型,为该地海水疗养场所的选址提供了参考。④ Pranić等人以克罗地亚为例,研究了游客对小范围内游艇巡海游玩的满意度,并通过回归分析,将游艇游玩与国际航海游玩相比较,认为风景、美食及旅游目的地的名气对这类游客更具有吸引力。⑤

参观海洋野生动物,需要游客乘坐观光船或游艇到达深海区,在深海区对海洋野生动物进行近距离观看。对这一方面的研究主要集中在参观活动对海洋生物及生态环境的影响、旅游者行为等方面。Mustika 以印度尼西亚巴厘岛的海豚表演为例,研究了游客参与所产生的经济效益,同时也提出了表演活动存在的问题,指出管理当局应加强对海洋生物的保护。⑥ 此外,还有学者对参观野生鲸鱼、鲨鱼等活动进行了研究。⑦

自 1980 年以来,世界邮轮旅游人数呈快速增长趋势,几乎为世界旅游业平均增长速度的两倍;⑧国外邮轮旅游的快速发展,引起了诸多学者的关注。目前,国外关于邮轮旅游的研究主要包括对发展前景的预测、发展产生的影

① Espejo A, Losada I J, M'endez, F J. Surfing Wave Climate Variability[J]. Global and Planetary Change,2014,121(10):19-25.

② Cillari T, et al. The use of bottom longline on soft bottoms:An opportunity of development for fishing tourism along a coastal area of the Strait of Sicily (Mediterranean Sea)[J]. Ocean & Coastal Management,2012, 55(1):20-26.

③ Schuhbauer A, Koch V. Assessment of recreational fishery in the Galapagos Marine Reserve:Failures and opportunities[J]. Fisheries Research,2013, 144(2):103-110.

④ Crecente J M, et al. A multicriteria approach to support the location of thalassotherapy (seawater therapy) resorts:Application to Galicia region, NW Spain[J]. Landscape and Urban Planning, 2012, 104:135-147.

⑤ Pranić L, et al. Cruise passengers' experiences in coastal destinations-Floating "B&Bs" vs. floating "resorts":A case of Croatia[J]. Ocean & Coastal Management,2013, 84:1-12.

⑥ Mustika P L K, et al. The economic influence of community-based dolphin watching on a local economy in a developing country:Implications for conservation[J]. Eological Economics,2012, 79(4):11-20.

⑦ Ku K C, et al. A collaborative reference model for monitoring whale-watching quantity in the Hualien coastal area, Taiwan[J]. Ocean & Coastal Management,2014, 95(4):26-34.

⑧ 李瑞. 我国滨海旅游发展研究[M]. 北京:科学出版社,2012:9.

响等。Wood 探讨了邮轮旅游的发展与全球化问题,提出邮轮带来的"海上全球化"将导致海岛本土文化的退化。Johnson 认为,邮轮旅游的可持续发展,必须实现国际管理部门、邮轮部门及当地社区三者的合作,严格控制邮轮污染物的处理、设施供给、社区利益分配等因素,保证海洋环境的健康发展。Klein 通过探讨邮轮旅游对环境、经济及社会文化等方面产生的影响,认为邮轮企业应承担相应的责任,保护环境、保证利益相关者的权利,实现长远发展。[1]

5. 海洋旅游利益相关者研究

该领域研究主要从旅游者、经营者及其他利益相关者的角度出发,其中对海洋旅游者的研究占大多数。研究的方法依然以实证研究为主,并能够运用经济学、管理学、地理学等相关学科的理论方法,增加研究的科学性;且研究过程中大多与其他方面的研究相结合,注重研究的实用性,体现出研究的综合性。

(1)海洋旅游者的研究

对海洋旅游者的研究,一直是海洋旅游研究的热点,无论是经济学、社会学、生态学还是管理学,均有涉及。研究主要集中在海洋旅游者的出游动机、行为特征、支付意愿、感知与态度等方面。

Anna 以地中海塞浦路斯滨海地区为例,通过非结构化访谈对当地旅游者的出游动机进行了调查,得出不同游客会被不同的旅游吸引物所吸引的结论,认为当地设施无法对游客构成吸引力,为当局管理决策提供了参考。[2]James Catlin 对澳大利亚宁格罗滨海地区的野生动物游进行了纵向研究,通过比较当前与十年前的旅游数据,发现野生动物游已成为当地主要吸引力;并且通过分析游客的职业、年龄等方面的特征,发现当地游客的类型在不断地发生转变,并提出了应对这种转变的管理措施。[3] 不少学者还对旅游者支付意愿进行了研究:John 以泰国深水潜水者为研究对象,运用条件价值评估法,分析了潜水者为保护海洋环境所愿意支付的额外费用,发现游客基本愿

---

① Klein R A. Responsible Cruise Tourism:Issues of Cruise Tourism and Sustainability[J]. Journal of Hospitality and Tourism Management,2011,18(1):107-116.

② Farmaki A. An exploration of tourist motivation in rural settings:The case of Troodos, Cyprus[J]. Tourism Management Perspectives,2012,2(3):72-78.

③ Catlin J,Jones R. Whale shark tourism at Ningaloo Marine Park:A longitudinal study of wildlife tourism[J]. Tourism Management,2010,31(3):386-394.

意为环境保护支付额外费用;①Howard Peters 通过比较研究游客对海洋公园保护的支付意愿,发现大部分游客愿意支付,但部分游客对额外费用的征收机构,以及费用的使用存在质疑,倡导当地的管理机构应加强监督,完善管理;②Peter E. T. 以牙买加滨海地区为例,对旅游者的支付意愿进行了研究,发现旅游者更愿意支付"环境税",不愿意支付"旅游发展税",这为可持续的财政收入提供了渠道;③另外,Sevda 对土耳其梅尔辛港口④、Peter W. 对拉美巴巴多斯地区⑤旅游者的支付意愿进行了相关研究。

此外,还有学者对海洋旅游者的感知和态度进行了研究。在游客满意度方面,Jackie Ziegler 运用 IP 分析法研究了墨西哥海洋野生动物旅游者的动机,通过前后对比,分析了当地旅游者的满意度,发现当地旅游存在教育信息缺乏、过于拥挤、旅游成本过高等方面的不足;⑥Alexandra 对大堡礁游客满意度进行了 IP 分析,认为海洋生物的多样性、与其他游客的良好互动、游船的舒适度、游玩的质量、信息的可获得性等因素对于提高游客的满意度具有促进作用。⑦ 从游客对环境的保护态度出发,Jones 探讨了游客对希腊海龟保护地的感知,分析了游客对保护地的支付意愿,为当地管理提供了决策依据;⑧Juliana Silva 对比分析了滨海保护地与非保护地之间的差异,研究了不同性别、年龄等属性的旅游者的行为表现,认为应在非保护地加强环保

---

① Asafu-Adjayea J, Tapsuwan S. A contingent valuation study of scuba diving benefits: Case study in Mu Ko Similan Marine National Park, Thailand[J]. Tourism Management, 2008, 29(6): 1122-1130.

② Peters H, Hawkins J P. Access to marine parks: A comparative study in willingness to pay [J]. Ocean & Coastal Management, 2009, 52(3):219-228.

③ Edwards P E T. Sustainable financing for ocean and coastal management in Jamaica: The potential for revenues from tourist user fees[J]. Marine Policy, 2009, 33(2):376-385.

④ Birdir S, et al. Willingness to pay as an economic instrument for coastal tourism management: Cases from Mersin, Turkey[J]. Tourism Management, 2013, 36(3):279-283.

⑤ Schuhmann P W, et al. Recreational SCUBA divers' willingness to pay for marine biodiversity in Barbados[J]. Journal of Environmental Management, 2013, 121(121):29-36.

⑥ Ziegler J, Dearden P, Rollins R. But are tourists satisfied? Importance-performance analysis of the whale shark tourism industry on Isla Holbox, Mexico[J]. Tourism Management, 2012, 33(3):692-701.

⑦ Coghlan A. Facilitating reef tourism management through an innovative importance-performance analysis method[J]. Tourism Management, 2012, 33(4):767-775.

⑧ Jones N, et al. Visitors' perceptions on the management of an important nesting site for loggerhead sea turtle (Caretta caretta L.): The case of Rethymno coastal area in Greece[J]. Ocean & Coastal Management, 2011, 54(8):577-584.

教育。① 另外,Christine N. 研究了气候变化对滨海滩涂的侵蚀,并通过访谈分析了游客对这一现象的态度,运用列斐伏尔三角模型模拟了滨海地的供求双方,以及由于气候变化导致的土地空间改变,为人与环境之间的和谐相处提出了对策。②

(2)市场经营者及其他利益相关者的研究

国外对于海洋旅游市场经营者的研究较少,只有少量的相关文献涉及。Bottema 研究了私人海洋旅游企业的发展潜力,他认为私有企业可以提高旅游者和社区的环境保护意识,增加旅游收入,提供海洋保护活动的资金支持;但在提供持续性、制度化的管理方面存在缺陷。③ Gunasekaran 以印度南部本地治里地区为例,研究了海洋旅游住宿业的影响因素。④

对其他利益相关者的研究也往往与海洋旅游者、海洋旅游的管理与保护等方面的研究相联系。Stephen 研究了欧洲地中海地区,包括游客、居民及管理机构在内的利益相关者对于建立滨海保护地的感知。⑤ Oh 基于公共沙滩及相关设施使用的角度,对当地居民与游客之间的利益进行了比较分析,发现游客更喜欢公共沙滩,而当地居民也支持公共沙滩的相关政策,但无法容忍沙滩的拥挤与噪声;并对当地的管理机构提出相关建议,如收取公共沙滩的停车费、完善相关沙滩设施等。⑥ Concu 以意大利阿尔盖洛滨海地区为例,分析了旅游者与当地居民之间的利益冲突,发现不仅居民与旅游者之间,而且居民与居民之间也存在冲突,认为旅游地的供给方与需求方之间

---

① Silva J N, Ghilardi-Lopes N P. Indicators of the impacts of tourism on hard-bottom benthic communities of Ilha do Cardoso State Park (Cananéia) and Sonho Beach (Itanhaém), two southern coastal areas of Sao Paulo State (Brazil)[J]. Ocean & Coastal Management, 2012, 25(58):1-8.

② Buzinde C N, et al. Tourists' perceptions in a climate of change Eroding Destinations[J]. Annals of Tourism Research, 2010, 37(2):333-354.

③ Bottema M J M, Bush S R. The durability of private sector-led marine conservation: A case study of two entrepreneurial marine protected areas in Indonesia[J]. Ocean & Coastal Management, 2012, 61(61):38-48.

④ Gunasekaran N, Anandkumar V. Factors of influence in choosing alternative accommodation: A study with reference to Pondicherry, a coastal heritage town[J]. Procedia-Social and Behavioral Sciences, 2012(62):1127-1132.

⑤ Stephen C, et al. Perceptions of stakeholders towards objectives and zoning of marine-protected areas in southern Europe[J]. Journal for Nature Conservation, 2008, 16(4):271-280.

⑥ Oh C O, et al. Comparing resident and tourist preferences for public beach access and related amenities[J]. Ocean & Coastal Management, 2010, 53(5):245-251.

的利益要进行重新分配。①

6.海洋旅游可持续发展的实现

旅游业的可持续发展一直是学者研究的热点,海洋旅游作为旅游业的分支也不例外。海洋旅游的可持续发展经常和海洋环境保护联系在一起,且大部分海洋旅游的文献都或多或少地涉及环境的保护、旅游业的长远发展。这类研究往往涉及社会学、管理学、地理学、生态学等多门学科;研究的方法以实证研究为主,并借鉴各学科的研究之所长。这里我们着重强调国外海洋旅游目的地的可持续发展,以及可持续发展实现的方法与评价,并对其进行归纳与整理。

海洋旅游目的地主要是指滨海城市、海岛及港口,且对海岛的可持续发展研究占多数。例如,Oreja Rodríguez 运用旅游地生命周期理论,研究了欧洲特纳列夫岛的旅游发展历程,认为该岛旅游的发展已步入成熟阶段,要通过加强生态环境的保护实现可持续发展;②Job 分析了肯尼亚贫穷小岛通过旅游开发所带来的经济、社会、生态等方面的影响,并探索了落后小岛旅游开发的可持续模式;③Sealey 以巴哈马岛屿为例,对旅游开发对岛屿的影响进行了评价,并探讨了岛屿生态的保护、生态恢复和旅游发展三者之间的关系。④ 此外,还有学者对滨海城市和港口的发展进行了研究,Ivars 以西班牙贝尼多姆为例,分析了城市的发展历程;并研究了在多重因素构成的复杂环境下滨海城市长久发展的模式和途径。⑤ Zazzara 研究了希腊科林斯港口城市的转型和发展机遇。⑥ 法国学者 Mondou 分析了马赛港作为地中海区域

---

① Concu N, Atzeni G. Conflicting preferences among tourists and residents[J]. Tourism Management, 2012, 33(6):1293-1300.

② Oreja Rodríguez J R, et al. The sustainability of island destinations: Tourism area life cycle and teleological perspectives[J]. The case of Tenerife. Tourism Management, 2008, 29(1):53-65.

③ Job H, Paesler F. Links between nature-based tourism, protected areas, poverty alleviation and crises The example of Wasini Island (Kenya)[J]. Journal of Outdoor Recreation and Tourism, 2013, (3):18-28.

④ Sealey K S, McDonough V N, Lunz K S. Coastal impact ranking of small islands for conservation, restoration and tourism development: A case study of The Bahamas[J]. Ocean & Coastal Management, 2014, 91(4):88-101.

⑤ Ivars i B J A, et al. The evolution of mass tourism destinations: New approaches beyond deterministic models in Benidorm (Spain)[J]. Tourism Management, 2013(34):184-195.

⑥ Zazzara L, et al. Changing port-city interface at Corinth (Greece): transformations and opportunities[J]. Procedia-Social and Behavioral Sciences, 2012(48):3134-3142.

邮轮业重要参与者所取得的发展,陈述了马赛转变了工业港的部分职能用以接待中低端的大众邮轮,并完成了对毗邻老港、紧挨新落成的地中海文化博物馆的区块地整治,用于接待游艇和高端小型邮轮,认为邮轮业是马赛为打造具有鲜明旅游形象的欧洲大都市而主动实施的一项强有力的政策。①

海洋旅游可持续发展研究还体现在学者对已开发旅游景区的评价、旅游环境承载力研究及景区的等级评价等方面。Blancas 运用基于主成分分析的两步聚类法构建综合指标体系,对海洋旅游地的各项资源进行评价,强调资源保护对滨海地区长久发展的重要性;②同时,他还运用目标规划法构建综合评价指标,并在安达卢西亚地区加以应用,得出当地不同类型的旅游资源的主要特征及它们的优劣势,为当地海洋旅游可持续发展提供指导。③此外,Jurado 通过构建数学方程对滨海旅游地的承载力进行了评估,并分析了海洋旅游地可持续发展的优势与挑战,为海洋旅游的管理与开发提供依据。④ Rangel-Buitrago 运用模糊数学法对加勒比哥伦比亚 135 个景区进行评估,并根据评估结果将 135 个景区分为 5 级,1、2 级景区的自然和社会参数较高,3、4 级处于中等,5 级景区最低;提出通过加强管理、监督等措施,来改善中低档景区中的不协调因素。⑤ Liaghat 通过层次分析法对马来西亚波德申地区的旅游开发进行了评价,指出目前当地旅游发展中存在的问题,并提出了相应的改进措施。⑥

① 沈世伟,苏勇军.海洋旅游:第二届中欧国际旅游论坛论文集[C].北京:海洋出版社,2014:36-48.

② Blancas F J, et al. The assessment of sustainable tourism: Application to Spanish coastal destinations[J]. Ecological Indicators, 2010, 10(2):484-492.

③ Blancas, Rafael Caballero, Mercedes González. Goal programming synthetic indicators: An application for sustainable tourism in Andalusian coastal counties[J]. Ecological Economics, 2010, 69(11):2158-2172.

④ Jurado E N, et al. Carrying capacity assessment for tourist destinations. Methodology for the creation of synthetic indicators applied in a coastal area[J]. Tourism Management, 2012, 33(6):1337-1346.

⑤ Rangel-Buitrago N, et al. Assessing and managing scenery of the Caribbean Coast of Colombia[J]. Tourism Management, 2013, 35(4):41-58.

⑥ Liaghat M, et al. A multi-criteria evaluation using the analytic hierarchy process eechnique to analyze coastal tourism sites[J]. APCBEE Procedia, 2013(5):479-485.

第二节　国内海洋旅游研究进展

中国是海洋大国,拥有1.8万多千米的大陆海岸线和300万平方千米的管辖海域,①沿海跨越热带、亚热带、温带三个气候带,拥有"阳光、沙滩、海水、绿色、空气"五大旅游资源基本要素。20世纪90年代以来,我国海洋旅游产业蓬勃兴起并得到迅速发展,海洋旅游资源开发渐趋深入,海洋旅游产业规模不断壮大,产品日益丰富,社会效益与经济效益显著。2009年国务院办公厅发布了《国务院关于推进海南国际旅游岛建设发展的若干意见》,提出了我国海洋旅游业发展的战略任务,吹响了我国海洋旅游开发和建设的号角。同年国务院第41号文件《国务院关于加快发展旅游业的意见》提出,要"培育新的旅游消费热点。大力推进旅游与文化、体育、农业、工业、林业、商业、水利、地质、海洋、环保、气象等相关产业和行业的融合发展",指明了大力发展海洋旅游经济的方向。在此背景下,我国海洋旅游产业发展迅速。据中国海洋经济统计公报,2015年我国海洋旅游业增加值为10877.15亿元,达到历年最高,以40.6%的占比位居海洋产业之首,并已形成了"四带一区"的产业格局(渤海湾旅游带、长江三角洲旅游带、珠江三角洲旅游带、海峡西岸旅游带和海南旅游区)。

一、国内海洋旅游研究特征

在中国期刊全文数据库(CNKI)输入关键词"海洋旅游"(含"滨海旅游",下同。时间截至2016年6月),文献收录来源设置为SCI、CSSCI、CSCD、EI等核心期刊来源,共搜到相关文献1384篇,其中,期刊文章945篇,博士论文21篇,硕士论文284篇,重要会议论文134篇。检索发现,我国海洋旅游的研究始于20世纪80年代,进入21世纪后,海洋旅游研究快速发展,研究成果逐年增多,并出现一系列以海洋旅游为研究对象的硕士、博士论文(见表1-2)。这不仅表明我国海洋旅游呈现出快速发展的趋势,同时也

①　中华人民共和国版图[EB/OL].(2017-7-28)[2017-10-23].http://www.gov.con/guoqing/2017-07/28/content_5043915.htm.

表明海洋旅游研究更加多元化和专业化。

表 1-2　国内海洋旅游相关文献数量统计　　　　　（单位：篇）

年份	期刊数量	博士论文	硕士论文	重要会议论文
20 世纪 80 年代	3	0	0	0
1990	2	0	0	1
1991	1	0	0	1
1992	2	0	0	2
1993	1	0	0	0
1994	7	0	0	0
1995	12	0	0	0
1996	13	0	0	0
1997	9	0	0	0
1998	11	0	0	0
1999	35	0	0	0
2000	20	1	1	1
2001	21	0	2	0
2002	32	0	0	3
2003	25	0	1	2
2004	45	0	2	6
2005	47	0	3	9
2006	40	2	7	5
2007	43	0	14	14
2008	69	3	22	4
2009	76	2	25	23
2010	83	5	38	10
2011	99	3	51	34
2012	106	2	71	12
2013	111	3	50	7
2014	30	0	2	0

注：统计时间截至 2014 年 6 月。

　　根据文献数量统计,我国沿海的 9 个省份(台湾除外),作为海洋旅游研究对象均有涉及,但涉及的文献数量差距明显(见表 1-3)。从城市空间尺度看,目前国内海洋旅游的研究对象主要集中在较为知名的大中型城市,如大连、烟台、青岛、秦皇岛、上海、宁波、厦门、深圳、三亚等(见表 1-4)。同时,国内对岛屿的研究基本上都以舟山群岛和海南岛为主,研究的对象很少涉及其他岛屿。这些数据反映了我国海洋旅游在空间尺度上存在研究力度不均衡的问题。

表 1-3　滨海旅游研究文献的省际分布

省份	辽宁	河北	山东	江苏	浙江	福建	广东	广西	海南	总计
文献数量 /篇	54	22	74	18	51	37	61	51	41	409
所占比例 /%	13.2	5.4	18.1	4.4	12.5	9.0	14.9	12.5	10.0	100

注:统计范围不包括台湾,时间截至 2014 年 6 月。

表 1-4　海洋旅游研究文献的市际分布

城市	大连	天津	烟台	青岛	上海	舟山	宁波	厦门	福州	深圳	广州	海口	防城港	北海
文献数量 /篇	50	8	10	125	14	95	9	18	2	16	17	8	10	19
所占比例 /%	12.5	2.0	2.5	31.2	3.5	23.7	2.2	4.5	0.5	4.0	4.2	2.0	2.5	4.7

注:计算采用四舍五入的方法,时间截至 2014 年 6 月。

二、国内海洋旅游研究的主要内容

　　概括而言,国内海洋旅游研究主要集中在海洋旅游资源、海洋旅游产业与产品、海洋旅游影响等领域。

　　(一)海洋旅游资源研究

　　1.海洋旅游资源调查与分类

　　早期海洋旅游的文章大多从区域旅游开发的角度,对当地的海洋旅游资源进行调查分析。仲桂清对辽宁省滨海旅游资源开发的分析①、王诗成对山东滨海旅游资源的探讨②、王晓青对山东沿海旅游资源及开发的思考③、周山对广西滨海旅游资源的初探④、杜丽娟对河北省滨海旅游资源的分析与开发⑤等。陈娟根据海洋旅游资源的属性,将海洋旅游资源分为海洋自然旅游资源和海洋人文旅游资源两类,并在此基础上提出了我国海洋旅游资源的特点。⑥

2.海洋旅游资源评价

海洋旅游资源评价的研究较多,以研究方法分类:一是以定性研究方法为主,这在海洋旅游研究早期阶段最为突出。陈砚对厦门滨海旅游资源整体性的评价分析,认为海湾、海岛等滨海资源是厦门旅游业持续发展的潜力资源。⑦ 保继刚将滨海旅游资源的特点概括为"3s",即阳光(sun)、海水(sea)和沙滩(sand),指出滨海旅游资源是一种共性大、个性(独特性)小的旅游资源。二是以定量和定性二者相结合的研究方法为主,并且不断得以推广。⑧ 曲丽梅选取景观价值特征、环境氛围和开发条件作为评价因子,运用数学模型和综合评分的方法对辽宁滨海旅游资源进行了评价。⑨ 舒惠芳运用层次分析法对深圳滨海旅游资源进行了定量综合评价,并借助 GIS 技术对深圳旅游资源的结构和空间分布特征进行了分析。⑩ 林燕以厦门为例,运用层次分析法从自然资源、人文资源、资源协调性、开发与保育及知名度五个方面构建了海洋旅游资源评价指标体系。⑪

---

① 仲桂清.辽宁省滨海旅游资源开发[J].海洋与海岸带开发,1992,9(2):24-27.

② 王诗成.关于山东发展滨海旅游资源的探讨[J].现代渔业信息,1995,10(7):1-5.

③ 王晓青.山东沿海旅游资源及开发思考[J].人文地理,1996,11:54-56.

④ 周山,刘润东.广西滨海旅游资源开发初探[J].广西师范学院学报,1997,14(4):12-17.

⑤ 杜丽娟,韩晓兵.河北省滨海旅游资源特征与旅游业发展思路[J].地理学与国土研究,2000,16(2):65-67.

⑥ 陈娟.中国海洋旅游资源可持续发展研究[J].海岸工程,2003,22(1):103-108.

⑦ 陈砚.厦门市滨海旅游资源优势与潜力[J].海岸工程,1999,18(2):94-103.

⑧ 保继刚,等.滨海沙滩旅游资源开发的空间竞争分析:以茂名市沙滩开发为例[J].经济地理,1991,(2):89-93.

⑨ 曲丽梅,仲桂清,李晶.辽宁省滨海旅游资源分区及评价研究[J].海洋环境科学,2001,22(1):53-57.

⑩ 舒惠芳,李萍,江玲.基于 GIS 的深圳旅游资源评价与区划[J].热带地理,2010,30(2):205-209.

⑪ 林燕,陈婧妍.滨海旅游资源评价指标体系的构建及应用:以厦门为例[J].海洋信息,2013(1):43-48.

3.海洋旅游资源的保护与可持续发展

海洋旅游资源的保护与可持续发展也同样一直贯穿在海洋旅游研究之中。朱坚真通过分析北部湾滨海旅游资源的特点、产业发展状况、开发利用过程中存在的问题及原因,提出了开发与保护环北部湾滨海旅游资源的对策。[①] 刘佳结合滨海旅游自身特点,构建由资源、生态、经济、社会四个承载子系统构成的滨海旅游环境承载力评价体系,按照评价体系的层次结构构造判断矩阵,采用层次分析法确定评价指标权重,运用物元评价模型和灰色预测模型,对山东半岛蓝色经济区滨海环境承载力水平进行量化测度与系统分析。[②] 齐丽云从环境生态的角度,将影响滨海旅游的可持续发展因素总结为资源环境、经济环境、社会环境和管理监控四个方面,并通过实证研究发现旅游资源、民众环保意识、环保投入、环保宣传教育等因素对滨海旅游发展的可持续性影响较大。[③]

4.海洋旅游资源的空间结构

掌握旅游资源的空间结构有利于合理布局区域旅游产业。目前,国内海洋旅游资源空间结构的研究主要从整个东部沿海、滨海城市和海岛型旅游地三个层面进行。宁凌选取海洋空间资源、海洋生物资源、海洋矿产资源和滨海旅游资源五个方面对中国海洋资源的概况进行了描述,并将我国沿海各省市根据资源的丰度和开发程度划分为四个层次。[④] 陈君从旅游资源的成因、空间组合及开发优势的角度分析了我国旅游资源的基本格局大致呈"S"形态势,由北向南划分为四大旅游带十大旅游区。[⑤] 张广海在总结海洋功能区划理论的基础上,根据青岛市海洋资源属性、开发利用条件及其现状特点,将青岛旅游划分为东部、南部、胶州湾、西海岸四大功能区。[⑥] 陆林以舟山群岛为例,对海岛型旅游地旅游资源的空间结构及空间结构的演化

① 朱坚真,周映萍.环北部湾滨海旅游资源开发与保护初探[J].中央民族大学学报,2009,39(184):29-35.

② 刘佳,于水仙,王佳.滨海旅游环境承载力评价与量化测度研究[J].中国人口·资源与环境,2012,22(9):163-170.

③ 齐丽云,贾颖超,汪克夷.滨海生态旅游可持续发展的影响研究[J].中国人口·资源与环境,2011,21(12):238-241.

④ 宁凌,唐静,廖泽芳.中国沿海省市海洋资源比较分析[J].中国渔业经济,2013,31(1):41-49.

⑤ 陈君.我国滨海旅游资源及其功能分区研究[J].海洋开发与管理,2003(3):41-47.

⑥ 张广海,李雪.青岛市海洋功能区划研究[J].国土与自然资源研究,2006(4):5-6.

机理进行了研究。①

(二)海洋旅游产业与产品研究

1.海洋旅游产业发展研究

国内海洋旅游产业发展研究开始时间较早,研究对象包括中国东部沿海的各地理区域,包括渤海湾、舟山群岛、大亚湾、北部湾等,以及沿海各行政区域,包括沿海九省区市,以及各级城市等。张耀光②、王利③、夏雪④等对渤海湾滨海旅游的发展进行了研究;杨效忠⑤、王大悟⑥、黄蔚艳⑦等对舟山群岛旅游发展进行探讨;李燕宁⑧、张瑞梅⑨等对北部湾旅游开发进行研究;孙希华⑩、刘佳等对山东滨海旅游的开发进行研究;林璇华⑪等对广东滨海旅游发展进行探讨;戈健梅⑫、王树欣⑬、陈扬乐⑭等对海南岛滨海旅游开发进行研究。目前,国内海洋旅游发展研究主要集中在大区域或者知名城市,对中小城市海洋旅游研究较少。

2.海洋旅游产品研究

近年来,沿海各地都把海洋旅游业作为经济先导产业来抓,除保留原有的"观海景、戏海水、尝海鲜、买海货"等传统旅游项目外,还着力推出冲浪、帆板、海钓、邮轮、沙滩球类等富有特色、参与性强的现代海洋旅游产品体

① 陆林.海岛型旅游地空间结构演化机理:以浙江省舟山群岛为例[J].经济地理,2006(6):1051-1053.

② 张耀光,李春平.渤海海洋资源的开发与持续利用[J].自然资源学报,2002,17(6):768-774.

③ 王利,魏代娉.环渤海地区海洋经济优化发展分析[J].经济与管理,2011,25(9):84-88.

④ 夏雪,韩增林.环渤海滨海旅游与城市发展耦合协调的时空演变分析[J].海洋开发与管理,2014(7):60-66.

⑤ 杨效忠,舟山群岛旅游资源空间结构研究[J].地理与地理信息科学,2004,20(5):87-90.

⑥ 王大悟.海洋旅游开发研究:兼论舟山海洋文化旅游和谐发展的策略[J].旅游科学,2005(5):68-72.

⑦ 黄蔚艳.海洋旅游者危机认识实证研究:以舟山市旅游者为个案[J].经济地理,2010,30(5):865-870.

⑧ 李燕宁.广西环北部湾滨海旅游发展优势及策略[J].经济与社会发展,2007,5(11):90-93.

⑨ 张瑞梅.广西北部湾滨海旅游可持续发展探析[J].广西民族大学学报,2011,33(4):114-118.

⑩ 孙希华.山东滨海旅游资源开发及其问题[J].资源开发与市场,2004,20(5):395-398.

⑪ 林璇华.广东滨海旅游存在的问题及对策思考[J].沿海企业与科技,2007,84(5):133-134.

⑫ 戈健梅,龚文平.海南岛的滨海旅游[J].海岸工程,1999,18(2):104-108.

⑬ 王树欣,张耀光.海南省滨海旅游业发展优势与对策探析[J].海洋开发与管理,2009,26(9):91-94.

⑭ 陈扬乐.海南省潜在滨海旅游区研究[M].北京:海洋出版社,2013.

系。基于此,学术界对海洋旅游产品的关注也越来越多。

　　滨海休闲度假区是一种复合型旅游产品,产品形式多样,娱乐性、参与性较强。魏敏分析了我国滨海旅游度假区存在的问题,包括缺少科学论证、开发定位不明确、缺乏文化内涵、缺乏统一立法约束、环境问题日益严重等,并提出了相应的解决措施。① 刘杰武分析了深圳东部滨海度假区发展特点,在此基础上提出建议,创新滨海度假模式,树立顶级国际滨海度假胜地形象。② 但与国外相比,我国滨海旅游度假区的研究明显滞后,滨海旅游度假区开发实践中出现的诸如开发过热、低效重复建设、低劣的文化品位和旅游开发城市化或房地产化模式等不良现象在一定程度上与理论研究滞后有关。

　　滨海休闲渔业的研究大多以具体区域为对象,研究其优劣势与发展策略。王茂军对大连休闲渔业进行了资源分析,认为休闲渔业的发展必须定位于"海",要加强渔业与旅游业的联系。③ 张广海对青岛市海洋休闲渔业发展进行了探索,提出了相应的发展对策。④ 这种针对性的研究方法,对于研究区域的休闲渔业开发具有较强的指导意义,但同时,也造成了缺少普适性的缺点。

　　邮轮旅游在我国刚刚兴起,对其研究较少。余科辉系统介绍了世界邮轮经济、邮轮目的地和邮轮母港的概况,分析了邮轮旅游目的地要素,指出我国港口发展邮轮经济应重点关注港口自身条件、潜在客源市场、地区吸引力等几个方面。⑤ 慎丽华分析了青岛发展邮轮经济的潜力,认为青岛邮轮旅游经济在旅游资源、帆船品牌、通关经验等方面具有特色优势。⑥ 张言庆探讨了邮轮旅游产业经济特征、发展趋势及对中国的启示。⑦ 由于邮轮旅游在我国刚刚起步,加上邮轮消费的高门槛,这在一定程度上限制了国内对于邮

---

　　① 魏敏.我国滨海旅游度假区的开发及保护研究[J].中国社会科学院研究生学报,2010,177(3):78-83.

　　② 刘杰武.深圳东部滨海度假区发展特点及建议[J].特区经济,2013(2):91-92.

　　③ 王茂军,栾维新.大连市发展滨海休闲渔业的资源分析和对策[J].人文地理,2002,17(6):46-50.

　　④ 张广海,董志文.青岛市海洋休闲渔业发展初探[J].吉林农业大学学报,2004,26(3):347-350.

　　⑤ 余科辉.世界邮轮旅游目的地与邮轮母港研究[J].商业经济,2007(7):94-95.

　　⑥ 慎丽华,杨晓飞,董江春.青岛发展邮轮旅游经济潜力分析[J].消费经济,2012,28(1):65-68.

　　⑦ 张言庆.邮轮旅游产业经济特征、发展趋势及对中国的启示[J].北京第二外国语学院学报,2010(7):26-33.

轮旅游的研究。

3.海洋旅游产品品牌研究

国内海洋旅游产品的品牌研究近几年刚刚起步,相关的研究成果较少,研究的对象往往局限在特定的区域。陈剑宇对福建省休闲渔业"水乡渔村"的品牌建设进行了分析。① 宁霁对日照海洋旅游品牌的打造进行了研究。② 方雅贤以大连滨海旅游品牌为例,基于文化视角对旅游品牌形象塑造与传播进行了研究。③

(三)海洋旅游影响研究

1.海洋旅游的经济影响

我国海洋旅游发展迅速,已经成为海洋经济的重要组成部分,且发展潜力巨大。而目前,国内对于海洋旅游的经济影响的研究大多只是强调海洋旅游发展本身的经济意义。王海壮分析了大连市滨海旅游的经济影响,并针对负面影响提出了相应的对策与建议。④ 张耀光对辽宁省主导海洋产业进行了分析,强调了滨海旅游产业的经济效益。⑤ 李作志、王尔大以大连市为例,对滨海旅游的经济价值进行了评价,为实现旅游活动和旅游资源管理从粗放型向集约型的转变,以及景区定价机制的改进提供借鉴。⑥ 周武生对广西滨海旅游经济效益进行了分析,认为广西滨海旅游对经济贡献比较大,经济效益较好。⑦ 张广海等通过分析山东省海洋旅游经济发展规模、速度、产业贡献度和国际客源市场等地域差异,揭示了山东省海洋旅游经济存在明显的地域不平衡性,提出了构建山东省三级海洋旅游圈的空间发展模式,

---

① 陈剑宇,郑耀星.福建省休闲渔业暨"水乡渔村"品牌建设浅析[J].农村经济与科技,2009,20(8):42-43.

② 宁霁,林德山.打造海洋旅游品牌塑造滨海文化名城[J].科技创业家,2012(9):237.

③ 方雅贤.基于文化视角的旅游品牌形象塑造与传播研究:以大连滨海旅游品牌为例[J].辽宁师范大学学报,2014,37(3):355-360.

④ 王海壮,吴卓华.大连市旅游业的经济影响分析[J].辽宁师范大学学报,2006,29(3):363-365.

⑤ 张耀光,韩增林.辽宁省主导海洋产业的确定[J].资源科学,2009,31(12):2192-2200.

⑥ 李作志,王尔大.滨海旅游活动的经济价值评价:以大连为例[J].中国人口·资源与环境,2010,20(10):158-163.

⑦ 周武生.广西滨海旅游经济效益分析[J].人民论坛,2010(7):162-163.

以及山东省海洋旅游经济发展的对策。①

2.海洋旅游的环境影响

目前,海洋旅游环境影响领域的研究方法不断体现出科学性,但研究的领域还不广泛,有待进一步展开。郑伟民以福建省泉州湾北岸为例,分析了滨海旅游开发的环境效应,并针对案例地开发的环境效应问题,提出滨海旅游开发的保护对策。② 刘世栋、高峻以上海滨海湿地植被为研究对象,采用典型样地与标准样方相结合的调查方法,从属种和生物多样性角度分析不同旅游开发方式对滨海湿地植被的影响;③同时,二人还基于灰色关联识别模型,从时空角度分析旅游活动对杭州湾北岸滨海人工浴场水环境的影响,研究了滨海活动与海水质量的关系。④

3.海洋旅游的社会影响

相对于海洋旅游的经济、环境影响,国内对于海洋旅游的社会影响的研究更少。王春蕊在沿海开发进程中渔民转产转业的路径探讨中,认为滨海旅游是渔民转业转产的重要方向。⑤ 李蕾蕾在比较自然科学(特别是旅游地理学)和文化研究两个不同视角所建构的两种不同的海滨旅游空间模式之后,指出从文化研究角度探讨海滨旅游空间是传统旅游地理学研究视角的重要补充,接着在社会建构理论与符号学的分析框架下,讨论了海滨从"自然空间"转化为"旅游空间"的历史过程;并以深圳海滨为例,分析指出海滨旅游空间的社会实践和社会建构。⑥ 滨海旅游发展具有广泛的社会影响力,在促进旅游地社会文化的对外交流、促进旅游地民族传统文化的保护复兴,以及提升旅游者的素质、调剂旅游者的生活等方面发挥着重要作用,应该促进学者的广泛深入研究。

① 张广海,陈婷婷.山东省海洋旅游经济地域结构研究[J].海洋开发与管理,2007(3):103-108.
② 郑伟民,杨秋梅.滨海旅游开发的环境效应分析与对策:以福建省泉州湾北岸为例[J].国土与自然资源研究,2012(3):67-68.
③ 刘世栋,高峻.旅游开发对上海滨海湿地植被的影响[J].生态学报,2012,32(10):2992-3000.
④ 刘世栋,高峻.旅游活动对滨海浴场水环境影响研究[J].中国环境监测,2013(2):1-4.
⑤ 王春蕊."三联动":沿海开发进程中渔民转产转业的路径[J].未来与发展,2013(7):57-60.
⑥ 李蕾蕾.海滨旅游空间的符号学与文化研究[J].城市规划汇刊,2004(2):58-61.

第三节　海洋旅游研究结论与展望

20 世纪 80 年代后期,我国的海洋旅游业迅速崛起,北起丹东,南到三亚,在 18000 多千米的黄金海岸及星罗棋布的大小岛屿上,旅游开发浪潮叠起。有关资料统计表明,沿海及海岛地区接待游客人数每年以20％～30％的速度递增。伴随着海洋旅游业 30 余年的发展,国内海洋旅游研究取得了可喜的成绩:研究队伍逐步扩大、研究领域持续拓展、研究方法不断改善、研究成果越来越丰富。但与国外海洋旅游发达国家相比,我国海洋旅游出现得较晚,相关研究在深度、广度和专业性上存在较大差距。结合国内外海洋旅游发展的特点和趋势,国内海洋旅游研究亟待在以下几方面实现突破。

首先,在研究内容方面,目前国内学者偏重于对海洋旅游资源的评价、开发与规划的探讨,而对海洋旅游主体及旅游媒体研究偏少,特别是海洋旅游媒体的研究几乎是空白,因而这两方面应该是以后研究的重点;同时,海洋旅游发展对区域社会文化等影响的研究有待进一步加强。另外,要进一步提高国内的海洋旅游研究水平,亟须加强理论层面的深入研究,重视理论与实践的结合,以理论研究的完善推动实践研究的发展和提升,以实践研究的进步促进理论研究的创新和成熟。

其次,在研究方法方面,定性研究相对较多,对诸多问题探讨主要停留在描述性分析上,而定量研究相对匮乏,不能将数学统计等学科的研究方法运用到海洋旅游研究中。旅游业是综合性产业。海洋旅游研究应该充分运用经济学、地理学、人类学、社会学、历史学、统计学、文化学、美学、管理学等多个学科的研究方法,包括定性分析、定量分析,以及二者相结合的方法,如实证分析、案例地分析、层次分析、模糊数学、SWOT 分析、回归分析、网络分析等方法。

再次,在研究力量方面,国内高等院校是研究海洋旅游的主要力量,专业科研机构、政府部门次之。然而在研究者间的合作程度上,国内与国外相比仍显不足。结合目前国内海洋旅游研究存在的问题,加强不同院校、机构和部门间的合作,拓宽视野,加强国际合作和产学研合作,提升研究能力和素质,将是国内海洋旅游研究的发展大趋势。

最后,在研究视野方面,需要重视并借鉴国外海洋旅游业发达国家与地区发展与研究的经验。海洋旅游业发达国家和地区经过长期发展,积累了许多有益的经验和研究成果。应加强国际经验和成果的分析和借鉴,与代表性的海洋旅游地和研究机构开展国际合作研究,以期尽快提升我国海洋旅游研究水平。

第二章　浙江海洋旅游资源总体格局
　　　　　及其利用途径

　　自 20 世纪 90 年代以来,随着《联合国海洋法公约》的生效和《21 世纪议程》的实施,海洋在全球的战略地位日趋突出。为了抢占海洋时代的新优势,美国、俄罗斯、加拿大、澳大利亚、日本、韩国、印度等国都相继提出了面向 21 世纪的国家海洋发展战略。世界经济布局日益向沿海地区聚集,海洋产业已经成为世界经济发展新的增长点。21 世纪是海洋经济时代,而海洋旅游是前景远大的海洋产业群的重要组成部分。可以说海洋经济发达的国家,海洋旅游业大致在其中起着非常关键的作用。当前,海洋旅游业发展呈现出以下三大特点:①海洋旅游在世界旅游业中占有举足轻重的地位并且呈现强势增长态势。在全世界旅游收入排名前 25 位的国家和地区中,沿海国家和地区有 23 个,这些国家和地区的旅游总收入占全世界的近 70%。①②海洋旅游在各国国民经济中所占地位日趋重要。在西班牙、希腊、澳大利亚、印度尼西亚等国,海洋旅游业已经成为国民经济的重要产业或支柱产业,在热带、亚热带的许多岛国,海洋旅游业已成为最主要的经济收入来源,有的甚至占到国民经济比重的一半以上。③热带和亚热带旅游目的地在世界海洋旅游中占主导地位,形成了一批世界级海洋旅游目的地。目前最具市场影响力的世界级海洋旅游目的地主要包括地中海地区、加勒比海地区和东南亚地区,南太平洋地区和南亚地区已迅速成为世界海洋旅游的新热点。这些世界级海洋旅游目的地,尽管开发时间和发展背景各不相同,但共

---

　　①　马丽卿.海洋旅游产业理论与实践创新[M].杭州:浙江科学技术出版社,2006:3.

同的特点是都很好地把握并且利用了各自拥有的内部条件和外部机遇。大多数世界级海洋旅游目的地都具有优越的自然条件和独特的文化背景。从地中海、加勒比海、东南亚、南太平洋到美国夏威夷和南亚的马尔代夫、斯里兰卡,土著的生活方式、多民族交融的文化背景、传统文化与现代元素的结合,不仅成为最有魅力的旅游吸引物,而且成为了旅游目的地的独特形象。

我国位于地球上最大的大陆和最大的大洋两大板块交汇之处,海岸线长达 3.2 万多千米(含岛屿岸线 1.4 万多千米),海岸带滩涂 20 万平方千米余,500 平方米以上岛屿 6500 余个,管辖海域近 300 万平方千米(含内水、领海、毗连区、专属经济区),沿岸已开发有 1500 余处旅游娱乐景观资源,这些都是我国开发海洋旅游业得天独厚的条件。[①] 2013 年,国家旅游局首次将"海洋"作为年度旅游发展的主题。2014 年再次出台《国务院关于促进旅游业改革发展的若干意见》,提出"积极发展海洋旅游",创新文化旅游产品。由此可见,海洋旅游已经成为我国旅游业的主要组成部分。

浙江省位于中国东南沿海,长江三角洲南翼,东部濒临东海,海域面积达 26 万平方千米。沿海分布岛屿众多,北起马鞍列岛,南至七星岛,横跨舟山市、宁波市、台州市和温州市,全省大小海岛总计 3800 多个,约占全国总数的 44%;大陆海岸线和海岛岸线长达 6700 千米余,约占全国的 20%;岛屿总数和岸线总长均位居全国之首。[②]浙江是我国海洋资源最丰富的省份之一,是名副其实的海洋大省。国务院 2011 年 2 月正式批复《浙江海洋经济发展示范区规划》,标志着浙江海洋经济建设上升为国家战略,为浙江海洋旅游发展带来前所未有的战略机遇。近年来,浙江省委、省政府明确提出了建设海洋经济强省的战略目标,并制定了加快发展海洋旅游业的优惠政策和策略,努力将浙江海岸打造成中国黄金旅游带,并带动滨海现代服务业的发展。

第一节　浙江海洋旅游资源概况

依据《旅游资源分类、调查与评价》(GB/T 18972—2003),旅游资源共有 8

---

①② 齐岩辛,张岩,陈美君,等.浙江海岛区地质遗迹资源及其价值[J].地质调查与研究,2013(4):311-317.

主类 31 亚类 155 个基本类型,其中自然旅游资源共有 4 主类 17 亚类 71 个基本类型;人文旅游资源共有 4 主类 14 亚类 84 个基本类型。根据此标准进行的全省旅游资源普查结果,浙江沿海 7 市的旅游资源单体总数达 13545 个(不含未获等级的资源单体,下同),占全省旅游资源单体总量的 3/4。其中,沿海 36 个县(市、区)拥有各类旅游资源单体 7332 个,36 个县(市、区)中直接临海的 262 个乡镇(街道)拥有各类旅游资源单体 3573 个(见表 2-1)。从资源等级看,36 个县(市、区)拥有五级单体 91 个,四级单体 252 个,三级单体 1152 个,优良级单体数量占单体总量的 20.39%。其中,262 个直接临海的乡镇(街道)拥有五级单体 51 个、四级单体 135 个、三级单体 572 个,优良级单体数量占单体总量的 21.2%。在 8 个主类中,建筑与设施类资源最丰富,单体数量 3868 个;地文景观类资源次之,单体数量 1496 个;水域风光类资源居第三位,单体数量 471 个。其他主类按单体数量排序依次为:人文活动类 389 个、遗址遗迹类 385 个、生物景观类 365 个、旅游商品类 321 个、天象与气候景观类 37 个。

表 2-1　浙江省滨海地区旅游资源类型结构　　　　　(单位:个)

	地文景观	水域风光	生物景观	天象与气候	遗址遗迹	建筑与设施	旅游商品	人文活动	合计
36 个县单体数量	1496	471	365	37	385	3868	321	389	7332
262 个乡镇单体数量	877	127	157	23	158	1907	155	169	3573

资料来源:根据《2003 年浙江省旅游资源普查资料》及实地调研整理统计①

　　从整体上看,浙江具有丰富的海洋旅游资源,兼有自然和人文、海域和陆域、古代和现代等多种类型,汇集山、海、崖、岛、礁等多种自然景观和成千上万种海洋生物,涵盖了旅游资源国家标准中 8 个主类,沿海 36 个县(市、区)拥有全省唯一的世界地质公园、1 个国家地质公园、9 个国家级海洋特别保护区、2 个国家级海洋自然保护区、4 个国家级风景名胜区、10 个国家森林公园。全省滨海地市有国家 5A 级景区 11 个、4A 级景区 96 个(见表 2-2)。浙江沿海地区的旅游资源不仅数量大,类型多,而且区域分布又明显地集中

---

　　① 浙江省滨海旅游资源主要依据浙江省旅游局 2003 年所做的规模最大的一次资源普查资料,这是截至目前浙江省资料最为齐全,最为翔实,也是旅游领域认可度最高的资料,虽然部分资料已经与现实有所出人。我们在引用或使用的时候会根据我们所做的调研,进行相应的调整。所以我们展示的数据与 2003 年普查数据也是有一定的差异的。后面也是如此,特此说明。

在杭州、绍兴、宁波、温州等大中城市或附近一带,组成了杭、绍、甬人文自然综合旅游资源带、浙南沿海旅游资源区和舟山海岛旅游资源区,在省内乃至全国的旅游业中占有十分重要的地位。

表 2-2　浙江省滨海城市国家 A 级景区(点)统计　　　(单位:个)

滨海城市	5A 级景区	4A 级景区	合计
杭州	3	27	30
宁波	1	26	27
温州	1	13	14
嘉兴	2	7	9
绍兴	1	12	13
舟山	1	3	4
台州	2	8	10
合计	11	96	107

资料来源:根据相关资料整理

一、浙江海洋旅游资源

(一)自然旅游资源

浙江海域在地质构造上属于东海构造单元,是大陆边缘坳陷和环西太平洋新生代沟、弧、盆构造体系的组成部分。浙江海岸带地跨扬子准地台[①]及华南褶皱系[②]两个一级大地构造单元,以基岩港湾海岸为基本特色。浙江北部海岸处于长江三角洲平原南缘,南部则为浙东、浙南火山岩低山丘陵,海岸地表复杂多样,山地、丘陵、平原等地貌类型齐全,类型包括淤泥质海岸、基岩型海岸和砂质海岸三种类型,各岸滩类型交错分布。浙江海域海底地貌以滨岸地貌类型为主,所在的东海陆架是世界上最宽的陆架之一,内陆

---

① 扬子准地台,又称为扬子地台,是和华北地台相对应的中国南方前寒武纪克拉通。扬子地台因长江干流(又称扬子江)纵贯全区而得名,其在晋宁运动形成基底。扬子地台范围包括川、黔、滇、鄂、湘等省的大部分地区,陕南和桂北地区,以及长江下游的皖、苏两省部分地区。地台的边缘有一些山脉环绕,如北侧的米仓山和大巴山,东侧的武陵山,西北缘的龙门山等。

② 华南褶皱系,又称华南准地台,为加里东期形成的地槽褶皱系,为早古生代冒地槽,主要由下古生界组成,以包括类复理石在内的海相碎屑岩为主,志留纪末褶皱转化为地台,并与扬子地台合并。

架为全新世以来形成的现代滨岸地貌及沙波地貌,外陆架则为晚更新世的滨岸地貌及古河谷、湖沼地貌的遗迹。长江和入海河流带来的陆源物质是浙江海域物质的主要来源,海域泥沙含量分布特点是越接近大陆,含沙量越高,大潮含沙量大于小潮,底层含沙量高于表层,岛屿周围的含沙量高于其邻近海域。

浙江海域位于亚热带季风气候区,沿海大风的季风特征明显,具有四季分明、年温适中,雨量充沛、空气湿润、热量充裕的气候特点,但四季都有可能受到不同程度的灾害性天气的袭击,如台风、强冷空气、干旱、冰雹等。浙江赤潮灾害发生的时间为每年的4月至7月,赤潮发生的主要区域集中在嵊泗—嵊山海域、舟山中街山至浪岗山、台州外侧海域等。海域温度呈现冬季表层水温等温线密集和冷暖水舌清晰,夏季整个东海表层温度分布极为均匀的特征。与国内外其他滨海旅游城市相比,浙江沿海城市的主城区普遍距离海域较远,海洋旅游的环境氛围明显不足。全省沿海处于台风较多地区,海水水质条件有限,岸线多为泥质滩涂,缺少大规模的连绵沙滩;用于工业化发展的港口众多,旅游用海环境较为复杂。

总的来说,浙江滨海地区的海洋自然旅游资源禀赋存在先天不足的缺陷,其传统滨海旅游的三大要素(阳光、沙滩、海水)与国际一流滨海度假地相比皆有一定差距。

(二)人文旅游资源

浙江滨海地区普遍具有多姿多彩的海洋民俗文化、源远流长的海洋宗教文化、丰富厚重的海洋渔业文化、影响广泛的海运文化及独一无二的海洋军事文化。鉴于人文旅游资源在单体上数量过多,在此不一一赘述,仅对这些旅游资源单体所归属的人文旅游资源大类进行简要论述。

1.丰富多彩的海洋民俗文化

浙江沿海先民在数千年的海洋生产、生活中,与海为伴、靠海为生的生活和工作方式形成了他们特有的生活观念和心理特征,形成了自己独特的海洋民俗,有神秘的船饰文化、别具一格的服饰文化、奇特的婚嫁礼俗,以及庙会、锣鼓、灯会等习俗,可以说浙江沿海居民的衣食住行、生老病死,都有独特的习俗,[1]如象山的海船装饰具有当地渔民特有的习俗符号。据考证,

---

[1] 张伟,苏勇军.浙江海洋文化资源综合研究[M].北京:海洋出版社,2014:85.

远在新石器时代,象山就有先民渔猎栖息,出现船只之后,船饰习俗也随之产生。渔民对船的装饰,从外表的船头、船眼、船旗、船舷、船桅、船尾,到内部的船舱、神龛、驾驶台、淡水舱各个零件、各个部位,无所不包,如何油漆,漆的颜色如何搭配都十分讲究,并逐步形成了一种约定俗成的规矩。经过漆饰后的渔船就是一件极为精美的实物画作。象山捕鱼人尊渔船为"木龙"。从前人们认为海洋为龙王所主宰,认为鱼虾服龙,木龙可保年年有鱼,岁岁丰收;亦寄托渔民驾龙闯海,乘风破浪,四海平安之愿望。船饰是千百年来历代渔民用血汗和智慧创造的,充分体现了渔民在与大海搏斗时的美好愿望,表达了渔民朴素的思想感情和健康活泼的审美情趣,展示了劳动人民的聪明才智。① 嵊泗的渔民服饰具有很强的地域性,它的风格形成与海岛特殊的劳动生产条件及社会地理环境息息相关。渔民服饰,一般可分为生产服饰、生产生活共用服饰两大类,以及鞋袜、服装镶嵌、挂件、图案等几类。除此之外,台州有两个主要由南迁部落形成的独特的语言文化飞地,分别是玉环坎门镇和温岭石塘镇,坎门混居着温州籍人,石塘箬山半岛居住的则都是讲闽南语的闽籍人。温岭石塘"大奏鼓"是渔民的狂欢节,也是我国现今仅存的渔村传统舞蹈,源自闽南,但在其发源地已绝迹。每年的七夕,箬山半岛的小孩还要过"小人节",这是渔区特有的"儿童节"。

2.源远流长的海洋宗教信仰文化

浙江海洋宗教信仰文化内涵丰厚,宗教文化既包括土生土长的道教文化,又包括外来的佛教、基督教文化等,而海洋信仰文化则包括妈祖信仰、海神信仰、渔师信俗等。以这些文化内容为主题,海洋宗教信仰场所遍布浙江沿海的每个角落,场所内容有寺庙、祠堂、祭祀活动场所等,如普陀山的观音道场,磨心山上的慈云庵、定海的普慈寺与祖印寺、鄞州的它山庙、象山的镇潮庙等。有关海洋的民间信仰中影响最广的莫如妈祖。妈祖阁、天妃宫、天后宫等妈祖信仰场所散布在宁波、台州、温州等地各沿海乡镇。

佛教文化是浙江沿海极具特色的文化形态之一,各种佛教建筑星罗棋布。宁波有中国近代临济宗中兴祖庭之一的七塔寺,江南地区最古老、保存最完整的木构建筑保国寺,建自晋朝的日本曹洞宗祖庭天童寺,国内唯一以"阿育王"命名、拥有国内唯一的阿育王舍利塔、和天童寺同为南宋"五

---

① 李加林.浙江海洋文化景观研究[M].北京:海洋出版社,2011:140-141.

山十刹"之一的阿育王寺等著名寺庙。而台州天台的国清寺是日本天台宗的祖庭。天台宗是最早的中国佛教宗派,唐朝时最澄大师带着弟子随着日本遣唐使的使船入唐,先来到临海,再上天台专门求学,天台宗的佛学思想在最澄大师的弘扬下远渡重洋,影响力涉及日本、朝鲜、韩国及东南亚地区。

3.丰富厚重的海洋渔业文化

作为浙江滨海地区及岛屿文化的本源,海洋渔业文化源远流长。《庄子》中记载有"任公子以五十牛为饵,站在会稽山上,垂钓东海,一年后得大鱼,东南数省食之不尽"的故事。虽充满庄子一贯的浪漫主义色彩,但亦可见彼时浙江东海海域的渔事活动已进入这位思想家的视野并引发深刻的人生思考,说明在先秦时期,浙江的海渔文化已有一定规模。浙江海洋渔业文化历史悠久、类型丰富、形态多样,文化生态完好,是中国海洋渔业文化的典型代表,包括生产文化(造船、织网、渔具制作等)、社会文化(开渔节、渔民宅居、渔民饮食、渔业商贸等)、观念文化(妈祖巡游、祭海仪式及其他民间俗信等)、组织文化(行业组织、渔村组织、家庭制度)和其他文化(渔谚、渔歌、渔曲、渔戏、渔鼓、渔灯等)。

舟山渔场是世界四大渔场之一,共有鱼类 365 种,其中暖水性鱼类占 49.3%,暖温性鱼类占 47.5%,冷温性鱼类占 3.2%。虾类 60 种;蟹类 11 种;海栖哺乳动物 20 余种;贝类 134 种;海藻类 154 种。[①]

渔业至今仍是浙江滨海地区部分群众和绝大部分海岛居民的支柱产业,是众多沿海居民生产、生活的主要形式。渔业文化更是以现代节庆的形式得到了展示和强化,诸如中国(象山)开渔节、象山海钓节、洞头渔家乐民俗风情节、三门湾青蟹节等。

4.影响广泛的海运文化

浙江在历史上具有影响非常广泛和深远的海运文化,即便是海禁时期,浙江沿海地区的海运业也没有停止过。浙江是海上丝绸之路这一古代海道交通大动脉的重要参与者。海上丝绸之路形成于秦汉时期,发展于三国时期,繁荣于唐宋时期,转变于明清时期,是已知的最为古老的海上航线。在

---

① 翁源昌.论舟山海洋饮食文化形成发展之因素[J].浙江国际海运职业技术学院学报,2007(3):35-39.

隋唐时期,此海上航线主要以运输丝绸为主。海上丝绸之路可分为东海丝绸之路与南海丝绸之路。东海丝绸之路以山东半岛为起点,到达朝鲜和日本;南海丝绸之路主要以广州、泉州、宁波等为起点,通往东南亚、马六甲海峡、印度洋、红海,及至非洲大陆等。唐代的宁波,是中、日、韩三国的枢纽港口之一,宋元时期始设市舶司,成为中国通往日本、高丽的特定港,同时也始通东南亚诸国。清朝时期,浙海关与粤海关、江海关、闽海关并称为中国四大海关。现有的明州市舶司签发的文凭、明宣宗手谕、内装香料的玻璃瓶等历史文物,成为浙江海上丝绸之路悠久历史的重要例证。

5.独特的海洋军事文化

海洋军事文化与海防遗迹在浙江是较为广泛和典型的存在。过去,浙江沿海经历了抗倭、抗英、抗法、抗日等艰苦岁月,留下了英勇抗争的悲壮传奇和丰富多彩的海防遗迹。根据明万历三十年(1602 年)编纂的《两浙海防类考续编》,浙江沿海卫所北起乍浦、南至蒲门,设置有卫处、所处。这些沿海卫、所,以浙江北部地区布置较疏,浙中、浙南布置较密。

台州在浙江海洋军事史中具有较为典型的意义。汉始元二年(前85 年),台州始设回浦县于章安,作为浙东南的重要军港,并成为中央政府借以控制瓯、闽两越的军事重镇。建兴八年(230 年),东吴派大将卫温与诸葛直率甲士万人从章安出海经营夷洲(今台湾),这是我国第一次以政府名义经营台湾,意义非常重大。第一个反元的农民起义领袖方国珍,在临海的龙固山设立了天坛,雄震东南。明抗倭名将戚继光在台州九战九捷并修缮临海城墙,留下了桃渚古城等抗倭历史踪迹。而三门蛇蟠岛曾经是江浙海盗的主要巢穴,见证了海盗的崛起与没落。1955 年的 1 月,在台州打响了国共两党最后一场正面战争,中国人民解放军陆海空三军首次协同作战,一举夺取了一江山岛登陆战的胜利。

二、浙江海岛旅游资源

浙江省海岛陆域面积 1751.31 平方千米,占全省陆域面积的 0.18%。海岛多为丘陵山地,离海岸越远,山体高度越低,总面积约为 1255.6 平方千米,占海岛面积的 64.7%;在山麓谷地和较大海岛边缘,由于水动力作用及人类围垦,散布有小片平原,总面积约为 684.8 平方千米,占 35.3%。全省海岛总量虽多,但大部分海岛体量很小,大于 500 平方米的海岛有 2878 个[①],但陆域面积在 10 平方千米以上的仅 26 个,而小于 0.1 平方千米的海岛多达 2641 个,这意味着能够有足够的土地资源进行较大规模旅游开发的岛屿数量并不是非常多。海岛分布相对集中,约有 3/4 海岛呈列岛或群岛形态分布,较大海岛与大陆海岸线的距离也大多在 10 千米之内,从地理区位而言,旅游开发条件较为优越。

从行政区划上看,浙江的海岛分别隶属于舟山、台州、宁波、温州和嘉兴五市,其拥有的海岛面积分别为 1256.70 平方千米、271.5 平方千米、254.07 平方千米、157.4 平方千米和 0.70 平方千米(见表 2-3)。

表 2-3 浙江海岛数量、面积及岸线长度

地市	海岛数量/个		总数/个	陆域面积/平方千米			潮间带滩涂面积/平方千米	海岛岸线长度/千米
	县区	数量/个		总面积	丘陵山地	平原		
舟山	嵊泗县	404	1383	1256.70	786.35	470.35	183.06	2443.58
	岱山县	404						
	普陀区	454						
	定海区	120						
	共县岛	1						
嘉兴	海盐县	11	29	0.70	0.67	0.03	0.62	15.9
	平湖市	18						
宁波	奉化市(今奉化区)	22	527	254.07	153.47	100.6	77.11	809.41
	鄞州区	4						
	宁海县	42						
	象山县	419						
	镇海区	5						
	北仑区	35						

---

① 全省面积在 500 平方米以上的海岛有过几个不同的数据,《中国海洋岛屿简况》中为 2147 个,但未交代量算方法和图件比例尺问题;国发〔1975〕78 号文公布的是 2161 个,量算方法、图件比例尺及面积均不详;"浙江省海岸带资源综合调查"获得的结果是 1921 个。本书采用浙江省人民政府 2012 年 10 月制定的《浙江省海洋功能区划(2011—2020 年)》中的说法,认为浙江拥有 500 平方米以上海岛数量为 2878 个。

续表

地市	海岛数量/个			陆域面积/平方千米			潮间带滩涂面积/平方千米	海岛岸线长度/千米
	县区	数量/个	总数/个	总面积	丘陵山地	平原		
台州	玉环县（今玉环市）	136	687	101.98	80.33	21.65	34.89	791.18
	三门县	122						
	温岭市	169						
	黄岩区	25						
	临海市	138						
	椒江区	97						
温州	瑞安市	91	435	137.87	110.57	27.30	123.38	636.49
	苍南县	84						
	平阳县	64						
	瓯海区	1						
	乐清市	9						
	洞头区	186						
合计		3061		1751.32	1131.39	619.93	419.06	4645.71

数据来源:浙江省海岛资源综合调查小组.浙江海岛资源综合调查与研究[M].杭州:浙江科学技术出版社,1995:3-7.

　　海岛数量、陆域面积和海岸线长度是评估海岛旅游开发潜力最基础的指标。全省的海岛在空间分布上具有十分显著的地理集中性。舟山群岛岛屿数量多,陆域面积大,海岛岸线长,尤其是嵊泗县、岱山县和普陀区;台州岛屿总数多于宁波和温州,较为均衡地分散在六个县市区,整体陆域面积小;宁波和温州所辖海岛陆域面积大,海岸线长,且分布集中在象山县和洞头区;嘉兴所辖海岛数量少,陆域面积和海岸线等均远小于其他地市。总的来说,从海岛最概要的地理属性来看,浙江海岛的较大规模的旅游开发大致集中在嵊泗县、岱山县、普陀区、象山县和洞头区等地,这与当前浙江海岛旅游业发展的现状也是大体吻合的。当然,海岛旅游开发必须基于更为具体的旅游资源层面的考量。

　　浙江海岛区域自然环境独特,山、海、崖、岛、礁等多种自然景观与历代人民留下的丰富历史文化遗产交相辉映,美不胜收。据初步统计,浙江省海岛自然景区约有 450 处,合计面积 188 平方千米,占海岛陆域面积的

10.7%。其中成片的海蚀景观 60 余处;适宜辟为海水浴场的沙(砾)滩 48
处,总长约 33 千米;其他自然景观 150 余处。① 浙江海岛旅游资源包括山
岳、洞穴、海岸、港湾、沙滩、泥滩、海洋生物、森林植物、渔港、渔村、文物、古
迹、文化、艺术及工程建筑等。下文从以海岛地质地貌、水体、植被为主的自
然旅游资源和以海洋历史文化和民俗为主的人文旅游资源两大类展开详细
论述。

(一)自然旅游资源

1.海岛地貌景观

从成因看,浙江沿海岛屿有 99.9% 为大陆岛,即原为大陆的一部分,后
因地壳沉降或海平面抬升与大陆分离而形成。因此,这些岛屿的地质构造、
岩性和地貌特征都与邻近大陆类似。浙江海岛地貌景观大类有 47 处,占海
岛地质遗迹资源的 74.6%,主要由丰富的火山岩、花岗岩等岩石地貌叠加海
岸带的侵蚀与堆积地貌构成,如普陀山、南麂列岛等,主要为花岗岩石蛋地
貌,被海岬、湾、洞、崖、柱、海滩等海积海蚀地貌围绕,形成了多种奇石、山
峰、岩滩、港湾、岬角等景观,具有奇、险、秀、美的悬崖绝壁和千姿百态的造
型地貌,是海岛旅游资源的主体。历史上,普陀山就因其优美的景观而成为
海上的佛教名山。近些年开发的嵊泗列岛、桃花岛、洞头岛和南麂岛等已成
为国家级或省级风景名胜区。普陀山岛和南麂列岛更是被《中国国家地理》
(2005 年)选入中国最美十大海岛名单。

这些地貌景观主要分布于北部的舟山群岛一带,嵊泗、岱山和普陀共
有 31 处,占 66.0%,在中部和南部的沿海岛屿上也有一定数量的分布,其
中温州 8 处,占 17.0%,台州和宁波较少,分别仅有 5 处和 3 处(见表2-4)。

---

① 李加林.浙江省海岛资源开发利用与保护研究:基于海洋经济发展示范区建设视角[J].中
共宁波市委党校学报,2013(2):73-80.

表 2-4　浙江海岛地貌景观

行政区		名称	等级	类型
舟山	嵊泗县	南长涂沙滩	省级	沙滩
		基湖沙滩	省级	
		大王沙滩		
		花鸟南沙滩		
		枸杞沙滩		
		六井潭海蚀地貌	省级	海蚀地貌
		马迹岛海蚀拱桥	省级	
		花鸟岛海蚀地貌		
	岱山县	岱山铁板沙滩	省级	沙滩
		沙龙沙滩		
		冷岙沙滩		
		西长沙沙滩		
		柳家沙滩		
		三礁村沙滩		沙滩
		邹家沙滩		
		秀山岛泥滩		泥滩
	普陀区	普陀山花岗岩地貌	国家级	石蛋地貌
		白山—月岙花岗岩地貌		
		飞沙岙海蚀地貌		海蚀崖
		潮音洞海蚀地貌	省级	海蚀洞崖
		梵音洞海蚀地貌		
		朱家尖乌石塘砾滩	省级	砾滩
		月岙沙滩		
		烂田沙滩		
		朱家尖十里金沙群	国家级	
		普陀百步沙、千步沙	省级	沙滩
		桃花岛金沙	省级	
		桃花岛县鹁鸪沙滩		

行政区		名称	等级	类型
舟山	普陀区	白沙乡小沙头沙滩		沙滩
		外门沙滩		
		台门沙滩		
宁波	象山县	花岙岛柱状节理景观	国家级	柱状节理
		檀头山沙滩	省级	沙滩
	宁海县	强蛟群岛海蚀地貌	省级	海蚀洞崖
台州	椒江区	大陈岛海蚀地貌	省级	海蚀柱崖
		东矶岛沙滩		沙滩
	玉环县 (今玉环市)	坎门沙滩		沙滩
		坎门西台沙滩		
		鲜迭沙滩		
温州	洞头区	半屏山岛海蚀地貌	国家级	海蚀柱崖
		仙叠岩海蚀地貌	省级	海蚀穴崖
		东屏大沙岙沙滩		沙滩
		大门镇尾岙沙滩		
		南台沙滩		
	平阳县	南麂列岛海蚀地貌	国家级	海蚀柱崖
		南麂列岛花岗岩地貌	国家级	石蛋地貌
		大沙岙沙滩	省级	沙滩

数据来源:浙江沿海及海岛综合开发战略研究(2010)

在海岛地貌景观中,沙滩作为传统滨海旅游的核心要素(Sun, Sea, Sand, 3S)之一,对海岛旅游开发尤为重要。然而浙江海岛沙滩资源相对稀缺,海岛沙砾质岸线长度不足73千米,仅占全省海岛岸线总长的1.61%,主要分布于舟山群岛。浙江省海岛沙滩均为岬湾型沙滩,类型单一且规模不大,最长的基湖沙滩仅2.7千米,受季风影响,季节性变化显著。旅游开发对沙滩的规模有一定要求,据调查统计,浙江海岛上长度大于100米的沙滩仅有63处。[①]

在沙滩数量上,结合表2-4,绝大部分分布在以嵊泗、岱山和普陀为主的舟山群岛区域,其次是以洞头为主的温州地区,宁波和台州地区能在空间体量上满足旅游开发的沙滩资源非常匮乏。

研究人员对这63处浙江海岛沙滩的资源禀赋进行了评价,评价体系中共20个因子,主要评价沙滩地貌与沉积物特征、资源吸引力、动力条件及安全性,依据因子性质和成因的不同,分三个亚类。评价结果显示,朱家尖南沙沙滩、东沙沙滩、大沙里沙滩、千沙沙滩、里沙沙滩、漳州沙沙滩,桃花岛塔湾金沙、鹁鸪门沙滩、六横岛外门沙沙滩,太平岗岛连岛沙坝,旦门山岛旦门沙滩、南麂岛南麂沙滩、泗礁山岛基湖沙滩、南长途沙滩,衢山岛双龙沙滩,岱山岛鹿栏晴沙,普陀山千步沙、百步沙、金沙和九虎虎沙在众沙滩中较为优异。[②]从中可以看出,资源禀赋较优的海岛沙滩也具有十分显著的地理集中性,以舟山的普陀区、嵊泗县和岱山县为主,在宁波和温州偶有分布,整体而言,甬台温地区的海岛沙滩资源禀赋较差。

2.海水和气候资源

"3S"中的海水(Sea)和阳光(Sun)是浙江海岛旅游资源的短板。

由于浙江海岛多在近岸浅海区域,约有60%的海岛分布在大陆岸线2千米的范围内,约有90%岛屿分布在离岸5千米范围内,且部分海岛直接分布于大陆滩(涂)上。东海近海海域的海水泥沙含量高,海水浑浊,导致大部分浙江海岛周围的海水缺乏观赏性,仅有嵊泗列岛中的嵊山岛、枸杞岛,东极岛等少数靠近公海的海岛具有较高的海水质量。整体上浙江海岛海水资源禀赋无法与我国南海群岛媲美,更无法与世界级的海岛度假地如地中海海岛、加勒比海海岛相比较。此外,浙江海岛还面临着水资源匮乏的困境。全省陆域面积500平方米以上的岛屿多年平均降水总量为1280.7毫米,多年平均径流总量为519.5毫米,人均水资源占有量为606立方米/年,仅占浙江省大陆人均水资源量的27.4%。并且地表水资源在岛屿之间的分布也有着很大的不平衡性,加上分布人口密度的差异,海岛地表水资源人均占有量的差异更为明显。海岛淡水资源的不足是制约海岛旅游大规模发展的根本因素之一。

---

①② 姜呈浩,时连强,程林,等.浙江海岛沙滩质量评价体系及其应用研究[J].海洋学研究,2014,32(1):56-63.

浙江海岛属亚热带季风气候,季风显著,四季分明,雨热季节变化同步,气象灾害繁多。春季阴冷多雨,沿海和近海地区常出现大风天气,平均气温13～18℃,由内陆地区向沿海及海岛地区递减;夏季气候受西北太平洋上的副热带高压活动影响,海岛地区常有台风、暴雨等气象灾害;秋季气温冷暖变化较大,平均气温16～21℃;冬季晴冷少雨、空气干燥,平均气温3～9℃。对于海岛旅游而言,11月至次年3月气温太低,日照不足,不适宜进行旅游活动;4月至6月气温和日照适合观光等户外旅游活动,但是海水温度仍然偏低,不适于水上活动;7月至10月气温、海水水温较为合适,日照强度偏大,经常受台风侵扰,台风天气时无法进行任何旅游活动。因此,浙江海岛的气候条件也极大地限制了其发展为一流海岛度假地的可能,并造成了严重的旅游淡旺季问题。

3. 海岛森林资源

森林资源对海岛的景观、小气候及旅游开发所需要的木材都十分重要。但是浙江海岛森林覆盖率偏低,仅为36.6%,其中天然林仅占10.6%,人工林占89.4%。林种以防护林和薪炭林为主,比内地贫乏单调,主要分布于海岛县和大型岛屿上,从北向南呈现单一化趋势。并且海岛森林资源分布不均衡,仅有台州玉环大鹿岛国家级森林公园、椒江大陈岛省级森林公园和宁波象山南田岛省级森林公园3处森林公园。

4. 渔业资源

"食"是旅游产业六要素中不可或缺的环节,对于海岛旅游而言,渔业资源早已超越了食物作为旅游者基本生理需求的意义,成为美食旅游的核心。传统的滨海旅游"3S"在今日已扩充为"4S",其中新增的核心要素便是海鲜(Seafood)。浙江省海岛多种水系相互交融,海域水质肥沃,饵料充足,为各种经济鱼类及其幼仔鱼的育肥生长提供了丰富的食物。3000多个海岛及难以计数的岩礁周围的浅海海域和潮间带,是海洋生物栖息的良好场所,繁育着大量的鱼、虾、贝、藻等海洋水产资源。据调查,浙江岛屿海域有大黄鱼、小黄鱼、梅童鱼、带鱼等鱼类358种,中国毛虾、细螯虾等虾类63种,三疣梭子蟹、锯缘青蟹等蟹类46种,曼氏无针乌贼、针乌贼、长蛸等头足类25种,潮间带贝类则有泥蚶、牡蛎、青蛤、泥螺、缢蛏等231种,还有羊栖菜、浒苔、石花菜、紫菜、裙带菜等多种大型海藻类植物。丰富的渔业资源,以及基于此形成的一系列渔家乐、海钓活动等为旅游业提供了充足的旅游餐饮、旅游活动和旅游购物产品。

（二）人文旅游资源

浙江有居民的海岛共 188 个，人口总数约为 125 万，约占全省人口的 3％。[①] 长期以来人口在这些海岛的聚集，创造了悠久的海岛人文历史和丰富多样的海岛民俗文化，成为今日海岛旅游开发中十分重要的人文旅游资源。

浙江海岛有几个较为重要的历史坐标：普陀山位于舟山群岛最东边的东海之上，是我国四大佛教名山之一，是观世音菩萨教化众生的道场，形成了东海岛屿特有的祈福文化，有"忽闻海上有仙山，山在虚无缥缈间"之说。关于沈家门地名的文字记载，最早见于北宋徐兢的《宣和奉使高丽图经》："宣和五年（1123 年）五月二十四日，八舟鸣金鼓，张旗帜，（从招宝山）以次解发……过虎头山，行数十里，即至蛟门，大抵海中有山对峙，其间有水道可以通舟者，皆谓之门。八舟历松柏湾，抵芦浦（今小芦江河，通海，属镇海辖区）过夜，翌日，来到沈家门；至沈家门抛泊，其门与蛟门相类，而四山环拥，对开两门，其势连亘，尚属昌国县，其上渔人樵客丛居十数家，就其中以大姓名之。"东海岛屿孕育了世界三大渔港之一——沈家门渔港，从而开启了东海岛屿文化乃至中国海洋文化所蕴含的海渔文化。嘉靖年间，浙江省舟山市普陀区六横岛中间的双屿港，成为亚洲最大的自由贸易港，被日本学者藤田丰八称为"实为十六世纪之上海"[②]，港航文化在东海岛屿发扬光大。

相应的，浙江海岛发展出了三大文化特色：①海上祈福文化。中国民间长期流传着"寿比南山，福如东海"的谚语，在漫长的历史过程中，东海文化一直是中国福文化的象征，尤以普陀的观音信仰和祈福活动为经典形式。时至今日，普陀山依然是我国最重要且唯一的海岛佛教圣地，吸引了无数香客和旅游者。②港航文化。东海民众擅长打造舟楫、仰观天象、俯察洋流、审视风向、摸索航道、训练技能，从徐福、鉴真东渡，到郑和下西洋；从海上丝绸之路到世界三大渔港之一的沈家门，对海外产生了深远的影响。尤其是古老的海上丝绸之路，自秦汉时期开通以来，一直是沟通东西方经济文化交流的重要桥梁，直接影响着东亚文化圈、东南亚文化圈的形成。明州（今宁波）在海上丝绸之路的地位十分重要，众多岛屿也一直与海上丝绸之路息息

---

① 李加林.浙江省海岛资源开发利用与保护研究：基于海洋经济发展示范区建设视角[J].中共宁波市委党校学报，2013[2]：73-80.

② [日]藤田丰八.中国南海古代交通丛考[M].上海：商务印书馆，1936：384.

相关,供往来船队候潮听风、提供补给、停锚避险。而浙江海岛今日繁忙的港口物流业正是海上丝绸之路的现代形态。③海渔文化。作为浙江岛屿文化的本源,海渔源远流长。此外,浙江海岛还有重要的石文化。由于海岛气候条件和自然环境的独特性,石材历来是海岛建筑最主要的材料,形成了浙东沿海地区的石文化,并留下了诸多采石遗址景观,其中最主要的两处采石遗址分布在三门蛇蟠岛(国家级)和岱山双合岛(省级)。石矿遗址规模巨大,采石技术和工艺充分体现了古人的智慧。采石地层岩性为下白垩统流纹质角砾凝灰岩或凝灰岩,以开采板材和条石为主,持续千百年的采石活动留下了规模巨大、形态各异的空间造型,是海岛地区重要的地学旅游资源。

第二节　浙江海洋旅游资源利用的总体格局

一、全国格局中的浙江海洋旅游资源开发

依据所处海域环境形成的共性特征,我国海洋旅游在空间上可划分为渤海旅游区、黄海旅游区、东海旅游区和南海旅游区。在浙江加快海洋旅游发展的同时,沿海各省市区也纷纷加快了前进步伐。广东、上海等省市将滨海旅游业作为海洋经济的支柱产业。广东省要求把滨海旅游与建设"粤港澳"大三角旅游区和发展沿海城市旅游紧密结合起来,推动当地经济发展;上海市计划建设集观光、休闲、度假、娱乐等为一体的浙北—上海滨海海岛旅游带;山东省提出,围绕山东旅游主体形象"走近孔子,扬帆青岛",打造"黄金海岸"品牌,进一步加快黄河文化、民俗文化和蓝色文明三大沿海旅游带建设。找准浙江海洋旅游在全国海洋旅游格局中的位置,对浙江海洋旅游扬长避短、进行有效竞争尤为重要。

（一）黄、渤海旅游区

黄、渤海旅游区内的岛屿主要分布在渤海和辽东半岛东侧的黄海上,这里有形态各异、风光绮丽的岛屿,且大多具有旅游观赏价值。但这一片区的旅游开发目前仍限于观光层面,避暑产品也多局限于海水浴场,度假产品较

为欠缺。近年来,渤海溢油灾害频发,其所承载的污染物质占全国入海污染物质总量近一半,且渤海属于半封闭性内海,水体交换缓慢,形势严峻,对海洋旅游业造成了重大的损伤。

1.山东省海洋旅游资源

山东省濒临黄海和渤海,全省海岸线北起鲁、冀两省交界的漳卫新河河口,南至鲁、苏两省交界的绣针河河口,总长3345千米,约占全国海岸线总长的1/6。毗邻海域面积15.95万平方千米,与全省陆地面积相当。拥有海岛589个,1平方千米以上海湾49个,潮间带滩涂面积3200多平方千米。沿海海岸地貌类型多样,2/3以上海岸为基岩质港湾式海岸。① 在黄、渤海旅游区中,以山东的海洋旅游资源和利用现状为最优,尤其是2012年开工建设的山东半岛蓝色经济区正式上升为国家战略,其旅游发展在空间格局上形成了以青岛为中心,以威海和烟台为两翼的大范围蓝色旅游经济区,是我国海洋旅游体系中较有竞争力的区域。

2.辽宁省海洋旅游资源

辽宁省海域广阔,辽东半岛的西侧为渤海,东侧临黄海。海域(大陆架)面积15万平方千米,其中近海水域面积6.4万平方千米。沿海滩涂面积2070平方千米。陆地海岸线东起鸭绿江口,西至绥中县老龙头,全长2292.4千米,占全国海岸线长的12%,居全国第5位。② 辽宁海洋旅游资源分布于四大滨海旅游服务中心的节点地带,大多以海岛、海滩、海鲜美食、都市风光、湿地、温泉等产品形式出现,城市之间的特色不明显,尚未形成各自的滨海旅游核心品牌,滨海公园及海岛景区的游憩活动不够丰富,高端专项海洋旅游项目如邮轮、游艇开发不足,且高纬度地区适宜海洋旅游的时间较短,整体竞争力不够大。

3.河北省海洋旅游资源

河北省海岸线长487千米,海岸带总面积11379.88平方千米(其中陆地面积3756.38平方千米,潮间带面积1167.9平方千米,浅海面积6455.6平方千

① 行业发展概况[EB/OL].(2015-02-05)[2016-12-03]http://www.hssd.gov.cn/jggk/hygk/201502/t20150205_55423.html.
② 自然概貌[EB/OL].[2016-12-03].http://www.ln.gov.cn/zjln/zrgm/.

米)。有海岛 132 个,岛岸线长 199 千米,海岛总面积 8.43 平方千米。[①] 河北的滨海城市有秦皇岛、唐山、沧州,自北向南,基岩海岸、沙质海岸、淤泥质海岸无一缺席,离岸沙坝和贝壳堤营造出独特美景,约 50 条河流蜿蜒入海。虽然秦皇岛是我国海洋旅游的先驱,北戴河是著名的避暑疗养胜地,具有特殊意义,但旅游产品同时也面临老化的难题,缺乏满足旅游者期望型需求和兴奋型需求的旅游产品。而唐山和沧州的海洋旅游几无发展,城市中心区距离海岸线足有近百千米,海边人烟稀少,本地人也很少去海边。整体而言,河北沿海地带有大面积的盐碱地和滩涂,难以利用,被《中国国家地理》评为"沿海无海"。未来可能的海洋经济在于盐田和风电设施,以及大片空地为港口产业区预留的充足的土地资源,但海洋旅游在短期内不具备竞争力。

4. 江苏省海洋旅游资源

江苏海岸线长 954 千米,海域面积约 3.75 万平方千米,占全省土地面积的37%。有各类岛屿 26 个,岛屿岸线长 68 千米,总面积 68 平方千米。沿海未围滩涂面积 5001.67 平方千米,约占全国滩涂总面积的 1/4,居全国首位。[②] 在江苏沿海中部,分布有全国首屈一指的海底沙脊群——辐射状沙洲,面积约1268.38 平方千米。江苏近年实施大旅游发展战略,着力打造"三圈三带三轴",即宁沪黄金旅游带的水乡、名园、古城文化的都市旅游度假休闲中心,陇海线的徐州汉文化和连云港海滨风光的人文和生态旅游区,以及海上苏东海洋生态旅游工程。但是海洋旅游相对于两线的文化都市旅游,明显开发不够,尚处于自生自灭的状态,缺乏整体性的规划和开发性的措施。江苏发展海洋旅游的优势在于良好的海滨自然生态环境,尤其是世界独特的大规模开敞型淤泥质海岸,有利于发展生态旅游及海滨度假休闲、观光旅游,未来的海洋旅游竞争力取决于旅游发展的重心是否能够从"两带"转移到海洋。

(二)东海旅游区

东海旅游区海岸曲折、岛屿众多,旅游资源丰富,是中国东部最重要的海岛旅游目的地。东海旅游区除了浙江外,就是福建省。

福建全省土地总面积为 12.4 万平方千米,海域面积达 13.6 万平方千

---

① 水资源[EB/OL].[2016-12-03]. http://www. hebei. gov. cn/hebei/10731222/10758946/10758963/index. html.

② 走进江苏—自然地理[EB/OL].[2016-09-16]. http://www. jiangsu. gov. cn/zgjszjjs_4758/jsgl/zrdl/20140912/E20140912_339975. html.

米。陆地海岸线长达 3752 千米,以侵蚀海岸为主,堆积海岸为次,岸线十分曲折。潮间带滩涂面积约 20 万公顷,底质以泥、泥沙或沙泥为主。港湾众多,自北向南有沙埕港、三都澳、罗源湾、湄洲湾、厦门港和东山湾六大深水港湾。岛屿星罗棋布,共有岛屿 1500 多个,平潭岛现为福建第一大岛,原有的厦门岛、东山岛等岛屿已筑有海堤与陆地相连而形成半岛。[①] 福建沿岸海域面积比陆域面积大 12% 左右,沿岸共有大小海湾 120 多处,其中淤泥质海湾、基岩海湾口小腹大,风平浪静,湾内又有岛礁点缀,风光秀丽,适宜航游、滑水和海上摩托运动,比较开阔的海湾则宜于风帆运动。砂质海湾岸线长 600 余千米,沙滩主要由中细砂组成,洁净柔软,海水清澈,是理想的海水浴场,条件较著名的北戴河、大连、青岛海水浴场优越。岛礁地带常有天然洞穴、岩缝,为鱼虾蟹、浮游生物、藻类、珊瑚等的栖息提供良好环境条件,为水下潜游观光提供良好场地。此外,福建滨海地区地貌多为山地丘陵,自北向南分布着一系列禀赋极高的山岳景观,比如丹霞山、武夷山、鳞隐石林、玉华洞、天鹅洞、太姥山,等等,构成了吸引力强劲的山海资源体系。相较于偏北的海洋旅游区,福建全年气候适宜旅游。

福建海洋人文旅游资源丰富。海洋宗教信仰上,大小神灵、宫观寺庙,以及各种节庆和神诞日,催生出别具特色的民俗活动、特色建筑及艺术表现,如古田的"游大龙"、屏南的四平提线木偶等。海洋美食文化上,福建有众多海产,以佛跳墙为代表的闽菜独具特色,更有诸如土笋冻等遍布全省沿海的各色小吃。海运文化上,泉州早在唐代便已成为世界四大口岸之一,是古代海上丝绸之路的重要港口,厦门因近代开放口岸而形成的万国建筑、优美环境成为我国著名的滨海旅游目的地。

(三)南海旅游区

南海旅游区主要包括广东、广西北部湾地区和海南。南海旅游区是中国纬度最低、海域面积最辽阔的海洋旅游区块,该区域与港澳地区相邻,又靠近东南亚,有深圳、珠海经济特区,特别是海南岛,完全有条件发展成为高端避寒度假旅游区。

1.广东省海洋游泳资源

广东全省大陆岸线长 3368.1 千米,居全国首位;岛屿总面积 1592.7 平方

---

① 福建省人民政府.省情概况[EB/OL].[2016-09-16].http://www.fujian.gov.cn/szf/gk/.

千米,居全国第三位;海域总面积41.9万平方千米,拥有多样的海岸类型和丰富的滨海旅游资源。① 同时,广东省具有经济较发达、人民生活水平较高、旅游需求旺盛及客源充足等方面的优势。广东省滨海旅游起步于20世纪80年代,以深圳小梅沙旅游中心、阳江海陵岛大角湾浴场、茂名龙头山—虎头山旅游区、江门川岛飞沙滩—王府洲旅游中心等为代表,以海水浴场作为主要开发内容。20世纪90年代中期至21世纪初,全省出现滨海旅游开发热潮,形成了一批著名的滨海旅游度假区,其中阳江大角湾、汕头中信高尔夫海滨度假村及南澳岛等被评为国家4A级景区。21世纪,开始进入以休闲度假为导向的产品深度开发阶段,出现了以珠海海泉湾、惠州巽寮湾等为代表的高端滨海旅游度假区。目前,广东初步形成了珠江三角洲、粤东、粤西三大滨海旅游区域。广东滨海的气候、生态等条件,较黄、渤海旅游区和东海旅游区有优势,但与海南省、东南亚地区,以及国际滨海旅游发达地区相比,还有一定的差距。

2. 广西壮族自治区海洋旅游资源

广西是中国唯一既沿边又沿海的少数民族自治区,土地面积23.76万平方千米,管辖北部湾海域面积约4万平方千米。大陆海岸东起与广东交界的洗米河口,西至中越交界的北仑河口,全长约1595千米。海岸线曲折,类型多样,其中南流江口、钦江口为三角洲型海岸,铁山港、大风江口、茅岭江口、防城河口为溺谷型海岸,钦州、防城港两市沿海为山地型海岸,北海、合浦为台地型海岸。沿海有岛屿651个,总面积66.9平方千米,岛屿岸线461千米。最大的涠洲岛面积24.7平方千米。② 北部湾是广西与东南亚各国互相连接的海域,北部湾之滨的北海、钦州和防城港三个沿海城市发展迅速,成为广西充满生机与活力的新经济增长极,同时也是广西极具魅力的海滨旅游区。除了北海银滩、涠洲岛等出色的海洋自然旅游资源,还具有壮、瑶、苗等少数民族构成的多姿多彩的民族文化旅游资源。但广西全区经济体系较弱,海洋旅游一级客源市场不足,较为依赖珠三角地区的二级市场及更远的三级市场,海洋旅游资源利用层次较低,竞争能力较为有限。

3. 海南省海洋旅游资源

海南省的行政区域包括海南岛、西沙群岛、中沙群岛、南沙群岛的岛礁

---

① 广东省人民政府.魅力广东[EB/OL].[2016-09-16].http://www.gd.gov.cn/gdgk.
② 美丽广西·地理[EB/OL].[2016-09-16].http://www.gxzf.gov.cn/zjgx/.

及其海域。全省陆地(主要包括海南岛和西沙、中沙、南沙群岛)总面积3.54万平方千米(其中海南岛陆地面积3.39万平方千米),海域面积约200万平方千米。海南岛形似一个呈东北至西南向的椭圆形大雪梨,总面积(不包括卫星岛)3.39万平方千米,是我国第二大岛,仅次于台湾岛。[①]

海南是我国海洋旅游资源禀赋最好的省份,尤其是自然旅游资源,无论是气候条件、海水质量,还是沙滩质量,都可以与世界一流海洋旅游目的地相提并论。因海南本身为岛屿,其旅游业的绝大部分属于海洋旅游。海南森林覆盖率高,四季郁郁葱葱,作为中国第一个生态省,生物多样性资源非常丰富;水质量、空气质量等主要环境指标在全国处于领先水平,构成了发展旅游业难得的生态基础。海南集热带海洋、滨海、森林、特色地貌和优质温泉等自然资源于一体,加上独有的民族风情和特色海岛文化,形成的综合性度假资源在国际稀缺,在国内独有,是旅游持续发展的原动力和基本保障。在建设国际旅游岛的政策和政府目标下,海南获得了大量的政策优势,旅游业发展迅速。

南海海域是南海旅游区比较特殊的部分,岛屿数量占我国海岛总数的1/4左右,其深海区域内岛屿主要包括海南省所辖的西沙群岛、中沙群岛和南沙群岛,均为风光绮丽的珊瑚岛。南海诸岛包括环礁、岛礁和暗礁等多种类型,海洋鱼类、候鸟、亚热带热带植物种类繁多,具有很高的观赏价值和科考价值。南海海区聚集着许多少数民族,拥有古朴独特的民俗风情;同时,由于地理位置特殊,带有军事色彩的人文景观比较丰富,如收复西沙群岛纪念碑、南海诸岛纪念碑、西沙海洋博物馆等。但南海资源大多未进行统一开发,旅游景观多处于原始状态,存在开发层次低、开发程度浅、开发范围小等问题。南海海洋旅游开发制约因素较多,但南海旅游潜力巨大。

(四)全国海洋旅游格局

有研究根据由旅游资源环境承载力、旅游开发现状、旅游发展潜力所构成的区划指标体系,构建了区划评价模型,并通过系统聚类分析与三维魔方图方法对海洋旅游功能类型进行识别,结合中国大陆沿海地区旅游发展实际,以中国大陆55个沿海城市为区划单元进行功能分区,确定由海洋旅游优化开发区、海洋旅游重点开发区、引导开发区与适度开发区构成的海洋旅游

---

① 海南概览[EB/OL].[2016-09-16]. http://www.hainan.gov.cn/hn/zjhn/.

功能区划方案①(见表 2-5)。

表 2-5 中国大陆海洋旅游功能分区

功能区类型	特 点	范 围	发展方向
海洋旅游优化开发区	海洋旅游经济高度发达,游客高度集聚,旅游资源环境承载能力较强,未来发展潜力较大	大连、天津、青岛、上海、宁波、杭州、厦门、广州、深圳(9 个城市)	优化海洋旅游产业结构,提升海洋旅游国际竞争力
海洋旅游重点开发区	海洋旅游经济较为发达,游客有一定程度的集聚,旅游资源环境承载能力相对较高,具有一定的发展潜力	丹东、秦皇岛、烟台、威海、日照、潍坊、南通、连云港、温州、嘉兴、绍兴、舟山、台州、福州、泉州、漳州、汕头、珠海、中山、东莞、海口、三亚、北海、儋州、三沙(25 个城市)	逐步发展成为沿海地区的海洋旅游重要目的地
海洋旅游引导开发区	海洋旅游开发力度不大,海洋旅游经济水平欠发达,游客规模相对较小,旅游资源环境承载能力不高,当前开发潜力不大	锦州、营口、盘锦、葫芦岛、唐山、沧州、东营、滨州、盐城、莆田、宁德、江门、湛江、茂名、惠州、汕尾、阳江、潮州、揭阳、防城港、钦州(21 个城市)	加强旅游引导开发
海洋旅游适度开发区	自然保护区、森林公园等海洋旅游资源生态性强的地区	主要包括受严重污染和破坏的海洋旅游区、滨海重要生态功能区、滨海国家级风景名胜区、滨海国家森林公园、滨海国家地质公园、海洋保护区、国家级自然保护区、滨海湿地、特殊地带	保护性开发,重点发展生态旅游

1.海洋旅游优化开发区

该区人口规模仅占沿海城市总量的 1/4,土地面积不足 1/5,而海洋旅游市场规模占沿海城市总量的 50% 以上,其中入境旅游市场规模占比接近 70%,国内旅游市场规模占比超过 50%,旅游总收入占沿海城市总量的 65%,其中旅游外汇收入占 74.5%,国内旅游收入占 64%。本区集中分布着沿海地区旅游经济发达的城市,是我国重要的旅游目的地、旅游客源地和旅游集散中心。应充分利用这些核心旅游城市的辐射力、吸引力和影响力,发挥其旅游

---

① 刘佳.中国滨海旅游功能分区及其空间布局研究[D].青岛:中国海洋大学,2010.

组织、集散和辐射中心的功能，凭借自身资源条件、开发基础、潜力支撑等优势向周边城市扩散，推动我国海洋旅游业整体竞争力的提升。9 个海洋旅游优化开发区中，浙江占了宁波和杭州 2 处，数量和广东省并列，优势明显。

2. 海洋旅游重点开发区

该区人口规模与土地面积分别为沿海城市总量的 38.6% 和 37.9%，海洋旅游市场规模占沿海城市总量的 37%，其中入境旅游市场规模占比为 25.3%，国内旅游市场规模占比为 37.7%，旅游总收入占沿海城市总量的 27.5%，其中旅游外汇收入占 21.9%，国内旅游收入占 28.7%。本区多为沿海地区经济较发达城市，是我国海洋旅游未来发展的主导拓展区域。区内 23 个沿海城市是适宜进行大规模旅游开发的区域，作为沿海地区主要的旅游节点城市，应充分发挥其节点连带作用，注重新型旅游资源的挖掘和创新，加强旅游市场的扩展和开发，营造城市旅游环境，提升旅游吸引力，注重塑造各个城市的旅游形象，突出发挥其连接核心城市和引领欠发达旅游城市的作用。按照省份分布来看，辽宁、广西和河北各有 1 处，山东、海南和广东各有 4 处，福建有 3 处，江苏有 2 处，浙江则有温州、嘉兴、绍兴、舟山和台州 5 处，优势较明显。

综上可见，浙江省沿海城市尽数落在海洋旅游优化开发区和海洋旅游重点开发区，海洋旅游发展明显优于其他沿海省份。可见在全国海洋旅游体系中，浙江省有相当大的优化开发和重点开发的优势和实力。这也表明，尽管浙江海洋自然旅游资源禀赋在全国范围内处于中等偏下的劣势，人文旅游资源禀赋整体优势也不突出，但区域的整体经济水平和旅游产业的高度发达使得浙江在全国海洋旅游总体格局中占有非常重要、极具竞争力的地位。

二、浙江省海洋旅游资源利用的空间格局

浙江已有较为厚实的海洋旅游产业基础，当前海洋旅游在全省旅游经济总量中几乎占有半壁江山。36 个沿海县市区接待国内旅游者人次与收入均占全省一半，入境旅游人次与收入占 1/3。同时，已初步形成以城市为核心，以国家级和省级旅游功能区为支撑的生产供给体系。此外，海洋旅游的接待服务设施也具有较大的总量规模。全省海洋旅游区已拥有星级饭店 749 家，标准床位超过 13 万个。海洋旅游区内的旅行社、旅游汽车公司、航运游船公司、旅游票务中心等服务体系也在不断完善，已形成了"吃、住、行、

游、购、娱"全方位服务系统。

浙江全省使用海域 7199 项,用海面积为 2332.92 平方千米,使用面积最大的为交通运输用海(43.08%)和渔业用海(31.07%),旅游娱乐用海 42 项,仅占 0.58%,用海面积 7.77 平方千米,仅占 0.33%。[①] 从中看出,当前旅游业在浙江海洋经济体系中的地位仍较低,有很大的提升空间。随着大批优质滨海旅游资源加速开发,以及人工旅游设施的改善,滨海旅游业对用地用海的需求将有所放大。从空间用海分布统计,宁波市用海面积最大,为408.51 平方千米,占 17.51%;其次为温州市用海面积,为 399.68 平方千米,占 17.13%;舟山市用海面积排第三,为 326.59 平方千米,占 14.00%;第四是台州市用海面积,为 229.43 平方千米,占 9.83%;嘉兴市用海面积最小,为 31.87 平方千米,占 1.37%。因绍兴海岸线仅长 45 千米,本研究不特别指出,将其与杭州、嘉兴、宁波北部作为杭州湾地区统一对待。[②] 各地市用海面积与海洋旅游的发展有相当高的一致性。

从海洋旅游资源的利用现状来看,浙江海洋旅游的空间格局大体上可以表现为一个中心区、两个次中心区和两个基本区。

(一)一个中心区:舟山

就目前浙江省海洋旅游资源的利用现状而言,作为群岛地级市的舟山相当倚重旅游业,是浙江海洋旅游毋庸置疑的中心区。舟山海洋资源丰富,各类海洋旅游资源特色明显、种类丰富、集聚度高,是浙江当前海洋旅游业发展的中心。根据舟山市旅游资源普查总报告,舟山共计有旅游资源单体858 个,其中八大主类俱全,覆盖率为 100%,亚类覆盖率为 83.87%,基本类型覆盖率 64.52%,资源种类丰富。五级旅游资源单体为 17 个,四级为 49个,优良级旅游资源单体占旅游资源总数的 25.67%,旅游资源总体品质较好。与宁波、台州、温州及邻省福建的海滨海岛地区相比,舟山的旅游资源具有特色鲜明、种类丰富、集聚度高的优势,是浙江海洋旅游资源的核心组成部分,而且区位优势明显,资源开发的基础条件良好。

截至 2013 年年底,全舟山市有星级宾馆 49 家,客房 4483 间,床位7944 个,客房入住率达 48.9%。另外,还有众多私人经营的家庭式宾馆,床

①② 浙江省海洋与渔业局,浙江省发展规划研究院.浙江省海洋功能区划(2011-2020)[Z].2012.

位数较多,但规模小、档次低。住宿设施主要集中在普陀"旅游金三角"地区和定海地区,绝大多数为城市酒店类型,独家休闲设施和服务设施配套稍显不足。

交通是长期制约舟山旅游发展的瓶颈。舟山拥有海上和空中多个入口通道,但交通的便利性和舒适性欠佳,易受天气等因素的影响。2009年年底,舟山跨海大桥建成通车,舟山旅游可进入性得到极大改善,一系列的交通基础设施建设也在跟进,舟山旅游将逐步融入长三角地区的高速交通网络,实现长三角旅游一体化。

《舟山市国民经济和社会发展统计公报》显示,2006年至2012年,舟山接待游客数量总体呈快速增长趋势,年增长率均在10%以上,2013年更是达到了3067.47万人次。总体来说,呈现以下几个特点。①游客构成受地缘因素影响明显,国内游客占绝大多数,其中浙、沪、苏三省市占3/4左右,福建次之;国际化程度低,国际游客量总体较少,近年有所增长。②季节性差异明显,每年7月至10月,是其高峰阶段。一是因为舟山海岛旅游资源多适合夏季,天气炎热之时,方能感受自然之美;二是诸如南海观音文化节、观音香会节、沙雕节等节庆都聚集在该时间段,吸引游客众多。③旅游者目的地分布不均。总体来看,游客主要集中在普陀山、沈家门、朱家尖、桃花岛等普陀旅游"金三角"地区;其次是定海,岱山县和嵊泗县较少。随着东海大桥—洋山港线路的开通,以及海上交通的发展,近几年嵊泗游客接待数量有较大的增幅,游客主要来自上海。

总的来说舟山旅游产品已初成体系。全市已拥有2个国家级风景名胜区、2个省级风景名胜区及1个海岛历史文化名城。普陀观音文化朝拜游、海洋文化特色游、射雕文化探秘游、国际沙雕节精品游等系列旅游产品已经初步成型;国际沙雕节、南海观音文化节和海鲜美食文化节已成为舟山旅游节庆经济的拳头产品。

舟山旅游产品开发存在的主要问题是:①旅游产品结构比较单一,以观光为主,特别是佛教观光产品一枝独秀的格局一直未能打破;②娱乐、购物、参与体验活动等内容相对缺乏;③地方文化特色挖掘不足;④海洋休闲旅游产品未上档次,未形成规模;⑤产品开发有雷同化趋势,缺乏个性;⑥以吃、住、行、游、购、娱为核心的旅游接待设施已经初成体系,具备一定规模,但旅游设施存在着空间发展不平衡、结构不合理、总体服务水平较低的问题。

(二)两个次中心区：宁波、温州

宁波和温州的海洋旅游资源在浙江省内处于领先地位，宁波的滨海旅游资源和温州的海岛旅游资源非常丰富。但目前这两个地区的海洋旅游资源利用现状仍较舟山为次。宁波和温州的经济体系非常发达，旅游业在经济体系中的影响和作用较弱，政府和投资者对旅游业的进入程度也相对较浅，但这一局面随着海洋经济战略的强化正在日益改善。

宁波市大陆岸线西起余姚市黄家埠镇，西南至宁海县一市镇，岸线总长758.6千米。海域由"五洋三港湾"构成（即横水洋、峙头洋、磨盘洋、大目洋、猫头洋、杭州湾、象山港、三门湾）。杭州湾和三门湾分别从北边和南边挟裹，象山港从中间嵌入陆地，岸线曲折，海岛星罗棋布。

宁波具有独特的海洋文化景观与别具一格的滨海自然景观优势，拥有河姆渡、招宝山、东钱湖等著名的旅游景观，以及松兰山、石浦渔港等具有浓郁海洋特色的休闲场所；拥有象山东门岛、渔山岛、宁海横山岛、北仑大榭岛群等面积在500平方米以上的海岛共531个，开发旅游潜力巨大。宁波杭州湾跨海大桥、长三角区域高速铁路网络、宁波国际机场扩建工程的推进及长三角经济区和都市群的形成，将给宁波海洋旅游发展创造难得的机遇。但值得注意的是，宁波海洋旅游开发的效果并不理想。宁波市旅游局2006年针对全市36个主要旅游景区的旅游统计数据显示，宁波市所有旅游景区中，除了中国渔村等滨海旅游景区游客接待量和旅游门票收入进入前20位以外，其余滨海景区都排在20名以后。[①] 宁波海洋旅游发展滞后的主要原因有四个：①大多数海洋旅游景区缺乏有个性的包装和品牌策划，存在低水平重复建设、同质竞争激烈的现象；②资源利用程度低，海洋文化内涵挖掘不够，多数滨海景区的产品仍以观光旅游为主，海洋休闲度假产品开发还处在起步阶段；③部分海洋旅游开发处于无序状态，条块分割、各自为政现象突出；④一些交通和安全设施落后。

经过对海洋旅游的持续关注和加大投入，宁波海洋旅游已经积累了一定的产业规模，现已建成海洋世界、杭州湾大桥农庄、杭州湾湿地公园、杭州湾大桥海上观景平台、镇海招宝山文化旅游区、北仑洋沙山旅游区、凤凰山海港乐园、鄞州南头渔村、松兰山旅游度假区、石浦渔港古城、中国渔村、宁

① 伍鹏，吴蔷.关于宁波海岛旅游开发的构想[J].商场现代化，2007(36)：240-241.

海横山岛景区、西店邬家庄园等一批海洋旅游景区,其中包括 1 个省级旅游度假区和 8 个国家 4A 级旅游景区,涌现了一大批涉海旅游企业。象山花岙岛、渔山岛、檀头山岛、奉化阳光海湾,以及宁海湾游艇俱乐部等一批海洋旅游项目进入启动和建设期,截至 2010 年年底,全市涉海旅游项目累计完成投资 93.3 亿元。① 规划的海洋旅游项目包括松兰山—大目湾区块、石浦—三大海岛区块(花岙岛、檀头山岛、渔山岛)、象山影视城—大塘港区块、环杭州湾区块、镇海北仑港区块、梅山春晓区块、象山港内湾(阳光海湾、宁海湾旅游度假区)和宁海三门湾。

温州地处浙江南部沿海地区,是浙江省沿海大市之一,全市海域面积 1.1 万平方千米,与陆域面积大致相当;全市 11 个县(市、区)中只有 2 个为内陆县,其余皆为沿海县(市、区);全市潮间带面积 33.1 平方千米,占浙江省海涂面积的 27%;全市海岸线漫长曲折,陆域岸线全长 339 千米,江口港湾众多,沿海岛屿星罗棋布,共有沿海岛礁 437 个(岛屿 239.5 个),岛屿岸线长 567.9 千米,其中有旅游开发价值的岛屿与大陆滨海区共 42 个。② 截至 2015 年年底,温州市有涉海 A 级旅游景区 18 个,其中 5A 级旅游景区 1 个(雁荡山)、4A 级旅游景区 8 个(百岛洞头、中雁荡山、江心屿、温州乐园、南塘文化旅游区、玉苍山、寨寮溪、南雁荡山)、3A 级旅游景区 9 个(乐清筋竹涧、龙湾永昌堡、瑶溪景区、瓯海仙岩景区、苍南渔寮景区、瑞安雅林、桐溪景区、苍南日月潭、五凤茶园),海洋旅游(渔家乐)特色村 30 个、滨海自助旅游营地驿站(自驾车露营旅游基地)12 个、游艇旅游基地 5 个、低空飞行旅游基地 3 个,在开发的海洋旅游主题岛 7 个、主题旅游社区 2 个,拥有迷途三盘尾、洞头娜鲁湾等特色海岛旅游客栈(民宿)。2015 年涉海旅游景区接待海内外旅游者 4241.65 万人次,同比增长 25%。③

温州对海洋旅游发展的投入不曾间断,着力改善海洋旅游业发展的基础配套设施。近年来,洞头、乐清、苍南、瑞安、龙湾等地都出台了促进海洋旅游发展的优惠政策,开通了温州市区至洞头、南麂等海岛的旅游客轮。洞头、乐清、苍南、瑞安、龙湾等县(市)区积极出台海洋旅游业发展有关优惠政策,大力引进与落实龙湾金海岸休闲旅游、苍南(海口)游艇俱乐部、鹿城(七

---

① 叶鸿达.海洋浙江[M].杭州:杭州出版社,2005:133.
② 宁波市旅游局.宁波海洋旅游规划[Z].2012.
③ 温州市旅游局.温州市旅游业"十三五"规划[Z].2006.

都)水上乐园等项目,创建了具有温州海岛特色的旅游项目和知名旅游品牌。例如,苍南县累计投入滨海景区旅游基础设施和旅游服务接待设施建设资金数亿元,开通并拓宽了金乡至霞关 61 千米长的环海公路,把滨海景区连成一片。其中一些项目已建成并投入使用,一些项目在加快推进建设进度,一大批项目正在办理前期征地等有关手续。洞头先后投资近亿元,建成了旅游大厦、大沙岙旅游度假区、马岙潭旅游度假区,精心策划包装了东郊山顶望海楼、半屏山旅游度假中心、三盘渔家乐园、花岗渔家村落等一批特色海洋旅游项目。

温州各地海洋旅游资源的差异比较明显,主要以洞头列岛、南麂列岛、乐清至苍南海洋经济带为重点,做好"二岛一带"滨海旅游。洞头重点发展大众化多样性的海洋旅游目的地和滨海旅游先行区,建设国际性旅游休闲岛;南麂岛重点发展海洋科普考察旅游和滨海高端休闲旅游。此外,乐清、龙湾、瑞安、平阳、苍南等地的天然港湾及岸线沙滩,可开发海涂和涉海旅游休闲项目,发展个性化滨海旅游业。此外,邮轮、游艇等海洋旅游业态也受到了重视,高星级度假酒店、主题型酒店及旅游购物中心等高端旅游设施,国际邮轮码头及配套设施正在加快建设中。

温州海洋旅游目前面临的问题是:滨海旅游知名品牌不多,江心屿、洞头岛、南麂岛、西门岛、桃花岛、铜盘岛、渔寮、大渔湾、西湾等海洋旅游地基本上处于培育与成长之中,大都是原材料与粗加工的半成品,有些甚至尚处于未开发状态;海洋旅游产品特色不足,海洋旅游文化挖掘不够,产品、线路单一趋同,缺乏特色与个性,尚未很好地处理好"出重拳"与"搞散打"的关系,尚未打造出特色鲜明的海洋旅游项目与瓯江夜游项目,未能发挥温州海洋旅游海岛的特色与优势;滨海旅游基础支撑不力,海洋海岛旅游景区发展规划建设管理滞后,海洋旅游资源与生态环境保护亟待加强,海洋海岛旅游投入不足,旅游资源整合尚未到位,基础设施严重滞后,缺乏游艇码头与旅游专用码头等设施,接待容量、接待能力难以满足旅游业发展的需要。

(三)两个基本区:台州、嘉兴

当前浙江海洋旅游资源利用较弱的两个地区为台州和嘉兴。

台州海岸线总长 1660 千米,占浙江省海岸线总长的 25.6%,其中海岛海岸线长 915 千米,沿海海域有丰富的海洋生物繁衍和栖息的自然区域。[①] 海滨和海岛自然风光优美,人文景观荟萃,融汇了山、海、岛、城等多种景观。 目前玉环的大鹿岛、椒江的海洋公园是国家 4A 级的海洋旅游产品,解放一江山岛纪念地既是红色旅游经典景区又是国家级旅游目的地,已开发的旅游线路有玉环的"休闲玉环、海韵渔情"、临海桃渚的"海上仙子国"、三门的"海誓山盟"、温岭的"曙光石风渔韵"等。玉环还成功举办了中国首届海岛文化节,三门还定期举办中国青蟹节等节庆活动。成立了漩门湾农业观光园区等国家工农业旅游示范点。台州市滨海和海岛的旅游资源可划分为几个相对独立的景区:三门湾景区、桃渚景区、台州湾景区、椒黄路景区、石塘景区和玉环乐清湾景区。台州湾的海岛景区通过海门港与椒黄路景区和桃渚景区连为一体。整个滨海和海岛旅游资源,又依托北面的天台山和南面的雁荡山而置于大的旅游网络之中。

然而台州海洋旅游面临着诸多问题。首先是海洋旅游自然资源不突出。国内外很多地区的海洋旅游主要依托海水、阳光、沙滩,但台州很多海岛滨海旅游区受气候、水质的影响,优势并不明显。如海水含沙量过高,水体浑浊,近岸地区很难见到碧海蓝天的天然美景,无法满足旅游消费者对海洋旅游的需求。并且台州的海洋景观与周边的宁波、温州存在同质性,没有自己的特色景观。其次是海洋旅游的基础设施总体上比较薄弱,其中海洋旅游交通设施、供水设施等问题尤为突出,这也给海洋旅游产品的开发建设增加了成本。最后是区域发展板块割裂、资源分散。就台州目前的海洋旅游发展状况来看,市本级和各区(县、市)的旅游资源从空间分布上相对分散,客观上制约了台州海洋文化旅游成规模发展。各行政区域之间联动发展意识不强,都各自为政,没有形成有规模的龙头旅游企业。

根据最新调查结果,嘉兴市大陆海岸线长 134.3 千米,其中自然岸线长 35.1 千米,人工岸线长 99.2 千米,人工岸线基本以海堤为主。[②] 在浙江 5 个拥有海岸线的设区市中是最短的,不及舟山的 1/10。在全省的海洋旅游格局中,嘉兴处于较为落后的地位,这既与其海洋旅游资源存量偏少有关,也

---

① 叶鸿达.海洋浙江[M].杭州:杭州出版社,2005:127.

② 嘉兴市大陆海岸线调查项目成果验收会在杭顺利召开[EB/OL].(2016-12-16)[2017-10-23].http://www.jiaxing.gov.cn/snbnyjjj/qtxx_4954/hxhb_36446/znfh_36447/201612/t20161216_655088.html.

与其旅游开发历来重心不在海洋方面有关。但嘉兴近年来也日益关注海洋旅游业的发展。2015年,《嘉兴滨海旅游业发展规划》正式发布,规划范围是以滨海新区为中心,包括平湖、海盐、海宁部分行政区域,陆域面积约227平方千米,海域面积约1559平方千米。规划按照"一廊、两岛、六区"总体布局,融合"山、海、湖、潮、城、村、桥、岛"八大资源景观元素,打造以九龙山旅游度假区为中心的滨海度假、以南北湖风景区为核心的湖海休闲、以百里钱塘观潮旅游文化长廊为纽带的观潮游乐三大特色产品。嘉兴市将滨海旅游的主题形象确定为"海涌东方港,潮起杭州湾",用这一形象主题词突出嘉兴滨海旅游在杭州湾的重点区位,以及"海"与"潮"的鲜明特点。在海岛旅游上,嘉兴市着力打造王盘山生态旅游岛和白塔山生态度假岛。其中,王盘山生态旅游岛位于杭州湾口外东部,毗邻王盘洋海域,隶属平湖市。截至2015年,岛群内有无居民海岛13个,岛陆总面积62328.96平方米,海岸线总长约2934.63千米。[①] 根据规划,将以海岛自然环境为依托,以历史人文传说为背景,通过打造反映武侠文化的"屠龙岛"、作为婚庆摄影基地的"风车岛"和开满紫云英的"海花岛"三个岛屿,形成王盘山生态旅游岛。白塔山岛则位于杭州湾口北岸、武原镇近岸,隶属海盐县。岛群内有无居民海岛7个,陆域总面积30多万平方米,海岸线总长约6.3千米。今后将按照"秦皇三岛"的理念,打造"瀛洲岛""方丈岛"和"蓬莱岛",形成生态度假岛。

第三节　浙江海洋旅游资源的有效利用途径

一、空间格局优化:一核两翼

当前浙江海洋旅游资源的总体格局并未充分吻合旅游资源分布的空间格局,较多地区尚未充分有效地利用海洋旅游资源。本书认为应在各地海洋旅游资源开发的现状和潜力评估基础上,结合《浙江省旅游发展规划

[①] 嘉兴市发展与改革委员会、嘉兴市旅游局、嘉兴市滨海新区开发建设领导小组.嘉兴滨海旅游业发展规划[Z].2015.

(2008—2020)》和《浙江省海洋功能区划(2011—2020)》,对浙江海洋旅游资源的利用进行空间格局上的优化,形成"一核两翼"的发展格局。

（一）核心

本书认为,舟山目前是浙江海洋旅游的中心区,宁波是次中心区,但宁波和舟山在历史上和区位上有密不可分的关系,而两者的海洋旅游资源又各有所长,有良好的资源互补条件,应该在海洋旅游发展上加强合作,打造浙江海洋旅游的核心。这一核心应充分发挥历史文化、宗教文化和海洋海岛旅游资源的优势,以宁波国际化旅游目的地建设和都市旅游产品开发为核心,通过陆岛联动,积极发展多样化的集度假、休闲、娱乐功能于一身的旅游度假地,通过邮轮靠泊港或母港等配套设施的规划建设,稳健发展邮轮度假和海岛度假等高端度假旅游产品;通过生态环境的修复、岸线和海岛资源的划定保护,引导发展游艇、帆船、海钓、潜水等海洋休闲运动旅游及其相关服务业态;以普陀山为核心开发宗教圣地,推出修身养性旅游产品,以特色城镇为依托开发渔家风情休闲度假旅游,以海岛良好的自然环境为基础发展海洋生态旅游;同时,发挥网络运作优势,不断推出特色旅游产品,创新提升旅游节庆活动。就近岸海域和海域利用而言,该核心区由宁波的镇海区、北仑区及象山县东部,舟山的定海区和普陀区所在近岸海域组成,主要为港口物流、临港工业、滨海旅游等基本功能,同时发展海洋渔业;岱山—嵊泗海域,包括嵊泗海域和岱山海域,主要为海洋渔业、滨海旅游和港口物流等基本功能;象山港海域主要为海洋渔业和海洋旅游等基本功能,同时具有一定的临港产业功能。

（二）南翼

温州作为当前浙江海洋旅游的另一个次中心,应带动台州的海洋旅游一起发展,共同打造浙江海洋旅游的南翼。依托海陆并举的资源环境优势,充分利用温台两市在改革开放中形成的市场知名度和体制优势,承接杭州湾大桥建成后以上海为核心的沪杭甬旅游圈的辐射带动和功能释放,加强资源整合与区域协作,在发展国内旅游基础上,积极开拓入境旅游市场,形成以海韵风情、商务休闲为特色,兼具观光、休闲度假、会展功能的滨海旅游区。加快海陆空立体化旅游交通体系建设,提高区域的可进入性;着力打造文化、商务、生态、海洋海岛四大系列旅游精品,建设国际豪华邮轮母港;以山海观光游览为最佳展示点,以专项旅游为主要卖点,以休闲度假旅游、商务会展旅游为重要效益点,打造台州特色旅游目的地;整体打造雁荡山—楠溪江景区型旅游目的地,提升旅游核心竞争力;差异化发展海滨休闲度假旅游,引导海洋生态旅游、海洋文化旅游、海上体育竞技、海岛主题度假、游艇等专项旅游产品有序发展。就该区块的海域功能定位来看,三门湾海域主要为滨海旅游、湿地保护和生态型临港工业等基本功能。台州湾海域包括临海、椒江、路桥、温岭、玉环东部海域,主要为临港工业、港口运输等基本功能,兼具工业与城镇建设、海洋渔业和海洋旅游等功能。乐清湾海域主要为湿地保护、滨海旅游、临港工业等基本功能,兼具海洋渔业和港口航运等功能。瓯江口及洞头列岛海域包括龙湾、洞头海域及乐清南部海域,主要为港口运输、临港工业、滨海旅游等基本功能,兼具工业与城镇建设和海洋渔业等功能。南麂、北麂列岛海域主要为生态保护、滨海旅游等基本功能,适度开发海洋旅游,加强保护海岛独特地貌。

（三）北翼

从浙江海洋旅游资源分布、利用现状和利用潜力的空间格局来看,浙北的杭州湾海域可打造成为浙江海洋旅游的北翼。该区块包括嘉兴海域和余姚、慈溪海域。主要为滨海旅游、湿地保护、临港工业等基本功能,兼具海洋渔业等功能。这一地区应充分利用该板块接轨上海、杭州的区位优势,以质量效益型增长为目标,构建环境友好、绿色高效的旅游产品体系,大力发展以城镇、滨海、滨湖和山地为依托的都市休闲、乡村休闲、商务会展、生态休闲、文化休闲、海洋海岛休闲、体育娱乐等旅游产品,重点培育和发展高端休闲度假和娱乐旅游产品,引领国内旅游消费新时尚,并尽可能加大入境旅游市场的拓展力度。

二、海洋旅游产品优化

（一）海洋旅游产品存在的问题

1.海洋旅游产品结构不尽合理

从产品形态来看,由于长期以来一直偏重于接待团体观光旅游,尚未形成以观光为主,以文化、体育、教育、娱乐、民俗、探险、度假、会议等为特色的大众旅游与专项旅游相结合的立体型产品格局。浙江目前的海洋旅游产品除了传统的观光旅游产品,主要有休闲度假产品、宗教文化产品、海洋节事产品、海岛影视产品等,对创造性海洋旅游产品和延伸性产品的开发有些薄弱,已有产品的文化性和体验性深度不够,导致游客容时量小、产品附加值低的弊端;从产品层次来看,海洋旅游产品开发大多处于基本消费层次,还远未达到提高层次和专门层次。这种产品结构上的不合理严重制约了顺应国际旅游潮流的步伐。

2.海洋旅游产品的地域特色不鲜明

根据海洋旅游资源所属区域自身特点,只有在对当地文化内涵深入挖掘的基础上,才能形成特色鲜明的高层次海洋旅游产品。浙江海洋文化旅游资源非常丰富,但目前几个沿海旅游区文化导向和文化主题定位不鲜明,无论是自然景观还是人文景观,旅游硬件设施还是软件服务,都没能很好地贴近海洋文化,做到游海览海、说海讲海、吃海玩海、用海爱海、海字当头。在对海洋文化外化过程中,往往刻意地模仿、移植、附会、堆砌、拼盘、复古,进行类似主题公园式的开发,一味追求大投入,却忽视了整体协调性、时效性、审美性的开发原则,背离了度假旅游者对海洋旅游既现代又质朴、既浪漫又亲和的文化环境的需求。

3.旅游产品开发没有与海洋腹地很好地结合

普陀、朱家尖、嵊泗、岱山、洞头、桃花岛、南麂列岛都属浙江省内开发较早、较为成熟的海洋旅游产品,但是基本上停留在本岛旅游或岛岛相连的层面,尚没有形成与区域内外陆域城镇和相关产品的组合局面。这一方面导致游客旅游消费的成本—收益比不合理,另一方面也增加了促销成本,削弱了促销效果。

(二)浙江海洋旅游产品优化途径

随着旅游产品结构调整的逐步深化和旅游市场的逐步成熟,浙江海洋旅游产品优化应该抓住以下几点。

1.多元化发展

海洋旅游产品功能的多元化,即观光、休闲与度假、康体、娱乐、疗养等功能的有机结合。从自身发展看,海洋旅游经历了三个阶段,即治病疗养阶段、疗养游乐阶段、游乐度假阶段,康体、娱乐等功能越来越成为现代旅游消费者的需求。

旅游产品类型的多样化,即从传统的阳光、沙滩、海水等单一产品逐步扩展出高尔夫、滑水、摩托艇、海底观光等项目,形成滨海、海面、空中、海底立体式的海洋度假旅游产品系列。

2.生态化发展

摆脱城市生活的负效应,回归自然、放松身心是海洋度假旅游者的主要旅游动机之一。同时,可持续发展观念的引入也是促进海洋旅游生态化发展的一大动因。越来越多的人开始意识到生态环境是海洋旅游乃至整个旅游业发展的重要根基。环境、设施、服务将被视为海洋旅游产品整体框架的一部分,海洋旅游产品的生态含量也将越来越高。

3.休闲化发展

美国未来学家甘赫曼将人类社会发展的第四次浪潮预言为"休闲时代",随着休闲时代的到来,休闲体验已成为旅游者消费需求的一大特征,而海洋旅游所具有的良好环境、丰富内容又能为游客休闲提供特殊的经历与体验。为适应这一市场需求,在未来的浙江海洋旅游发展中旅游产品的休闲性功能将不断增强,旅游者在享受大自然所赐的同时还能享受到民俗、文化、艺术等休闲乐趣,这将大大延长游客的平均逗留时间并提高重游率。

4.创新化发展

创新是发展的原动力,随着市场成熟化程度的逐渐提高,新的需求特征逐步凸现,海洋旅游要寻求持续稳定发展,就必须根据市场变化做出及时的创新与调整,以实现综合竞争力的提升。浙江海洋旅游的创新主要表现在规划开发、经营模式、产品设计、营销管理等方面。

三、浙江海洋旅游资源的有效利用对策

浙江海洋旅游业应该大有作为,也完全可以大有作为,关键是主动顺应世界海洋旅游业的发展趋势,学习借鉴世界级海洋旅游目的地的有益经验,把握好以下几大环节,以实现海洋旅游经济的可持续发展。

(一)实施海陆联动,借势发展

海洋经济是一种陆海联动的经济,海洋旅游的发展和布局必须实现陆海联动。海上旅游和沿海陆域旅游必须进行资源整合,包括自然景观和人文景观的整合、旅游功能和环境建设的整合等。

在海陆联动方面浙江已有诸多探索。如以舟山本岛为依托,以普陀山、朱家尖、沈家门"金三角"为核心,成功打造了以"海山佛国、海岛风光、海港渔都"为特色的舟山海洋旅游基地。以嵊泗列岛为主体,加上部分岱山岛屿,建成了以海上运动、度假休闲、现代化大海港为特色的浙东北海上旅游板块;以嘉兴九龙山国家森林公园为主体,建成了以历史文化和海滨浴场为特色的浙北岸旅游板块;以宁波松兰山和韭山列岛自然保护区为主体,建成了以海上垂钓和生态旅游为特色的浙东海旅游板块;另外还有以台州大陈岛为核心的浙中海上旅游板块和以温州南麂列岛国家级海洋自然保护区、洞头列岛为主体的浙南海上旅游板块。

浙江海洋旅游未来的发展应以滨海城市为龙头,有序推进海洋旅游接待服务设施建设、交通设施建设、旅游区点建设,逐步实现海陆旅游的规划共绘、设施共建、市场共拓、服务共享、品牌共创;进一步构建海洋旅游"点、线、面"的组合,点即岛屿,线即海岸线,面即海洋旅游整合面。只有"岛＋海岸线＋沿海面"三位一体,才能打造更为广阔而清晰的海洋旅游蓝图。在点上,必须有选择性地打造海岛旅游地,突出重点和特色,如舟山普陀岛、桃花岛、东极岛,台州三门湾蛇蟠岛、大陈岛和大鹿岛,温州平阳南麂岛等周边核心岛屿,挖掘不同岛屿的不同旅游开发模式,避免同质化的无效利用。在线上,必须形成区域联合海岸线。沿海高铁网络的发展,直接拉近海岸线的联动。如三门湾将三门花鼓岛、六敖连心塘农业观光区、三门核电站、健跳古城墙、健跳港、健跳大桥、大型造船厂、洋市火电站、木杓沙滩、崔溥漂流登陆地、三门盐场等旅游资源点连线推出。在面上,必须形成浙江海洋旅游区的整体形象和有序的产品体系。

(二)创新发展模式,文化引路

世界一流海洋旅游目的地并不单纯依靠沿海自然旅游资源,而是充分融合了当地的文化特色。如国外游客到巴厘岛度假休闲的主要目的之一就是领略浓郁的地方特色文化;墨西哥坎昆大型海滨度假区则以玛雅文化为中心;而以草裙舞等为代表的土著文化更是成为夏威夷海滨度假赖以成名的主要吸引物之一。

浙江海洋旅游缺少"3S"资源环境优势,因此必须创新发展思路与发展模式。这种创新,一方面要从文化入手,通过挖掘文化,丰富海洋旅游产品内涵。浙江应重点挖掘海上丝绸之路文化、以普陀山为代表的宗教信仰文化、海洋民俗文化等,打造海洋旅游品牌,提升旅游影响力。如宁波保存着上林湖越窑遗址、唐代海运码头、波斯巷遗址、永丰库遗址等与海上丝绸之路有密切联系的遗存,具备开发海上丝绸之路文化旅游的优势;同时,可以将这些遗址开发与渔山列岛、象山石浦等海洋旅游开发相整合,优化组合成富有特色的宁波"海上丝绸之路"旅游产品。另外,根据区域合作原则,与海上丝绸之路经过的省(市、自治区)、国家和地区联合开发,共同开辟海上丝绸之路国际旅游线路。

通过发展模式的创新,可以有效地提升浙江海洋旅游产品的文化内涵,增加产品的趣味性和游客的体验感;同时还可超越浙江海洋旅游发展的季节限制,减少季节性过强造成的负面影响。

(三)寻求开放合作,互利共赢

旅游业在本质上就是一个高度开放的产业,在市场机制日趋完善、旅游经济受重视程度不断提高的背景下,海洋旅游业必须在开放中求发展,在合作中求效益。要以建设对国内外旅游者具有强大吸引力和号召力的旅游目的地为目标,跨越行政区划界限,增强省内各市县之间的分工合作。在此基础上,逐步建立与推进与长三角地区和国内其他省区之间、与港澳台之间、与主要客源国之间在海洋旅游开发、旅游投资、经营管理、客源市场、交通信息等方面的多种形式的互利合作关系。

(四)坚持科学发展,永续利用

目前世界上被公认为取得广泛认可的海滨度假旅游区如印尼的巴厘岛、墨西哥坎昆、土耳其南安塔利亚等之所以成功,是因为它们都采取了一种"充分考虑本地区环境、经济和社会文化的平衡发展,严谨规划、认真实施"的综合开发模式。有鉴于此,浙江的海洋旅游在未来发展中一定要高度重视生态环境保护,引入生态开发管理模式,建立健全完善的生态保护机制,克服在旅游开发中忽视环保与生态的短视行为,实现海洋旅游业的可持续发展。

第三章　浙江海洋旅游产品发展研究

第一节　海洋旅游产品内涵与开发原则

旅游产品的开发是旅游业发展的基石,海洋旅游产品的开发对浙江省海洋城市旅游业的发展起着极为重要的作用。海洋旅游产品不仅是招徕游客的吸引物,还是旅游业创收的基础,更是打造著名旅游目的地,定位旅游市场的基础,因此,海洋旅游产品的开发原则显得极为重要。

一、海洋旅游产品内涵

旅游产品概念的界定是旅游业理论研究的起点和重要基础。目前我国旅游理论界尚未形成一个统一的旅游产品概念,由于人们从不同的学科基础、不同的研究方法、不同的研究目的出发,对于旅游产品概念的认识有所不同。

林南枝、陶汉军是国内较早给旅游产品概念进行界定的研究者:"从旅游目的地的角度出发,旅游产品是指旅游经营者凭借旅游吸引物、交通和旅游设施,向旅游者提供的用以满足其旅游活动需求的全部服务,它是个整体概念,是由多种成分组合而成的组合体。具体讲,一条旅游线路就是一个单位的旅游产品。从旅游者角度来讲,旅游产品指的是游客花费了一定的时间、费用和精力所换取的一次旅游经历。"①申葆嘉认为在市场经济条件下，旅游产品是旅游服务诸行业为旅游者满足游程中生活和旅游目的需要所提供各类服务的总称。②谢彦君则主要从旅游者的角度来界定旅游产品：旅游产品是指为满足旅游者审美和愉悦的需要而在一定地域上被生产或开发出来的以供销售的物象与劳务的总和。③随着对旅游认识的深入，戴光全和吴必虎引入了市场学的产品整体概念，首次应用TPC(Total Product Concept)理论对旅游产品进行分析。根据TPC理论，旅游产品由三个层次构成：一是核心层次，即旅游产品满足旅游者生理和精神需要的效用，主要表现为旅游吸引物的功能；二是形式层次，即以旅游设施和旅游线路为综合形态的"实物"；三是延伸层次，即以旅游者的旅游活动所提供的各种基础设施、社会化服务和旅行便利，这三个层次共同组成整体的旅游产品。④

海洋旅游产品目前没有被广泛认可的定义，李静⑤认为海洋旅游产品首先应该具备这样一些特征。

1)海洋旅游产品的生产和销售活动发生在海岸线延伸到陆地和浅海大陆架(包括近岸岛屿)区域。海洋周边自然和人文环境是旅游发展的环境，为海洋旅游产品提供了独特载体。

2)海洋旅游产品是借助于海洋资源进行开发的旅游产品。海洋旅游资源区别于其他旅游产品的最大特色在于海洋景观地貌和气候的独特魅力，以及在此基础上承载的文化内涵。海洋旅游产品突出了海洋沙滩、阳光、海水的自然美景和海洋神秘探险娱乐文化。

3)海洋旅游产品具有综合性、多样性。海洋景观复杂多样，资源类型丰富，依据市场需求和资源特色，可以是观光产品也可以是休闲、度假产品，每种产品都包含多个圈层。现代意义上的海洋旅游产品主要有三类，一是保健疗养产品，体现为海水浴、阳光浴、医疗保健等；二是娱乐类产品，如水上运动和水上游乐项目——冲浪、滑水、划船等；三是度假游乐产品，体现为游

---

① 林南枝,陶汉军.旅游经济学[M].天津:南开大学出版社,2000:29-30.

② 申葆嘉,等.旅游学原理[M].上海:学林出版社,1999:33.

③ 谢彦君.基础旅游学[M].北京:中国旅游出版社,1999:77.

④ 戴光全,吴必虎.TPC及DLC理论在旅游产品再开发中的应用:昆明市案例研究[J].地理科学,2002(1):123-128

⑤ 李静.福建海洋旅游产品吸引要素与游客动机关联度研究:以厦门市为例[D].泉州:华侨大学,2011:21-22.

艇冲浪、海滨度假地和度假村、海底隧道等。

依据上述几点特征,试图给出一个定义:海洋旅游产品是形成于海岸及近水区域的,以海洋旅游资源为凭借,以旅游设施为依托,向旅游者提供的用以满足游客观光、休闲、度假、商务、探险等方面需求的产品与服务的总和。

二、海洋旅游产品开发原则

1.突出主导功能

旅游功能是旅游产品价值的核心,也是吸引游客的抓手,如何定位旅游产品的主导功能是旅游产品体系构建的关键,同时也是指导旅游产品开发的基础依据。在构建海洋旅游产品体系和开发新的海洋旅游产品中,首先应明晰省内海洋旅游的资源优势,在这一基础上,将旅游产品的主导功能定位于海洋休养型旅游,海洋运动型旅游及海洋文化探访型旅游。同时也围绕这一定位思想对三大旅游类型的旅游子产品进行功能划分和布局,牢牢抓住省内海洋旅游资源优势对旅游产品进行开发,并突出海洋旅游的主导功能。

2.分清产品层次

旅游产品的主导功能定位也决定了旅游产品的价值所在,同时也细分了客源市场,最主要的是为海洋旅游产品体系的构建提供了方向性的指导。要突出海洋休养型、海洋运动型及海洋文化探访型三大类旅游产品,并开发其子产品,势必就构成了不同的产品层次。为了进一步推动浙江省海洋旅游业的发展,旅游产品层次的划分还需要考虑水下、海上、渔村、岛屿等几个不同类型的旅游活动方式,也就是海洋旅游产品开发体系既要突出不同旅游功能的产品,也要兼顾到不同旅游方式的产品,通过海洋旅游的发展来保证海滨旅游地区旅游业发展的可持续性,并带动旅游业相关产业的发展。

3.对应市场需求

市场需求是旅游产品开发的基石,也是旅游产品功能定位的基本依据。任何旅游产品的开发均是以市场需求为导向,海洋旅游产品的开发也不例外。如前所述,随着人们收入水平的提高,生活工作的压力日益增大,人们开始寻求慢节奏的海洋旅游方式,通过休闲度假、观光游览等方式释放压力。而游客对产品的需求因人而异,这就涉及旅游产品开发的策略,是通过开发多种多样的旅游产品,通过对游客消费倾向的调查而找到旅游产品的核心所在,还是通过借助浙江省海洋旅游的资源优势在旅游产品差异性上寻求突破,实行差异化战略?我们认为应当抓牢旅游产品生命力之所在,从旅游市场需求的角度出发,既要注重开发针对个性化旅游市场的专项旅游产品,又要开发满足普通游客需求的大众化旅游产品。

4.合理搭配原则

我们海洋城市众多,旅游产品种类多样,如何凸显浙江海洋城市旅游业的发展优势,单靠某一种旅游产品所形成的竞争力或对游客的吸引力毕竟有限,浙江省海洋城市旅游产品的开发应多实行产品搭配的方式,一方面可以降低游客的旅行成本,另一方面也可以增强旅游产品的竞争力,尽量多地满足海洋游客的需求,进一步巩固浙江海洋旅游的客源市场。

5.机动灵活原则

市场最大的特点就是多变性,海洋旅游产品市场亦是如此。由于产品市场具有这一大特性,因此在某一海洋旅游目的地开发新产品时,应时刻关注市场旅游需求的变化趋势,从而尽可能地赢得旅游产品调整的时间。单一旅游产品的开发面临旅游需求变化的风险较大,这也深刻地体现了旅游产品开发过程中合理搭配的重要性,以此可以一定程度上降低因市场需求灵活多变而带来的风险。

第二节　浙江海洋旅游产品体系构建

随着社会物质生产水平的提高,人们的生活也发生了很大改变,旅游市场需求不断变化,旅游者对海洋旅游产品的需求越来越呈现出个性化、多样化的趋势,海洋旅游产品的体系也顺应这一潮流而呈现出丰富多彩的面貌。

海洋旅游有极其复杂多样的形式。从海洋旅游的目的来看,海洋旅游可以分为观光、度假、娱乐、疗养、探险、修学等;从旅游地的气候特征来看,海洋旅游可以分为热带海洋旅游、亚热带海洋旅游、极地旅游等;从旅游的季节区分来看,海洋旅游可分为春、夏、秋、冬四季的海洋旅游等;从旅游区域来看,海洋旅游可分为海岸带旅游、海岛旅游、群岛旅游、大洋旅游等;从海洋水体的空间位置来看,海洋旅游可分为海滨、海面、海底、海空和环球大洋等。

结合魏小安[①]、金永姬[②]、李隆华[③]、马丽卿[④]等人的研究成果,我们主要从五大类别来认识浙江海洋旅游产品。

一、大众海洋观光旅游产品

大众观光是海洋旅游产品的基础,包括观赏海洋景观、游览海底世界、体验海洋文化等,海洋观光旅游在中国已经形成传统,深受游客喜爱。浙江海洋地区秀丽的自然地质、地貌、水文景观,多元的文化景观,多样的生物资源和现代城市景观、产业景观,构成了形式多样、内涵丰富、格调雅致的复合型海洋观光旅游产品,成为浙江海洋旅游产品体系的核心组成部分。

1. 海上观光

海洋观光旅游是旅游活动中最基本的层次,有着漫长的发展历史,是人们萌生旅游动机的第一选择。海洋与海洋地区的地形、地貌、水面与内陆有巨大差别,海上自然风光绮丽,海洋生物资源多样,具有独特的奇异景观。海上观光是最基本、最传统的海洋旅游观光产品。海上观光的自然载体主要有:红树林、沙滩海岸、海蚀地貌、岛礁等地文景观,台风、潮汐、海啸、海雾、海市蜃楼、海虹、海上日出、海上落日、海上晚霞、海上明月等天象景观,涌潮、击浪等海面水体景观,海鸟、海豚、海豹、鲸鱼等海洋生物景观。

2. 海底观光

随着科技水平的不断提高,海洋旅游观光的范围也由原来的海上观光逐渐深入海底,被海水深深覆盖的海底面貌逐渐得以呈现在游客面前。海底观光的吸引物主要有:海底平原、盆地、沟谷、山脉等地貌景象,海星、海胆、珊瑚礁、五彩斑斓的小鱼、珊瑚虫等海底生物景观,神秘的沉船等海底沉没物。

3. 海岛观光

海岛是指露出海面、面积大于 500 平方米的岸体,小于 500 平方米的称为海礁。全世界有 5 万多个海岛,总面积约为 1000 万平方千米,占世界陆地

---

① 魏小安,陈青光,魏诗华.中国海洋旅游发展[M].北京:中国经济出版社,2013:15-24.

② 金文姬,沈哲.海洋旅游产品开发[M].杭州:浙江大学出版社,2013:24-31.

③ 李隆华.海洋旅游学导论[M].杭州:浙江大学出版社,2005:33-58.

④ 马丽卿,阳立军.话说海洋旅游[M].北京:海洋出版社,2008:32-38.

总面积的 1/15。① 《世界海岛旅游发展报告(2015)》中的数据显示,目前全球共有超过 50 个国家 70 个成熟的海岛旅游目的地。2014 年,超过 40% 的海岛旅游目的地旅游收入对 GDP 的贡献率超过 20%,旅游业出口总值达到 730 亿美元,成为拉动国家旅游业、社会经济发展的重要板块。

海岛观光包括游客在海岛及海岛附近的海空、海面、海滨、海底等空间的观光活动,环岛观光、荒岛探奇也为海岛观光所特有。此外,海岛观光还能使游客深入体验海洋生产、海洋风俗和海洋文化。海岛观光考验的是海洋景观是否综合、海陆活动是否连贯。海岛观光原则上不等于探险,需要海洋旅游服务业的强大支撑,也需要突出海岛观光旅游的特殊性。

浙江省海岛旅游资源丰富,是全国海岛最多的省,陆域面积大于 500 平方米的海岛有 2878 个,舟山下辖即有 1000 多个岛屿,② 市政府还通过整合海岛旅游资源,开发了多个"黄金"岛屿以满足海洋游客的不同需求。其中较为著名的有"海天佛国"普陀山、"沙雕故乡"朱家尖、"桃花传奇"桃花岛、"渔火风光"嵊泗列岛、"蓬莱仙境"岱山岛等。舟山市通过"增长极"发展战略,率先发展的是普陀山、朱家尖等,并带动其他各岛屿旅游经济的发展。

4. 海岸带观光

海岸带是指海岸线的狭长地带和近岸浅水区域。海岸带观光旅游是指游客在地理上有旅游价值地段的海岸带和与海岸带紧邻的海域中进行的海洋观光旅游活动。海岸带观光也指除远航之外,在海空、海面、海滨、海底空间中进行的观光活动,并与陆上旅游互相补充,组合而成的观光旅游产品。

浙江的六大水系均通过海岸带入海,使得海岸线蜿蜒曲折,岬角、海湾密迩相间,沿海岛屿星罗棋布。浙江海岸地表复杂多样,山地、丘陵、平原等地貌类型齐全,适合开展多形式的观光旅游活动。

5. 海洋文化体验

海洋地理环境和海洋生产方式孕育出的海洋文化,对海洋观光游客有着独特的吸引力。传统的海洋文化旅游活动具体表现为海洋生产劳动、渔家风俗、渔俗节庆活动等。历代沿海居民在社会发展过程中,孕育出独具特色的海洋民俗,广泛表现在建筑、服饰、饮食、礼仪、节庆、婚丧嫁娶、文体娱

---

① 吴楠. 海岛旅游目的地的可持续发展[J]. 环球人物地理,2015(2):112-113.
② 国家发展与改革委员会. 浙江海洋经济发展示范区规划[Z]. 2011.

乐、乡土工艺等方面。海洋与海岛地区原生态的古渔村、古集镇、海防遗迹、海战旧址、巡海遗址、航海遗址及相关历史遗迹、历史事件发生地和传说故事等,记录着古人对大海的探索与认知,昭示着中国海洋文化的历史渊源,如果善加利用,一定能够创造出带给游客深度体验的海洋文化旅游产品。

从新近发现的新石器时代萧山"跨湖桥遗址"到21世纪初的漫漫七八千年时间内,浙江沿海人民在与自然和社会的变革撞击中,创造出了丰富的海洋文化(见表3-1)。

表3-1　浙江海洋文化资源调查汇总

物质资源			非物质资源		
序号	项目名称	数量	序号	项目名称	数量
1	公园娱乐设施	478	1	民风民俗	699
2	自然景观区	250	2	民间传统艺术	877
3	文化场馆	237	3	现代海洋艺术	392
4	文物遗存	1657	4	沿海宗教及民间信仰	139
5	宗教及民间信仰活动场所	1570	5	民间技能	547
6	历史文化名地	353	6	民间文学	1492
			7	现代节庆会展	157
			8	沿海历史及文化名人	1549
			9	沿海著名历史事件	1507

注:本汇总简表数据是根据各市区县海洋与渔业局统计材料汇总而得。

6.海味餐饮

海洋旅游地区的美景令人流连忘返,海洋旅游地区的美食也同样令人难忘。中国海产品的种类十分丰富,渤海、黄海、东海、南海海区的海产品有鱼类、虾蟹类、贝类、藻类和海兽类。其中,鱼类产量最大,约占海产品总产量的3/4。海产品味道鲜美,营养价值高。在传统的海洋观光旅游活动中,品尝海鲜是游客的必选项目,对内陆旅游者尤其具有吸引力。游客在大酒店、渔家、大排档等处,品尝海鲜的感受也大不相同。

浙江多港湾浅海,滩涂面积辽阔,这为众多特色小海鲜的繁衍生长提供了良好的场所,同时,黄鱼、鲳鱼、梭子蟹等更是声名远扬,加之许多有关海鲜馔食的动人传说,从而形成了别具一格的海鲜美食文化。

表 3-2　　浙江省海洋生物分类种类　　　　（单位：种）

海洋游动类/鱼类	底栖生物	浮游生物	浮游植物	潮间带植物
439/365	342	288	261	586

资料来源：人民网浙江频道（http://zj.people.com.cn/GB/187016/206635/14034737.html）

表 3-3　　浙江主要海洋捕捞资源及最高年产量等级

最高年产量等级	资源种类
＞30 万吨	带鱼
＞10 万吨	马面鲀、大黄鱼
＞4 万吨	鲐鱼、毛虾、乌贼、小黄鱼
＞2 万吨	黄鲫、龙头鱼、梭子蟹、海蜇
＞1 万吨	鲳鱼、鳓鱼、蓝园鲹、梅童鱼、虾鱼尾鱼、细螯虾、虾虎鱼

资料来源：人民网浙江频道（http://zj.people.com.cn/GB/187016/206635/14034737.html）

　　以宁波为例，宁波港湾浅海及滩涂出产望潮、弹涂鱼、牡蛎、毛蚶、泥螺等众多特色海鲜。得天独厚的海鲜资源，使宁波的海鲜美食文化丰富多彩。宁波海鲜的烹饪以原色原形、原汁原味为主要特色风格，选料上务求绿色、精细、鲜活，烹制上炒、炸、烩、溜、蒸、烧等手法多样，做到因料施技、口味多变而独具一格。在菜肴的装盘和取名上也十分讲究，如象山十大名菜中，"丰收螺号""海中花""群龙绣球""开渔之喜"等菜肴，色香味形俱全，简直就是寓意鲜明的精美工艺品。2002 年，全国第三届美食节宴席大赛，以宁波海鲜为特色的宴席荣获大赛唯一的最高奖——金鼎奖。

　　7.海产购物

　　食住行游购娱六要素，在传统观光旅游活动中缺一不可。在海洋旅游活动中，游客观赏了海上美景、探索了海底奇观、体验了海洋文化、品尝了海洋美味之后，必然希望购买能体现海洋之旅特色的海洋旅游商品以做纪念。海洋旅游商品真实、丰富、原始，极具实用价值、收藏价值和馈赠价值。

二、海洋休闲度假旅游产品

　　海洋休闲度假旅游产品一般具有旅游地点相对固定、停留时间长、重复性高、活动自由、娱乐设施要求高、经济效益明显等特点。

(一)海洋疗养度假产品

康体疗养以养生休憩为目的,是海洋休闲度假旅游产品的重要内容。海洋疗养度假产品主要涵盖海岛休闲度假、沙滩日光浴、沙浴、海水浴、海中游泳、海边 SPA、海边瑜伽、泥疗、泥浴、海钓乃至邮轮、游艇等度假内容。

一般而言,腹地较大的开敞海湾中的沙质海岸,都有沙堤沿海岸呈新月形展布,长达数百米至数千米,宽十余米至数十米不等。这些湾段的沙质海岸海积地貌发育,形态多种多样,风景优美秀丽,是开展疗养、休闲、度假、娱乐活动的绝佳去处。浙江省沙滩资源丰富,在舟山群岛的泗礁、岱山岛、普陀山、朱家尖,平湖九龙山,象山松兰山,苍南渔寮等都有可供旅游开发的沙滩资源,这些区域沙滩平坦、水清浪小,适于开展海洋度假、沙滩日光浴、沙浴、海水浴、海中游泳、海边 SPA、海边瑜伽等一系列休闲活动。

表 3-4　浙江著名沙滩基本情况

沙滩名称	地理位置	沙滩特色
基湖沙滩	嵊泗列岛泗礁景区的核心区域	基湖沙滩呈狭长形,沙滩全长 2300 米,呈弯月形微倾入。且沙滩平缓,沙质紧硬。基湖沙滩融绿洲、沙滩、海湾于一体,金沙细净、坡度平坦、海水澄碧
长涂沙滩	嵊泗列岛泗礁景区的南侧	长涂沙滩长近 3000 米,滩形如弯月,沙质柔软。与基湖沙滩地处同一地段的相反方向。沙滩与周围的松峦、悬崖、奇石、孤屿及幽旷的海湾、澄澈的海水融为一体
东沙湾	嘉兴市九龙山风景区	乍浦东沙湾背依青山,南面大海,三面环山,形似新月,沙滩长 1500 米,沙质坚硬
十里金沙	舟山市朱家尖	相邻的东沙、南沙、千步沙、里沙、青沙五大金沙一个接着一个,蜿蜒伸展,组成链状的沙滩群,全长 5000 多米,号称"十里金沙"。沙滩沙质细腻,柔似绒毯,滩坡平缓,滩域辽阔。东沙是五大沙滩中最大的沙滩,那里都是别墅区;南沙发展最为成熟,有很多海滩游艺项目,是著名的沙雕艺术节主会场;千步沙紧邻南沙,比较接近自然;里沙在几大沙滩中以自然景观胜出,毗邻原始森林;青沙紧邻大青山景区,故得名
鹿栏晴沙	岱山岛东北部的后沙洋	鹿栏晴沙南北长 3600 米,沙色呈铁灰色,沙质细腻偏硬,滩坡平缓,沙滩上可行驶汽车,被冠以"万步铁板沙"美称

续表

沙滩名称	地理位置	沙滩特色
塔湾金沙	桃花岛东南部	塔湾金沙因湾南岸原有一古塔,湾在塔下,故名,习称"千步大沙"。沙滩长 1370 米,滩地平缓,沙质纯净,沙粒细软,是进行海浴、沙浴、阳光浴和沙滩漫步的理想沙滩
松兰山沙滩	象山县城东南	松兰山沙滩多达六个,而且滩滩相连,穿成一线,南北长 5 千米,所以它被称为华东地区最大的陆岸沙滩
皇城沙滩	象山县石浦镇北	皇城沙滩是象山开渔节的主会场,全长 1800 米,沙平如纸,向大海缓缓延伸,沙质细腻
后沙	玉环坎门镇	后沙背山面海,两侧礁石景观别具一格。沙滩坡度平缓,沙质较细,干沙较少,略有细泥,是天然的海滨浴场和风季最佳的观潮区
渔寮沙滩	苍南县渔寮乡	渔寮沙滩长 2000 米,呈新月形,以水清、沙软、滩平、海阔见胜,四周林木繁茂,青山叠翠,是理想的海滨浴场和沙滩运动场。沙滩外面有多个岛屿作为天然屏障,虽然海面辽阔,但湾内风平浪静,碧波荡漾,最适宜游泳
大沙岙	温州市南麂列岛	南麂大沙岙海滩宽 800 米,长 600 米,水质、沙质皆属上乘,是全国罕见的贝壳沙质海滨大浴场,拥有被专家誉为"国宝"的东海奇观的天然壁画

1.日光浴、沙浴

日光浴是指依照一定的方式方法,通过日光直接照射人体所引发的一系列生理、生化反应而进行疗养的活动。通常情况下,日光浴在清洁、平坦、干燥的沙滩上进行。日光中含有紫外线、红外线和可见光,人体在这三种光的照射下可以促进新陈代谢、增加食欲、改善睡眠,提高机体的抗病能力。沙浴是通过揉搓、刺激等轻微的磨蚀方式净化身体。同日光浴一样,沙浴同样能够促进血液循环,有效治疗关节炎、脚气、皮肤病等常见疾病。

2.海水浴、海中游泳

在广义上,海水是一种含有多种矿物质的矿泉水。人体接触海水时,体温迅速下降、皮肤血管收缩、毛孔关闭、脉搏跳动有力,带动神经系统进入兴奋状态。

在海水中沐浴、游泳,对改善皮肤功能和心血管系统、呼吸系统功能有着极大的积极作用。一方面,海水通过对热量的调节和新陈代谢的刺激促进血液循环;另一方面,水压和阻力也会对心脏机能和血液循环起到一定的积极作用,使血管弹性进一步增强,对身体产生保健作用。

3.海边 SPA

SPA(水疗)有着悠久的历史,深受世界各国休闲养生消费者的喜爱。在海边或海上的海洋情景中享受 SPA,让水疗调节疲劳的身体,让大海调节倦怠的心灵,是一种较为舒适的休闲体验和养生方式,海边所独有的海水温泉 SPA 更有特殊的保健作用。国际上成功的海洋旅游目的地,普遍将发展 SPA 项目放在重要的地位。中国海洋旅游目的地发展 SPA 项目适合采取着眼国际引进、着力专业技术的方式开展。

4.海边瑜伽

瑜伽,源于印度,是一种以身心一致、自我和谐为目标,通过意识提升,帮助人发挥潜能的运动哲学和休闲体系。

海边瑜伽将瑜伽古老的生理、心理及情感、精神修炼活动,设置在海边的特殊旅游情景中,更加有利于提升人的愉悦感和活动效果。海洋是生命的摇篮,海边瑜伽是露天自然瑜伽练习中的高端项目。

5.泥疗、泥浴

泥疗是将含有对人体有益矿物质的海泥、湖泥抹于人的身体上,或者将整个身体浸于泥液之中,用以缓解和治疗一些病症。泥疗具有良好的保健治疗效果,可以对皮肤消毒、杀菌。泥浴是将人体浸于泥浆池内或者把泥浆涂于体表,然后躺在海边吸收充足的阳光。泥浴对人体能够起到保健治疗、消炎止痛等理疗效果。泥疗和泥浴,通过泥中的有机物质、胶体物质,以"离子"状态透过皮肤组织进入人体内,使毛细血管扩张、充血,促进血液循环和淋巴循环,提高新陈代谢,改善皮肤组织营养,加强皮肤再生功能,提高人体抵抗力,起到疗养的作用。

6.海钓

海钓是一种新兴的海洋旅游休闲项目,在所有的钓鱼运动中最具魅力,属于高度刺激的竞技项目和海洋休闲旅游项目。海钓融渔业、休闲游钓、旅游观光于一体,是一种高端的旅游休闲产品。海钓对技术要求高,针对特殊人群需求,也被称为"海上高尔夫"。

浙江省海洋城市较多,其中舟山的海钓产业发展较早,影响面也最广。

浙江省海钓产业发展的代表城市是舟山和象山。舟山位于长江、钱塘江、甬江三江入海口,大陆冲淡水与台湾暖流的交汇处,境内大小岛屿星罗棋布,港湾众多,独特的地理和气候条件产生了大量的浮游生物和藻类生物,已经发现的能够开展海钓活动的可选鱼种多达 30 种,是海钓的理想场所。① 浙江省的另一个海钓基地代表城市象山,这里每年举办的国际海钓节和开渔节吸引了众多海钓爱好者,象山也因此组成了海钓俱乐部。由于海钓俱乐部的举办,海钓产业的发展给当地居民带来了丰厚的收益,渔民也可以开着渔船载着游客去兜风或者在海上钓鱼以获得报酬,从根本上改变了过度捕捞的渔业发展模式,使海洋得到更好的可持续发展。

表 3-5　浙江省主要的海钓区域和钓点

地区	主要基地和钓点	主要钓品	备注
舟山	嵊泗列岛、东极列岛、白沙岛、衢山岛、长涂岛等	黑鲷、真鲷、石鲷、虎头鱼、鲈鱼、石斑鱼等	舟山渔场为世界著名渔场,有"中国渔都"之称
宁波	象山港、韭山列岛、大目洋、檀头山、渔山列岛、梅山岛、强蛟群岛、桐照渔港、凤凰山岛、悬山岛等	鲷科、石首鱼科、石斑科、鲉科等	渔山列岛有"亚洲第一钓场"之称
温州	南麂列岛、霞关、洞头列岛	黑鲷、黄鳝、石斑鱼、鲈鱼、黄姑鱼、鳗鱼、鲥鱼、黄鲫等	南麂列岛是我国唯一的国家级海洋自然保护区和中国钓鱼协会指定的海钓基地
台州	蛇蟠岛、大陈岛、石塘、三蒜、披山、鹿西岛、以及东矶、头门、大竹等岛屿	石斑鱼、黑鲷、七星鳗、虎头鱼等	大陈岛为国家一级渔港,浙江省第二渔场,浙江省海钓基地

资料来源:伍鹏.海钓业与海洋旅游业互动发展研究:以浙江省为例[J].渔业经济研究,2008(2):56-61.

　　7.邮轮、游艇

　　进入 21 世纪以来,邮轮旅游在世界旅游市场中虽然所占比重仍然很小,但显示出快速增长的态势,昭示出广阔的发展前景。邮轮旅游的最大特点是悠闲浪漫、自主性强。邮轮不但船体坚固、结构复杂,而且设施齐全、舒适性高。随着时代发展和科技进步,邮轮旅游产品逐步兴起,成为海洋旅游产

---

　　①　金文姬,沈哲.海洋旅游产品开发[M].杭州:浙江大学出版社,2013:61.

品中一个生机勃勃的组成部分。游艇集航海、运动、娱乐、休闲等功能于一身,是满足个人及家庭享受型生活需要的一种水上娱乐消费产品。游艇休闲产品发展空间巨大,可以与海岸上的旅游休闲项目相结合,开展观光、考察、探险等旅游活动,形成海陆联动的空间开发模式,催生新的海洋旅游目的地。中国邮轮、游艇旅游发展非常迅猛,邮轮、游艇旅游项目已经成为推动国民经济发展的新的动力点。

浙江沿海具有优越的区位优势和建港资源,宁波、舟山、温州均有可建设 10 万总吨及以上大型邮轮码头的岸线资源。同时,浙江沿海 100～200 千米内拥有丰富的自然及人文景观,可与国际邮轮码头形成三小时旅游观光圈,符合邮轮靠港后近岸旅游的特点。目前,舟山依托海洋风光和普陀山佛教文化,在朱家尖岛建成了可靠泊 15 万总吨大型国际邮轮的现代化国际邮轮码头,于 2014 年 10 月 13 日正式开港。宁波市在梅山岛南部规划有国际邮轮码头;温州也依托洞头、南麂岛等海岛风光建设大中型国际邮轮码头。

(二)海洋体育休闲产品

海洋体育休闲产品内容丰富生动,形式活泼多样,集锻炼、休闲、娱乐于一体,符合人们好奇心强、参与度高的社会特点。自 20 世纪末以来,浙江沿海区域积极发挥海洋资源优势,推动海洋旅游产业转型升级,形成了一系列独具特色的海洋体育休闲活动。目前舟山已经整理出沙滩球类、海上球类、泥滩球类、海上游泳、海上皮艇、海上救生、泥上速滑、泥上摔跤、海钓、风筝、船拳、健美、大力士、抛蟹笼、搬轮胎、爬船网、铁人三项等 30 多个大项 100 多个小项的海洋体育休闲项目,并相继举办了"朱家尖杯全国帆船锦标赛""全国青年帆船赛暨中国帆船公开赛""全国沙滩排球巡回比赛""国际海钓比赛""中韩跨海竹筏漂流探险""国际环岛公路自行车赛""全国航海运动大赛"等体育赛事,并在国内产生了较大影响,吸引了成千上万的旅客观赏和参与。

1.沙滩体育

在众多的沙滩体育项目中,开展最多的是沙滩排球、沙滩足球和卡丁车。

沙滩排球以其竞技性、艺术性、观赏性和趣味性风靡全球。1993 年,沙滩排球成为夏季奥运会的正式比赛项目。形象地说,沙滩排球是脚踩沙滩、耳听涛声、沐浴徐徐海风,在阳光下,以勇气与智慧对抗的一种沙滩体育海洋旅游项目。沙滩足球极富观赏性,是沙滩体育休闲类项目的首选。沙滩摩托车也被称为卡丁车,是一项惊险刺激、魅力十足的大众休闲娱乐沙滩体育运动项目。

2.潜水

潜水是通过水下活动达到锻炼身体、休闲娱乐目的的休闲体育项目,分为浮潜和深潜两种类型。游客伴随着潜水活动,可以进行海底自然观光、海底沉船观光及海底观鲨、海下浪漫婚礼等活动。进入 21 世纪后,潜水运动越来越流行,成为一种不可替代的海洋旅游产品。

3.沙雕

沙雕又称"速朽艺术",是以纯自然的沙和水为材料,把沙子堆积并凝固起来的艺术创作形式。沙雕通过堆、挖、掏、雕等手法,把沙子雕琢成各种各样的造型,作品完成以后,表面喷洒特制的胶水加固,供游客观赏。

沙雕已经发展成为一项集雕塑、绘画、建筑、体育、娱乐于一身的边缘艺术,可以充分发挥人的创新思维和想象能力,给人带来无穷乐趣。随着爱好者的逐渐增多,沙雕正在成为国际上热门的海洋休闲旅游项目。

舟山朱家尖有"沙雕故乡、度假天堂"的称号,是中国国际沙雕的故乡,在岛的东南部有东沙、南沙、千步沙、里沙、青沙五个沙滩,号称"十里金沙"。自 1999 年舟山举办沙雕节以来,每年都有数十万游客前往观摩沙雕作品,品味沙雕文化,领略海岛风情。每届沙雕节都以新构思、新举措实现了办节形式、规模、内容上的创新和发展。每年举办的舟山国际沙雕节,使"以节促旅、以旅活市"的效应得到充分显现,确立了其在国内同类活动中的领先地位,吸引了国内新闻界、旅游界和国际沙雕界的广泛关注。自举办以来,每届舟山国际沙雕节都被国家旅游局列为重点推介旅游活动,成为浙江省名品旅游节庆活动,并被列入全国节庆五十强。舟山人"点沙成金",为中国旅游业创造了一个精品。

4.帆船、帆板

帆船运动是一项借助自然风作用于帆所形成的动力,驱动、驾驶船只进行海上竞技、旅游、远洋、探险的休闲体育项目。帆板被视为帆船运动的一个分支项目。帆船和帆板是沿海国家和地区常见的海洋体育休闲项目之一,集观赏、娱乐、竞技、探险于一身,广受游客欢迎。在第一届现代奥运会上,帆船和帆板就被列为正式比赛项目。

5.冲浪

冲浪是以海浪为动力,以身体重心控制冲浪板,随波而上、快速滑行的海上娱乐运动项目。冲浪运动既古老又刺激,颇受水上运动爱好者的喜爱。冲浪运动需要冲浪板、冲浪衣等装备。冲浪板分长板、中板和短板三种:长板浮力大,适合初学者;短板浮力小,需要良好的运动技术和海浪条件;中板介于长板和短板之间,既稳定又灵活。冲浪衣分为夏季用和冬季用两种,夏季用的冲浪衣要防晒,冬季用的冲浪衣要保暖。

此外,在世界上广为流行的还有浅水冲浪。浅水冲浪所用的冲浪板较短,适合在岸边浪头运动。浅水冲浪既具安全性,又能给予人极大的心理满足感,越来越受到冲浪爱好者的喜爱和追捧。

6.滑沙、滑泥、滑水

滑沙,即乘坐滑板从沙山顶自然下滑。滑沙运动能使人在滑下的瞬间胆战心惊、眼耳欢愉,是一项能给人带来极度满足感的海滩休闲体育项目。在海洋旅游区,滑沙活动需要有大沙丘或滑沙场,类似滑雪和旱地雪橇。滑泥是一项在滩涂上滑行的新兴旅游项目,适合在没有沙滩、只有泥岸的海洋旅游区内进行。滑泥运动分为原始滑泥、风帆滑泥、木桶滑泥、滑泥竞技比赛、现代泥瘦身、攀泥运动、泥钓、滑泥游乐等项目种类,可以与滩涂拾贝、赶海结合,很能突出海洋旅游体育休闲项目的特点。滑水运动是国际奥林匹克运动委员会正式承认的体育休闲运动,运动者穿着"水鞋",即水橇,借助动力的牵引,在水面上"行走"。滑水运动既可以高速滑行,又可以体验翻、转、跳、跃等刺激动作,十分具有青春气息。

秀山岛滑泥主题公园是目前中国首个以泥为主题的公园,包括滑泥运动区和泥疗休闲度假区。除了有滩涂滑泥游乐、滩涂拾贝、赶海等吸引游客参与的项目外,还有专门的指导教练和滑泥表演队。用滑泥的专业工具"踏槽",滑行在秀山岛专有的滩涂海泥中,能清晰地感受到泥巴与肌肤接触的舒适与清凉。还可以在泥涂中抓到鱼虾、海蟹,或是海瓜子、蛏子等海产品,带来一种意外的惊喜。秀山岛滑泥主题公园将滑泥又分为原始滑泥、木桶滑泥等,还有泥竞技比赛、现代泥瘦身、攀泥运动、泥浆滑道、泥钓等各种项目。

7.水上飞车

水上飞车又称水上自行车,所用船体外形如小艇,用玻璃钢一次制作成形,浮力大、稳定性好。水上飞车采用人力驱动,无污染,可以开展水上追逐赛,是宜于在近海海面开展的水上休闲体育运动项目。

8.摩托艇

摩托艇集观赏、竞争和惊险刺激于一身,包括竞速艇、运动艇、游艇、汽艇、水上摩托、气垫艇、喷气艇、电动艇等,通常高速行驶,可以开展竞技活动,是一项富于现代文明特征的海洋旅游休闲体育项目。

伴随着海洋旅游活动的开展,摩托艇运动已经成为一种热门的海洋旅游项目。摩托艇比赛场面惊心动魄、精彩纷呈,能使游客在运动中体验速度与激情,深受年轻游客的热捧。

9.空中飞伞

空中飞伞也称水上降落伞。最早的空中飞伞由降落伞改装而成,游客坐于伞上进行空中旅行。空中飞伞运动具有升空自然、落地平稳、有惊无险等特点,是一项适合在开阔海面上开展的海洋旅游休闲体育项目。

10.海岛高尔夫

海岛高尔夫是在优雅的自然环境中,集锻炼身体、陶冶情操、提高技巧于一体的一项具有特殊魅力的"贵族运动"。随着休闲度假旅游活动的日益普及,中国正在不断发挥海岛高尔夫旅游的资源优势,依托独特的天然地势和优质的自然环境,进行精品化发展。

11.海洋民俗体育休闲

海洋民俗体育集锻炼、休闲、娱乐于一体,符合人类与生俱来的亲水天性,是人们走向海洋、回归自然的一个重要载体。如船上民间竞技项目撒网、拔网、钓鱼、叉鱼、过船、海上骑马战、划船("摇舢船")、龙舟竞渡等,既具鲜明的海洋海岛特色,又颇显趣味性。

三、海洋商务会展旅游产品

目前世界商务会展旅游人数至少占旅游者总数的1/3,在旅馆的客房中商务旅客约占53％。[①] 商务旅游一般具有消费水平较高、旅行时间短但频率高、旅游目的地由工作需要来确定等特点。

高端会议、专业展览是海洋商务会展旅游产品的主体,其优势在于独特的

---

① 魏小安,陈青光,魏诗华.中国海洋旅游发展[M].北京:中国经济出版社,2013:15-24.

海洋环境。海洋商务会展旅游产品的创造,往往可以赋予所在地以国际意义,使其成为区域发展的桥头堡、国际旅游的竞争高地和国际文化的交流热地。

(一)事件型海洋商务会展旅游产品

事件型海洋商务会展旅游产品,指在沿海或海上(如邮轮上)举办具体的事件、活动、会议、展览。海洋事件、活动、会展一般档次较高,主要包括国际论坛、大型会议、高端会议、专业展览,这些事件活动将与海洋旅游结合作为提高档次的象征,产生出品牌溢价。海洋事件、会展的参与者以大企业、大型组织、高端人士为主,这些机构和人士具有较强的消费能力,能够支撑配套型旅游休闲项目和现代服务业态的发展。

中国在举办大型事件活动方面积累了丰富的经验,也赢得了高度的国际认可,在开发事件型海洋商务会展旅游产品方面具有独特优势。

一般情况下海洋事件活动要突出连续性、国际性、高端性,并尽可能结合海洋旅游资源,如海南的博鳌亚洲论坛、山东的海阳亚沙会等。此外,凝聚特色、不求最好但求独特,也是海洋事件活动成功举办的要领。海洋事件活动举办的目的是塑造品牌,而不是在活动期间吸引更多的游客量,也就是说,事件型海洋商务会展旅游产品不应以规模为发展导向,活动期间过多的游客量,反而会增加活动举办的难度、风险度和复杂程度。

近年来,浙江海洋商务会展项目数量不断增多,质量稳步提升。中国开渔节、国际沙雕节、2011年中国海洋经济投资洽谈会、2013年中国国际海洋博览会等项目,基本覆盖了海洋经济的相关领域,初步形成了浙江海洋会展项目的格局。海洋节庆是浙江商务会展的典型代表,海洋渔业民俗类、海洋景观类、海洋饮食特产类、海洋休闲运动类等节庆活动形式丰富多彩,如表3-6所示。

表3-6 浙江部分品牌海洋文化节庆活动

节庆名称	举办时间	举办地点	节庆概况
中国普陀山南海观音文化节	10—11月	舟山普陀山	观音文化节以"自在人生,慈悲情怀"为主题,精深演绎"和谐世界,从心开始"这一主题,着重体现观音文化深远的影响力。活动以"感受普陀洛迦,体验心灵日出"为出发点,以节庆系列活动为载体,向世界展现普陀山的名山胜境、禅意境界、历史文化和佛国风情

续表

节庆名称	举办时间	举办地点	节庆概况
舟山国际沙雕艺术节	7—11月	舟山朱家尖	国际沙雕艺术节采用比赛与展示相结合的形式,每届都会定一个主题,各路选手围绕这个主题施展各自绝活,观赏性很强。还有花车游行、海岛特色文艺表演、海鲜美食品尝等活动
中国舟山海鲜美食文化节	6—9月	舟山	中国舟山海鲜美食文化节的宗旨是以"中国海鲜,吃在舟山"为理念,挖掘和弘扬具有浓郁海洋海岛特色的海鲜美食文化,系统地宣传推介舟山的特色海鲜美食,推动舟山旅游业和饮食业的发展
中国海洋文化节	6—9月	舟山岱山	海洋文化节与海岛旅游紧密结合。海洋文化节期间将举行的祭海、谢洋仪式、"感恩海洋"歌咏比赛,以及民俗踩街表演、海鲜美食大赛、"我为泥狂"——秀山泥浆活动都独具海岛特色,届时,来自全国各地的游客在领略海岛人民展示的几千年海洋文化的同时,还可尽情享受海岛独具魅力的自然风光及渔家风情
沈家门渔港国际民间民俗大会	7—10月	舟山沈家门	以"渔文化"为主题,通过渔文化的展示,进一步打造沈家门渔港作为"世界著名渔港""渔文化集中地"的鲜明个性。文艺大巡游、交响音乐会、全国锣鼓大赛等各项文娱活动,均注重本土文化与外来文化的交流与碰撞。让游客和群众直接参与到活动中去,增加了活动的受众面,丰富了基层群众的文化生活
象山海鲜节	5月	宁波象山	海鲜节以"品尝象山海鲜,领略海洋风情"为特色,主要活动有沙滩民间民俗活动、渔家服饰展示、帆板表演、捕鱼捉蟹等

续表

节庆名称	举办时间	举办地点	节庆概况
中国开渔节	9月	宁波象山	在东海休渔结束的那一天举行盛大的开渔仪式,欢送渔民开船出海。主要是以祭海、放海、开船等仪式欢送渔民出海。利用开渔节舞台,展示开发海洋、保护海洋、经贸洽谈、海洋旅游、学术交流等活动
象山国际海钓节	5月	宁波象山	象山素有"中国渔山,海钓天堂"的美名。目前,已形成象山港、乱礁洋等七大海钓区,可进行船钓、拖钓、岸钓、筏钓等多项海钓活动,适合登礁钓的岛礁达500多个,全年海钓时间可长达10个月
三月三·踏沙滩民俗文化节	农历三月三前后	宁波象山	三月三·踏沙滩民俗文化节是象山石浦渔民的节日。每逢这一节庆,男女老少纷纷赶至皇城沙滩,载歌载舞,听潮观涛,尽情欢娱。
中国徐霞客开游节	5月19日	宁波宁海	宁海境内山峦叠嶂,碧海绿岛,《徐霞客游记》开篇的第一段文字就对其秀丽风光做了精彩描述,宁海故被称为《徐霞客游记》的开篇地
中国国际钱塘江观潮节	10月	嘉兴海宁/杭州萧山	海宁潮以其独特的壮美雄姿而令人神往。白居易、李白、苏轼等古代文人留下了千余首咏潮的诗篇。中国国际钱塘江(海宁)观潮节在每年农历的八月十八前后举行,观潮节期间举行观潮节开幕仪式、祭潮神表演等富有地方特色和江南潮乡韵味的活动
中国(宁波)国际港口文化节	隔年7月	宁波北仑	宁波的城市发展史,一定程度上是一部港口成长史。宁波是海上丝绸之路的起点之一,唐宋元时期的对外商贸重镇,近代"五口通商"城市之一。港口文化节秉承国际化、特色化和实效性、群众性的理念,在彰显港口文化的独特魅力中,促进国际港口文化的交流和繁荣,推动国际港口城市的合作与发展

续表

节庆名称	举办时间	举办地点	节庆概况
嵊泗贻贝文化节	7—9 月	舟山嵊泗	嵊泗有着养殖加工贻贝的悠久历史,出产的厚壳贻贝"元淡",在明清时还被列为进贡朝廷的贡品,号称"贡干"。嵊泗贻贝文化节结合了本地海水产品,凸现海洋文化深刻内涵,推动贻贝经济,将贻贝文化与海洋、海岛生态环境调查熔于一炉
中国舟山桃花岛金庸武侠文化节	9 月	舟山桃花岛	金庸武侠小说传武术神韵与精髓遍及世界,其中影响甚广的《射雕英雄传》和《神雕侠侣》中,生动描绘了一个风景如画的东海仙岛——桃花岛。随着内地版《射雕英雄传》《天龙八部》在桃花岛的拍摄及热播,桃花岛已声名远播。为进一步开发桃花岛的旅游资源,扩大桃花岛武侠文化的影响力,2004 年秋天,首届中国舟山桃花岛金庸武侠文化节在桃花岛举办。武侠文化节通过以武会友,习武健身,切磋技艺,进一步丰富了武术文化内涵,扩展了武术文化影响度。同时让更多的人认识舟山、关注桃花岛
中国普陀佛茶文化节	4 月	舟山普陀	普陀佛茶属于绿茶的一种,以色泽绿润、气香味醇誉名,自古以来,由僧人栽种采制,用来敬佛和待客,是茶文化与佛文化的完美结合。深厚的文化积淀,及海岛独特的地理环境和气候条件,使普陀佛茶成为色、香、味俱全的茶中精品
中国抗倭文化节	4 月	温州苍南	苍南金乡抗倭民俗文化节起源于明朝,盛行于晚清。文化活动突出追悼明代因抗击倭寇而牺牲的官兵,纪念抗倭和抗日的内容,融入了爱国主义精神的文化特色,反映了人民对抗倭先烈及祖先的崇敬,同时,活动也融古镇千年来形成的民风民俗"庙会"于一体

续表

节庆名称	举办时间	举办地点	节庆概况
徐福东渡国际文化节	7月	舟山岱山	公元前219年,徐福受秦始皇派遣率3000童男童女及百工渡海,去寻找传说中的蓬莱仙岛,以求长生不老之药。寻药未果后东渡,随潮经韩国到达日本。文化节通过"徐福祭海东渡""徐福国际文化研讨会"等活动加强与日本、韩国等国家的友好交流,发展海洋旅游,繁荣舟山文化
舟山渔民画艺术节	10月	舟山朱家尖	舟山渔民画缘于"得海独厚、得港独优、得景独秀"的地理优势,具有浓郁的海洋艺术感染力和观赏性。舟山市迄今已有300余件作品被国外艺术爱好者收藏。渔民画艺术节的举办,为重新整合具有舟山海洋文化特色的文化资源,打造渔民画的艺术品牌,推动文化旅游产业的发展,起到了促进作用
桃花岛金庸侠侣爱情文化节	农历七月	舟山桃花岛	2007年8月,第一届桃花岛金庸武侠爱情文化节在此举办。桃花岛金庸武侠爱情文化节着重体现"金庸笔下桃花岛"的核心主题,以"帐篷海滩情侣露营""沙滩情侣歌舞晚会""沙滩篝火大联欢"为主线,巧妙地把现实中的爱情与金庸笔下的武侠情侣文化融合在一起,既能感受到桃花岛风光的魅力,又能享受到爱情的甜蜜

(二)延伸型海洋商务会展旅游产品

延伸型海洋商务会展旅游产品,指海洋事件、活动、会展举办后,延伸推出的商务旅游产品,主要分为三个层面。

一是设施延伸。海洋事件、活动、会展之后,存在遗留设施后期利用的问题。这个问题如果解决得不好,海洋事件、活动反而会成为沿海地区发展的包袱。要提高事件活动后期的设施利用率,需要做到"三个化":①功能强化,即强化海洋事件活动设施原来的功能;②功能转化,即在海洋事件活动设施中创造休闲娱乐新热点;③功能泛化,即发展海洋事件活动设施的多样化功能。

二是城市延伸。海洋事件活动能够带动各类公共设施和环境的建设、发展和完善,有力拉动沿海城市建设,显著促进沿海城市升级。

三是品牌延伸。在事件型海洋商务会展旅游产品已有品牌的基础上,要构造一系列新活动,延伸、保持品牌效应,支撑海洋商务会展旅游产品的发展;然后需要建设海洋商务会展旅游新产品,创造新的世界文化遗产。

四、陆地海洋旅游产品

陆地海洋旅游产品主要是指在内陆建造海洋馆、海洋主题公园、人工冲浪池、人工海滩等。

海洋馆或海洋主题公园是以极地体验或海洋生物探秘或两者兼备为主题,休闲娱乐、商务会所、运动养生、人居环境、酒店、景观地产等综合配套,以时尚休闲、亲近海洋、珍爱生命、动态刺激等为理念,集科普教育、游乐、购物、休闲、文化演出等于一体的大型主题旅游休闲社区。海洋馆在世界各地普遍存在。

浙江海洋主题公园发展具有不可比拟的资源和区位优势。近年来,浙江海洋主题公园发展迅速,不论是数量,还是规模、层次,都居国内前列。

表 3-7 浙江海洋公园基本情况

产品名称	地区	产品特色
台州海洋世界	台州市椒江区	台州海洋世界是浙江省最大的海洋馆,国内首创的都市型水族馆。共分五层,是全世界仅有的两个从上往下参观的水族馆之一,有海洋生物 10000 余只(尾),内设热带雨林馆、珊瑚礁生物馆、海底隧道馆、海洋嘉年华、海洋风情馆等海洋生物展示和游乐设施,是一处以海洋文化为主题的集科普教育、欣赏娱乐、旅游休闲、购物于一体的大型综合旅游地
杭州极地海洋世界	杭州市萧山区	杭州极地海洋世界包括极地海洋馆、少儿艺术馆、儿童游乐区、游客服务中心等 5 个主要部分,是集极地动物展示、极地景观体验于一体的中国最大的专业极地海洋馆。极地海洋世界海水总水体 15000 吨,展出极地动物 18 种,170 余头(只);鱼类 1000 种,20000 余尾

续表

产品名称	地区	产品特色
杭州海底世界	杭州市西湖区	杭州海底世界建筑面积 4000 平方米,是一座集休闲、观光、科普为一体的现代化海洋生物博览馆。总水体 1500 吨,饲养各类水生物、海洋动物 500 多种,是浙江省内最早建成开放的专业性海洋水族馆。馆内还开展嬉鱼、喂食等互动体验项目
宁波海洋世界	宁波市江东区	宁波海洋世界是极具特色的大型水族馆之一,整个海洋馆从外观的设计到内部展区的布置不仅在美学价值上体现了独特的海洋文化,而且在技术含量上在国内同类海洋馆中也是首屈一指。宁波海洋世界完美组合了三种不同类型的海底观光隧道(跃层式、180°、270°),这样的隧道组合在馆内同时出现是国内独一无二的;同时拥有世界上最大型的摸摸鱼高科技虚拟互动区、大型虚拟梦幻海底布景、凯迪拉克汽车鱼缸等
义乌海洋世界	金华市义乌市	义乌海洋世界是浙江省展示面积最大的海洋水族馆,是一座以海洋生物展览为主,集科普教育、休闲娱乐、体验互动于一体的现代都市型水族馆。义乌海洋世界分热带雨林馆、珊瑚海生物馆、海兽表演馆、深海隧道馆、海洋欢乐剧场及海洋科普体验区六大场馆,包罗了热带、深海等稀有鱼种,如食人鱼、天线魟、牛角鱼、中华鲟等

五、虚拟海洋旅游产品

虚拟海洋旅游产品主要指借助电视、广播、网络等多媒体手段,展现海洋旅游有形的自然风光、活动项目和无形的海浪声、海鸥声、海风声等。由于海洋的独特魅力,在虚拟世界里展现的图像和声音也吸引了不少游客,它既满足了那些无法亲身体验海洋旅游人群的需要,也可以随时随地满足人们对海洋的向往。高科技使得通过虚拟世界体验海洋的感受变得越来越真切。

中国台风博物馆位于浙江省舟山市的岱山岛,建筑总面积 5000 平方米,是融科普、旅游、科研诸功能于一体,演绎台风发生、发展和消亡的全国首家灾难性博物馆。中国台风博物馆一期展馆里陈列有 650 余幅图片资料和 57 件实物,配置有一套先进的全自动海洋环境远程观测传输系统,为全省有效指挥防台抗台工作提供了可靠数据。二期 4D 动感影院项目,整合各种高科技手段,艺术化地打造 4D 动感影院和仿真模拟系统,以参与性、互动性手法,让游客身临其境地感受、体验台风的凶、险、奇,同时推出观浪游项目。

第三节　浙江海洋旅游产品存在问题及发展对策

一、浙江海洋旅游产品存在问题

海洋旅游产品是旅游产品的一种重要类型,以海洋及海岸线资源为凭借,以旅游设施为依托,向旅游者提供用以满足旅游活动需求的有形实体和无形服务的综合。虽然浙江省海洋旅游资源丰富,但是海洋旅游产品的结构不尽合理,大多产品属于观光类型,以门票经济为支撑,依赖于客流量,产品的开发大多处于初级阶段。

(一)海洋旅游产品种类相对单一

浙江海洋旅游产品虽然逐渐在向多样化方向发展,并且已拥有一批地方特色鲜明的海洋旅游产品,但是从结构上看,由于长期以来一直偏重于接待团体观光旅游,尚未形成以观光为主,以文化、体育、教育、娱乐、民俗、探险、度假、会议等为特色的大众旅游与专项旅游相结合的立体型产品格局。浙江目前的海洋旅游产品除了传统的观光旅游产品,主要有休闲度假产品、宗教文化产品、海洋节事产品、海岛影视产品等,对创新型海洋旅游产品和延伸性产品的开发尚存不足,已有产品的文化性和体验性深度不够,导致游客容时量小、产品附加值低的弊端;从产品层次来看,海洋旅游产品开发大多处于基本消费层次,还远未达到提高层次和专门层次。这种产品结构上的不合理已越来越不适应国际旅游潮流的变化。[①]

舟山市以"海天佛国·渔都港城"的主题形象大力发展海洋旅游业,海洋旅游业得到了较快的发展,旅游产品也在不断丰富。舟山市海洋旅游产品虽

---

① 周国忠.海洋旅游产品调整优化研究:以浙江省为例[J].经济地理,2006,26(5):875-878.

然逐渐在向多样化方向发展,并且已拥有一批地方特色鲜明的海洋旅游产品,但是从结构上看,产品结构仍比较单一,仍以海洋观光型为主,并且仅停留在静态的、简单的观光上;游客互动参与程度不高;此外,产品创新度不高,没有开发出海洋旅游的延伸和扩展产品,海洋旅游精品不多,品牌效应不强。

表 3-8　舟山海洋旅游主要产品类型

类型	区域	开发的主要产品
观光旅游	普陀山、桃花岛、定海等	普陀山佛教文化旅游、桃花岛影视武侠文化游、定海环岛游等
休闲度假游	岱山、朱家尖、定海等	朱家尖海滨休闲度假游、岱山海景房产游、定海古城要塞休闲游、岱山海洋文化科普专项旅游等
节事旅游	普陀山、嵊泗、岱山等	中国普陀山南海观音节、中国舟山海鲜美食节、中国舟山国际沙雕节、沈家门民间民俗大会、舟山国际海钓节、舟山国际航模大赛等
专项旅游	嵊泗列岛、蚂蚁岛、岱山等	嵊泗列岛"海上仙山"渔家乐等专项特色游、蚂蚁岛生态游等
新型体验游	东极岛、秀山岛等	东极海钓、探秘游、游艇旅游、秀山滑泥游等

资料来源:王娜娜.舟山海洋旅游产品优化升级[D].舟山:浙江海洋学院,2014:29.

(二)海洋旅游产品的地域性、独特性不够鲜明

根据海洋旅游资源所属区域自身特点,只有在对当地文化内涵深入挖掘的基础上,才能形成高层次的、特色鲜明的海洋旅游产品。浙江海洋文化旅游资源非常丰富,但目前几个沿海旅游区文化导向和文化主题定位不鲜明,无论是自然景观还是人文景观,旅游硬件设施还是软件服务,都没能很好地贴近海洋文化,做到游海览海、说海讲海、吃海玩海、用海爱海、海字当头。在海洋文化外化过程中,往往刻意地模仿、移植、附会、堆砌、拼盘、复古,进行类似主题公园式的开发,大投入却忽视了整体协调性、时效性、审美性的开发原则,违背了度假旅游者对海洋旅游既现代又质朴、既浪漫又亲和的文化环境需求。

(三)海洋旅游产品文化内涵不够丰富

从目前开发的程度来看,浙江沿海区域旅游资源有鲜明的海滨特征,但并没有将海洋文化充分渗透到各处海滨景观中。虽然浙江沿海各地市在旅游产品开发中已经认识到了文化的重要性,并做出了一定的努力,与海相关

的景点比比皆是,如各类博物馆、海洋公园、海洋民俗村落等,但规模不大,海洋文化内涵渗入不够。人们获得的只是短暂的视觉冲击,缺少对海洋文化知识的获取和思考。如前所述,浙江海洋区域并不缺乏旅游文化内涵,缺少的是对海洋旅游文化的深层次挖掘与准确的提炼,缺少对海洋文化的创新。

(四)海洋旅游产品科学技术含量不足

浙江海洋旅游产品仍以观光为主,旅游产品科技含量较低,不能满足游客多元化的需要。浙江海洋旅游产品科学技术含量的不足,主要表现在旅游产品的表现形式和海洋旅游产品的经验管理上。目前,浙江海洋旅游产品仅停留在表面的走马观花的游览阶段,产品质量和品位不高,产品的表现形式单一落后,科技含量不高。此外,景区及景点众多服务设施、辅助设施等的科技含量不高,未能给旅游者提供安全、舒适的服务。而在海洋旅游产品的经营管理上,缺乏专业化的管理团队和管理方法;国内外先进的管理方法与理念并未得到贯彻,缺乏旅游产品的品牌宣传。此外,对海洋旅游信息系统的开发与应用不够,未能做到利用先进的科技提供人性化、个性化的服务。

(五)海洋旅游产品趋同化现象明显

浙江海洋旅游产品的开发有得天独厚的条件,海洋旅游资源非常丰富,这为多元化旅游产品类型结构的发展提供了有利的条件。虽然当前浙江海洋旅游产品较多,但是其在海洋旅游产品的开发过程中,过多地模仿和移植国内外著名景点的做法,使产品趋同化现象严重,不仅与其他海洋旅游景点存在雷同,就是在浙江海洋各地市之间都存在较多低水平重复建设现象,存在区域旅游产品同质化的现象,如仅宁波一地,一年之中就有象山国际海钓节和宁海时尚海钓节。

海洋旅游产品的趋同化,不仅导致资金利用效率不高、相应旅游设施闲置与浪费,还导致区域特色的海洋旅游产品得不到开发,不易形成多元化旅游产品布局,满足不了游客追求个性化的需要,导致浙江海洋旅游产品市场竞争力下降。

二、浙江海洋旅游产品的发展对策

省内海洋旅游产品发展过程中存在着诸多问题,这些问题的解决是提升全省海洋旅游竞争力水平的关键,因此找到解决浙江海洋旅游产品问题的对策有着重要的现实意义。

(一)完善海洋旅游产品层次,满足不同层次旅游者的旅游需求

从旅游功能看,旅游产品分为三个层次:基础型产品,以陈列式观光游览为特征,自然风景名胜和历史文化遗迹为项目内容,是旅游产品结构的基础和出发点;提高型产品,是以表演式展示为特征,满足游客由"静"到"动"的多样化心理需求,吸引游客消费向纵深发展;发展型产品,以参与式娱乐与相关活动为特征,以满足游客的自主选择、投身其中的个性需求。旅游产品开发必须根据游客不同层次的需要,确定产品开发层次,进行分层定制(见表3-9)。

表 3-9　旅游产品的层次划分

层次	特征	项目内容	产品功能
基础层次	陈列式观光	自然风景名胜 人文历史遗迹	属于最基本的旅游形式,是旅游规模与特色的基础
提高层次	表演式展示	民俗风情展示 歌舞竞技表演	满足旅客由"静"到"动"的多样化心理需求,通过旅游文化内涵的动态展示,吸引游客消费向纵深发展
发展层次	参与式娱乐	亲身参与体验 游戏娱乐互动	满足旅客自主选择、投身其中的个性需求,是形成旅游品牌特色与吸引游客持久重复消费的重要方面

浙江省海洋客源市场覆盖全国各省市及境外多数国家和地区,游客消费能力差异大,可分为多个梯度等级,因此层次相对单一的产品不能满足不同游客的需求,这就需要增加旅游产品层次。近年来,依托浙江海域面积广阔、海岸线长、海洋资源丰富等优势,已逐步形成了由嵊泗列岛、普陀山、朱家尖组成的国家级海洋旅游风景区;以钱江观潮为特色的旅游项目;以温州为中心,由雁荡山、楠溪江、洞头、南麂岛组合而成的旅游线,并形成了"游海水、观海景、买海货、住海滨"的海洋型旅游格局。随着旅游者旅游需求不断提高,传统旅游产品的吸引力现在正在不断弱化,同时各地旅游产品低水平重复、资源与环境破坏日益严重等问题日益突出。

浙江海洋旅游的发展以海为主体,应该涵盖远海、近海、海岸、海滨、海洋等横向五个层面,以及海空、海面、海下等纵向三个层面,实现立体全方位的开发。在每个层面上都有特定的旅游体验方式和系列旅游产品,共同形成海洋旅游开发"八圈层"结构(见表3-10),构建海洋旅游产品开发的集成

库,并以此为基础,结合文化内涵的挖掘、科技的进步和市场需求的变化,进行产品体系创新,为中国海洋旅游开发打造基础。

表 3-10　海洋旅游开发"八圈层"结构基础产品

旅游活动范围	基础产品举例
远海	特种旅游为主,如出海观光、海钓、捕捞、游艇、海上贸易体验
近海	水上运动为主,如浅海捕捞、垂钓、围海浴场、滑水、冲浪、帆船比赛、水产养殖、海上拓展训练、海上漂浮岛
海岸(滩)	海滩游乐为主,如赶海拾贝、沙滩浴场、沙滩体育、沙雕、美食餐饮、手工艺品制作与出售、水景、沙滩演艺、沙滩SPA
海滨	休闲娱乐为主,如度假酒店、水疗养生、健身、温泉、海洋博物馆(主题乐园)、渔人码头、商务会议酒店、游艇俱乐部
海洋	如渔村(镇)民俗体验、海洋宗教信仰、海洋节庆、海鲜工业旅游、高尔夫球场、度假地产
海空	如水上滑翔伞、水陆两栖飞机、海上飞索、海上直升机
海面	如快艇、船等各类水上运动
海下	如潜水、水下考古、水下表演、水下餐厅、水下客栈、水下影院

资料来源:代改珍.体验为核 深度开发海洋旅游产品[Z].北京华汉旅规划设计研究院,2010-4-3.

在浙江海洋旅游资源发展中,应该加强区域内资源的整合,围绕市场需要,开发出能满足不同层次旅游者需要的旅游产品,如海上名山游、海岛远古文化游、海洋宗教文化游、海洋民俗风情文化游、海洋渔业文化游、水下考古游、名人名著文化游、海洋饮食文化游、海洋历史文化游、海洋军事文化游、海洋景观生态游、荒岛探险游等;同时,加强开展游艇、帆板、冲浪、沙滩排球、水上飞机、海上降落等海洋体育竞技旅游活动,以提升浙东海洋文化旅游的参与性、娱乐性、趣味性、文化性,增强吸引力。这样既可以平衡浙江旅游淡旺季明显的差距,减少淡季旅游设施闲置所带来的损失,又可以提高旅游经济效益。

(二)实现海洋旅游产品协同开发

1.加强区域内外资源整合,实现海洋旅游产品协同开发

浙江海洋旅游业,就是以"协同论"为指导,加强浙江沿海各县、市、区之间,国内海洋省、直辖市、自治区之间的合作,即对一些跨区域的旅游景区、

景点统一规划设计,合作开发旅游线路,实现优势互补,形成产品集群优势。通过内外合作,浙江海洋旅游可重点开辟和包装以下海洋旅游线路(产品):

1)观音文化观光环线:沈家门—普陀山—桃花岛—沈家门;

2)岛际环线:普陀山—嵊泗列岛—岱山岛—定海—桃花岛—普陀山,南麂岛—洞头岛——江山岛—南麂岛;

3)陆岛环线:普陀山—上海—杭州—宁波—普陀山、温州—南麂岛—台州—宁波—舟山—温州;

4)省内游艇游船线路:杭州—嘉兴—宁波—舟山—台州—温州。国内邮轮线路:上海—宁波,舟山—东海油田—福州马尾—厦门港,宁波、舟山—台湾—金门岛—厦门港,宁波—上海—青岛—天津—大连,宁波—厦门—深圳—广州—北海—三亚。国际邮轮旅游线路:宁波、舟山港—韩国釜山、济州岛和日本大阪、横滨;宁波、舟山港—基隆、东南亚菲律宾—印度尼西亚—新加坡等国家的线路;三是宁波、舟山港—厦门—台湾基隆—香港、澳门—海南三亚—越南的旅游线路。

2.多元化与精品化开发相结合,优化海洋旅游产品结构

多元化是基础,精品化是品牌。浙江海洋旅游产品多元化与精品化相结合就是大力发展多层次、多种类的海洋旅游活动,推出拳头产品、特色产品。应以市场为导向,围绕"海、岛、佛、港、商、渔"等特色,延续历史文脉,体现自然、人文景观和城市特色,打造休闲度假目的地,提升海洋旅游品质。从产品结构上看,要充分考虑长三角因素,着力开发休闲和度假方式为主的集观光旅游、休闲旅游及商务会议、节事旅游、海洋文化旅游、佛教文化旅游等专项旅游为一体的系列旅游产品,凭借长三角市场,打开国际旅游市场;通过合理安排、精心设计,形成一批不可替代的拳头旅游产品,如观潮探密游、海天佛国游、海岛度假游、阳光海岸游、海洋渔业游、海洋观光农业游、海上丝绸之路游、红色海洋游等。①

3.延伸海洋旅游产品内涵,建立海陆联动的旅游供给体系

1996年,我国颁布的《中国海洋21世纪议程》,提出了我国海洋可持续发展战略。战略的原则之一就是海陆一体化开发。从长远看,海陆一体化

---

① 周国忠.基于协同论、"点—轴系统"理论的浙江海洋旅游发展研究[J].生态经济,2006(7):114-118.

是沿海地区海洋与陆地两种生态经济系统相互作用下的必然趋势,是由海洋和陆地两个系统在资源、环境和社会经济发展等方面的必然联系所决定的。鉴于浙江实际情况,应以陆域开发程度高的杭州、宁波、温州等沿海中心旅游城市为依托,借助杭州湾跨海大桥、舟山连岛大桥、甬台温高速(高铁)等通道,以优势产品为龙头,实现海上旅游和沿海陆域旅游产品的整合,完善海洋旅游产品结构。

(三)准确定位客源市场,开发特色旅游产品

浙江海洋旅游产品发展首先要了解市场,挖掘市场的潜在需求。浙江海洋区域游客的国籍、年龄、性别、职业、文化程度、身体素质、个人阅历等个人基本要素情况差异很大,旅游的动机也存在明显的差异。游客的动机反映出内心的需求和渴望,是在旅游过程中希望得到满足的东西,因此旅游产品的设计要力求准确把握游客的内心需求,深入挖掘不同动机的游客对旅游产品的偏好和消费习惯。

1.准确定位入境游市场

浙江海洋旅游入境客源市场主要可以分为三块:第一是核心客源市场,包括港澳台地区和日、韩及东南亚国家;第二是基础客源市场,主要包括俄罗斯和欧盟、美洲、大洋洲、中亚、南亚各国的客源市场;第三是有待开发的其他地区的潜在客源市场。在定位核心市场时,我们要充分运用地区间地缘相近、经贸相连的特点,开发港澳台地区的市场潜力,从而巩固核心客源市场。通过加强以观光、探亲访友、寻根问祖为主的中老年目标市场,积极开发商务旅游市场和传统节日旅游市场,提高港澳台学生和青年到访量,把浙江海洋区域建设成为港澳台游客主要目的地。利用海洋区域健身养生资源和宗教文化资源丰富的优势,不断扩大日、韩市场,创造独特的文化环境和购物环境,进一步开拓日韩女性市场,使日本和韩国继续稳定地成为国外游客来浙旅游的第一大客源地。继续发展与东南亚国家旅游双向联系,把浙江建设成为日本、韩国,以及东南亚国家华夏人文历史旅游的主要目的地。扩大浙江海洋旅游对美国、加拿大、德国、法国、俄罗斯、澳大利亚等国家的知名度,增加北美、欧洲和大洋洲游客的到访量,把浙江建设成为欧美国家来华旅游者的首选目的地之一。

2.准确定位国内客源市场

浙江海洋旅游国内客源市场按照规模递减依次为长三角地区—环渤海

地区、珠三角地区—国内其他地区。浙江要加快适应长三角经济一体化,以及旅游消费需求的变化趋势,注重开发各种类型和不同档次的旅游产品,加大商务旅游和休闲度假旅游的发展力度,把浙江海洋区域建设成为上海、江苏近程商务会议旅游和休闲度假购物旅游的首选目的地。进一步重视中远程市场的开发,加强珠三角、环渤海和以大中型城市为重点的中西部地区国内客源市场的开发。

(四)规范海洋旅游产品市场秩序

省内海洋旅游发展过程中存在的最主要问题是产品市场秩序混乱,产品品牌意识缺乏,从业人员素质不高,旅游目的地营销不力。在竞争如此激烈的海洋旅游市场上,当前发展的关键是整治市场秩序,提高规范化程度。具体应从五个方面进行处理。第一,明确市场定位。门票经济时代已经过去,通过抬高旅游产品价格谋利的方式不可取,旅游目的地管理者应当厘清游客满意度与竞争力之间的关系。过分地抬高旅游产品价格,不仅会降低游客的满意程度,还会限制海洋旅游业的发展。所以,旅游地应该重新定位旅游市场,合理定价,充分利用自身优势进行发展。第二,增强品牌意识。省内旅游资源优势比较明显,但由于品牌意识不强,导致并未形成真正的影响力。如山东蓬莱、海南三亚极为强调产品品牌的塑造和强化,形成独具特色的竞争力。因此,增强品牌意识将有助于浙江海洋旅游业的腾飞。第三,营造海洋度假旅游环境。海洋旅游环境可分为旅游硬环境和旅游软环境两大类。海洋旅游硬环境包括自然资源环境和人文自然环境;海洋旅游软环境包括政治、文化、民俗风情、社会治安和服务水平等。浙江沿海各地在注重建设旅游硬环境的同时,更要抓好软环境建设,提高景区、景点的管理水平,抓好社会治安,保护游客安全,提高服务质量,为游客提供一个宽松愉快的旅游环境。第四,加强员工培训。旅游业是服务性的行业,在旅游产品品质提升的基础上,服务质量的提高可在很大程度上保持旅游目的地的竞争力。第五,规范监管程序。市场监管力度是旅游产品市场发展的"保安",一个有序的旅游市场可以促进旅游产业的发展。当前,浙江沿海各地市应大力普及《旅游法》等相关法律法规,厘清各管理部门之间的职责,提高违反市场规范的成本,以期获得旅游市场各参与主体的重视,全面整顿市场秩序,为省内海洋旅游业的健康发展提供一个安全、规范的平台。

第四章　浙江海岛旅游发展研究

　　海岛旅游(island tourism)是指以特定的海岛地域空间为依托,凭借海岛特有的自然景观和人文历史资源,以满足旅游者对旅游的特殊需求,促进海岛社区经济、社会、文化等多方面全面健康发展而开展的旅游活动。真正意义上的近代海岛旅游起源于 19 世纪的英国,主要出现在依靠轮船可以到达的一些近岸岛屿。随着交通方式的变革,以及人类海洋活动范围的扩大,世界范围内的海岛旅游开始盛行,尤其是 20 世纪 70 年代以来,海岛旅游得到了急速发展。目前,海岛旅游已成为全球旅游业发展的主方向,也是海洋经济的四大支柱产业之一。

　　我国海岛旅游开始于 20 世纪 70 年代末,但在其后的数十年内并未成为国内旅游开发的重点,仅有海南岛、浙江舟山群岛等少数几个具有规模和知名度的海岛旅游区。随着 2010 年《海南国际旅游岛建设发展规划纲要》获批、《中华人民共和国海岛保护法》施行,2012 年《全国海洋主体功能区划》获批及沿海各地"海岛保护规则"的陆续颁布,我国海岛旅游开发与规划工作才步入了有序的轨道。许多沿海近岸小型岛屿积极开发旅游业,逐步呈现南北互动、观光与休闲度假并存、产品逐渐多样的格局。

　　浙江是全国海岛最多的省份,海岛旅游不仅对浙江的旅游经济意义重大,对全国海洋旅游经济而言也是举足轻重的。

第一节　浙江海岛旅游开发现状

以海岛为依托的旅游活动日渐受到人们的青睐,海岛以其空间上的孤立性、自然生态的完整性和区域文化的独特性吸引着广大旅游者。浙江海岛旅游开发正在如火如荼地进行,但要使诸多海岛成为未来理想的休闲度假目的地,则必须关注其当前在开发层次、空间格局和开发模式上存在的特征和问题。

一、海岛旅游开发层次

浙江海岛上已建立2处国家级风景名胜区、5处省级风景名胜区、2处国家级自然保护区、1处省级自然保护区、4处国家级海洋特别保护区、3处省级海洋特别保护区、2处国家级海洋公园、1处国家级森林公园、2处省级森林公园、1处国家公园等,覆盖了多数重要的以海岸地貌、海洋生态资源、森林资源为主的海岛自然景观和渔业文化为主的人文资源(见表4-1)。[①] 这些保护区同时兼具旅游区功能,除给予不同程度的保护外,对各类海岸地貌和海洋文化资源等主要以旅游的形式加以利用。

表 4-1　浙江海岛各类保护区

保护区类型	等级	行政区	名称	内容
风景名胜区	国家级	舟山嵊泗	嵊泗列岛风景名胜区	海岸地貌、渔业文化
		舟山普陀	普陀山风景名胜区	佛教文化、海岸地貌、渔业文化
	省级	舟山岱山	岱山风景名胜区	海岸地貌、渔业文化
		舟山普陀	桃花岛风景名胜区	海岸地貌、人文景观
		温州洞头	洞头列岛风景名胜区	海岸地貌
		温州平阳	南麂列岛风景名胜区	海岸地貌、花岗岩地貌
		台州玉环	大鹿岛风景名胜区	海岸地貌

---

① 齐岩辛,等.浙江海岛区地址公园发展策略[J].地质调查与研究,2015(2):148-154.

续表

保护区类型	等级	行政区	名称	内容
自然保护区	国家级	温州平阳	南麂列岛海洋自然保护区	海洋生态资源、海岸地貌
		宁波象山	韭山列岛海洋自然保护区	海洋生态资源
	省级	舟山定海	五峙山列岛鸟类自然保护区	鸟类
海洋特别保护区	国家级	温州乐清	西门岛海洋特别保护区	海洋生态资源
		舟山嵊泗	马鞍列岛海洋特别保护区	海洋生态资源
		舟山普陀	中街山列岛海洋生态特别保护区	海洋生态资源
		宁波象山	渔山列岛海洋生态特别保护区	海洋生态资源
	省级	台州椒江	大陈海洋生态特别保护区	海洋生态资源
		温州洞头	南北爿山海洋特别保护区	海洋生态资源
		温州瑞安	铜盘岛海洋特别保护区	海洋生态资源
海洋公园	国家级	温州洞头	洞头海洋公园	海洋生态资源、海岸地貌
		宁波象山	渔山列岛海洋公园	海洋生态资源、海岸地貌
森林公园	国家级	台州玉环	大鹿岛森林公园	森林资源
	省级	台州椒江	大陈岛森林公园	森林资源
		宁波象山	南田岛森林公园	森林资源
世界生物圈保护区		温州平阳	南麂列岛海洋生物圈保护区	海洋生物资源
国家公园		舟山普陀	朱家尖大青山国家公园	森林资源、海岸地貌
一般旅游区		宁波象山	花岙石林旅游区	地貌景观
		台州三门	蛇蟠岛旅游区	采石遗址

在海岛沙滩的旅游开发上,在资源禀赋的基础上,通过引入沙滩环境条件和沙滩旅游开发条件对浙江沿海 63 处沙滩进行评价,结果表明五星级沙滩仅 7 个,四星级沙滩 19 个,三星级 29 个,二星级沙滩 8 个,所占比例分别为 11.1%、30.2%、46.0% 和 12.7%。首先,朱家尖南沙沙滩、泗礁山岛基湖沙滩、普陀山千步沙等 7 个五星级沙滩为著名度假胜地和海水浴场,各方面

条件较好、开发程度也较高；其次，包括朱家尖东沙沙滩、六横岛外门沙沙滩、泗礁山岛南长涂沙滩等在内的 19 个四星级沙滩已部分开发或正在开发，但配套设施不够完善，且开发过程中存在一些问题；再次，枸杞岛沙滩、上大陈岛沙滩等 29 个三星级沙滩受限于资源的禀赋条件，且环境条件和开发条件欠佳，与四星级和五星级沙滩相较，其开发程度普遍偏低；最后，秀山岛小九子沙滩等 8 个二星级沙滩，各方面条件较差，只进行过低度的开发，大体保持原有面貌。浙江海岛沙滩评价结果普遍偏低，除去沙滩资源禀赋条件普遍先天不足，如沙滩多为规模较小的岬湾型海滩外，无序或不合理开发也造成诸多环境问题，还缺少合理的旅游开发策略，这也从侧面表明浙江省海岛沙滩仍具较大的开发潜力。[①]

从更能反映旅游综合发展实力的国家旅游局景区评级体系来看，浙江海岛中唯一进入 5A 级景区榜单的是普陀山风景区，4A 级风景区仅有桃花岛、朱家尖、大鹿岛、蛇蟠岛和洞头 5 处。可见当前浙江海岛的旅游开发仍处于初始阶段，并未充分利用已有的海岛旅游资源，旅游开发层次偏低，在旅游管理上存在诸多弊病。

二、海岛旅游开发空间格局

浙江海岛旅游资源具有地理集中性，相应的，当前海岛旅游开发的空间格局也十分不均衡。从表 4-1 中可见舟山共有 2 处国家级风景名胜区、2 处省级风景名胜区、2 处国家级海洋特别保护区、1 处国家公园和 1 处省级自然保护区，在全省都具有非常突出的旅游开发优势地位。尤其是以普陀山岛、朱家尖岛和桃花岛为核心的"金三角"旅游区资源禀赋好，具有宗教、沙滩、民俗、美食等多种高级别旅游吸引元素，开发程度也较高，并且得益于该区域的合理开发和完善管理，旅游质量较好。温州的南麂列岛同时兼具省级风景名胜区、国家级自然保护区和世界生物圈保护区称号，意义非凡。此外温州还有 1 处省级风景名胜区、1 处国家级海洋特别保护区、1 处国家级海洋公园，是浙江海岛旅游的另一处重要区域。台州有 1 处省级风景名胜区、1 处省级海洋特别保护区、1 处国家级森林公园和 1 处省级森林公园，整体等级较低。台州的下大陈岛、江岩山岛、大鹿岛等岛屿虽然具有较为优美的海

---

① 姜呈浩，等.浙江海岛沙滩质量评价体系及其应用研究[J].海洋学研究，2014（1）：56-63。

洋自然景观、良好的生态环境、深厚的人文底蕴等,有潜力发展海岛观光和休闲度假,披山岛、下屿等以保护海岛及其周边海域的海洋生态环境、海洋生物与非生物资源功能为主,亦可适度发展生态旅游,但这些岛群目前在此方面仍处于初步状态,在浙江海岛旅游体系中存在感较弱。

本书特别梳理了主要的旅游咨询媒介对浙江海岛旅游开发现状的描述,可以清楚地反映各地区在旅游业中的表现(见表 4-2)。

表 4-2 **Lonely Planet** 对浙江海岛旅游区的描述

行政区	旅游区	评价	配套设施
宁波	花岙岛	概况:位于石浦西南的小岛,人口不多 旅游吸引物:怪异的石林、颇为粗犷的沿海山道 旅游活动:适度探险、散心、寻找天涯海角感觉、观看海鸥海龟等海上生物	交通:中巴＋租车＋岛上电瓶车 食宿:无
	渔山岛	概况:象山县最东南海域上的小岛,比起石浦更出世、清静 旅游吸引物:海水清澈蓝绿相间、灯塔、东码头 旅游活动:钓鱼为主(可向民宿租鱼竿,约30元/小时)、沿岛散步吹海风、观看渔火	交通:石浦上下午各发一班快船,具体时间经常变化 食宿:招待所水准的民宿、宾馆(100～150元/床)、帐篷扎营;不便宜但物有所值的海鲜大餐
舟山	普陀山	概况:舟山群岛中的明星、海上仙山 旅游吸引物:普济寺、多宝塔、西天景区、潮音洞、法雨寺、杨枝观音碑、梵音洞、慧济寺、千步沙、百步沙 旅游活动:观光、宗教朝拜祈福、登山、游泳、踏浪观海	交通:沈家门、朱家尖往返普陀山码头班次频繁,宁波车船联运 食宿:农家乐、高星级酒店,淡旺季差价巨大;寺院斋饭,宾馆餐馆众多,但价格昂贵
	朱家尖	概况:游客必到之处 旅游吸引物:南沙、国际沙雕节、乌石塘、白山、普陀印象、东沙 旅游活动:观光、游泳、沙滩跑车、沙滩排球、观看表演、骑车、徒步	交通:沈家门公交车＋岛上三轮 食宿:酒店、青年旅舍、家庭旅馆

续表

行政区	旅游区	评价	配套设施
舟山	桃花岛	概况:人口较少,令人轻松 旅游吸引物:桃花寨、射雕影视城、安期谷 旅游活动:观光、徒步、登山、踏浪观海	交通:沈家门往返12班＋岛上中巴/三轮 食宿:家庭旅馆;海滩大排档
	东极列岛	概况:更加原生态、孤绝、纯净 旅游吸引物:礁石、石屋(海上布达拉宫) 旅游活动:观光、垂钓、观日出、海上探险	交通:沈家门2班 食宿:农家乐、露营(东福山岛)
	嵊泗列岛	概况:与舟山较远,更近上海,周末多上海游客,嵊山岛和枸杞岛更加深入东海 旅游吸引物:泗礁岛有基湖沙滩、南长涂沙滩、大悲山、渔港;嵊山岛有能见度更好的海水、东崖绝壁;枸杞岛有大王沙滩 旅游活动:游泳、沙滩烧烤、沙滩摩托艇、登上、观夜景和日出	交通:沈家湾码头、定海三江码头、沈家门墩头客运站往返泗礁岛班船＋公交;泗礁岛往返嵊山岛、枸杞岛2班
台州	大陈岛	概况:没有蔚蓝色海水,有军事意义的景点(国民党留守东海的最后岛屿) 旅游吸引物:104高地、甲午岩、大陈历史陈列馆、胡耀邦纪念室、浪通门、胡宗南指挥部遗址、天后宫、帽羽沙 旅游活动:观光、游泳、摄影	交通:椒江码头往返1班＋岛上步行或包车
温州	洞头岛	概况:百岛之县,没有蓝色海水,《海霞》拍摄地 旅游吸引物:半屏山岛、东岙沙滩、仙叠岩、大沙岙浴场、普陀寺、望海楼、洞头先锋女子民兵连纪念馆、"海霞"军事主题公园 旅游活动:观光、游泳	交通:汽车班车＋公交车或出租车 食宿:东岙村农家乐、县城高星级酒店、旅馆
	南麂岛	概况:孤悬海外 旅游吸引物:湛蓝海水、大沙岙浴场、三盘尾、美龄居 旅游活动:游泳戏水、观日出日落	交通:鳌江港快艇 食宿:农家乐、宾馆,淡旺季价格浮动较大,帐篷露营;海鲜大排档

数据来源:Lonely Planet. 孤独星球:浙江[M].北京:中国地图出版社,2015.

从表 4-2 可见,海岛并不是旅游信息媒介和旅游者认知中浙江旅游资源的重点,仅有宁波的花岙岛、渔山岛,舟山的普陀山、朱家尖、桃花岛、东极岛和嵊泗列岛,台州的大陈岛,以及温州的洞头岛和南麂岛被提及,并且除去浙江海岛旅游金三角的普陀山、朱家尖和桃花岛外,其他岛屿着墨甚少。这些海岛旅游开发呈现出的普遍状况是旅游吸引物比较单一,旅游者能够进行的旅游活动不丰富,配套旅游设施不健全,尤其是海岛交通不便,住宿条件较差,餐饮价格昂贵等。

海岛旅游开发空间格局的不均衡再次被证实,舟山是海岛旅游的重中之重,并且当前旅游开发已较为成熟,温州次之,宁波和台州的海岛旅游尚处于旅游开发起始阶段。旅游开发的空间格局和旅游资源分布的空间格局保持了很高的一致性,这也说明浙江海岛旅游开发整体仍滞留在传统的资源导向阶段,并没有进行产品导向或市场导向的跨越式提升。

三、海岛旅游开发模式

2013 年,在世界文化地理研究院、世界遗产研究院、亚太环境保护协会、全球绿飘带行动联合会、中国城市研究院(香港)、中国城市旅游杂志社的联合主持下,评选出了"2013 中国海洋宝岛榜"。评价体系采用七项指标:海岛的本土及海外知晓度与美誉价值;海岛历史文脉与国土地标价值;海岛资源环境禀赋价值;海岛景观美学价值;海岛旅游休闲可塑性价值;科学考察、生态保护或文化纪念价值;科学合理开发利用价值。浙江省共有25 个海岛入选榜单(见表 4-3),其中舟山占据 15 个席位,台州和宁波各 4个,温州 2 个。

表 4-3　2013 年中国海洋宝岛排行榜浙江入选海岛

排名	岛名	排名	岛名
6	舟山群岛舟山本岛	75	舟山岱山秀山岛
12	台州椒江大陈岛	77	温州洞头大门岛
13	舟山普陀普陀山岛	79	舟山普陀白沙岛
26	台州椒江一江山岛	82	舟山嵊泗泗礁山
27	温州平阳南麂岛	87	舟山定海册子岛
39	宁波象山大羊屿岛	90	舟山岱山岱山岛
42	舟山普陀朱家尖岛	91	舟山普陀登步岛

续表

排名	岛名	排名	岛名
51	舟山嵊泗崎岖列岛暨大小洋山	93	宁波北仑大榭岛
58	舟山普陀桃花岛	94	宁波象山檀头山岛
63	舟山普陀六横岛	96	台州三门扩塘山岛
65	舟山岱山衢山岛	98	台州温岭龙门岛
70	宁波象山南田岛	100	舟山普陀虾峙岛
72	舟山定海金塘岛		

数据来源：根据 http://bj.bendibao.com/tour/2013329/99400.shtm 整理

在该榜单评价中，每个入选宝岛都有相应的岛屿特色。例如，舟山本岛是"群岛之都、山水天堂"，表明其为旅游综合岛屿；大陈岛是"鏖兵当年、吻土长缅"，一江山岛则是"铁血战役、红色丰碑"，两岛虽然自然资源禀赋较弱，但因其在现代历史上的独特地理意义而具有红色旅游意义；普陀山岛是"世音福祉、自在瑞祥"，以观音信仰和祈福文化为主，兼具观光休闲度假功能的岛屿；南麂岛是"碧海仙山、贝藻王国"，作为国家级自然保护区和世界生物圈保护区，其旅游发展更多地体现出生态旅游特质；大羊屿岛在国家首批 176 个可开发无居民海岛名单中为旅游开发用岛，系首个公开出售无人岛，被认为"海岛首拍、前景大好"，在我国无人岛旅游开发历史上具有里程碑式意义。

当前浙江海岛旅游开发确实因旅游资源的不同而出现几种典型的模式。然而结合表 4-3 可知，入选的海岛中绝大部分尚未被旅游市场所明确感知，表明其在未来可能具有旅游开发潜力。海岛整体上是共性大、独特性小的旅游地，因此建立更多差异化的旅游开发模式，是海岛旅游发展的重点。

第二节 浙江海岛旅游开发案例研究

一、海岛与宗教旅游：普陀山岛

普陀山全岛面积 12.32 平方公里，是首批国家重点风景名胜区，国家 5A 级旅游景区。普陀山岛四面环海，风光旖旎，幽幻独特，被誉为"第一人间清净地"。山石林木、寺塔崖刻、梵音涛声，皆充满佛国神秘色彩。岛上树木丰茂，古樟遍野，鸟语花香，素有"海岛植物园"之称。岛四周金沙绵亘、白浪环绕、渔帆竞发，青峰翠峦、银涛金沙环绕着大批古刹精舍，构成了一幅幅绚丽多姿的画卷。

"海天佛国"观音文化资源是其最大的优势。巍峨庄严的普济寺（前寺）、法雨寺（后寺）、慧济寺三大寺，是我国明末清初建筑群的典型代表。元代古建筑多宝塔、明万历年间雕刻的杨枝观音碑、清初从南京拆迁来的明故宫九龙殿内的九龙藻井，是观音道场的"镇山三宝"。近年兴建的青石浮雕五百罗汉塔、33 米高的南海观音露天铜像、纯紫铜铸成的正法讲寺铜大殿，紫竹林禅院、西方庵、祥慧庵等古刹梵宇，更为佛国增添了风采和魅力。

普陀山以长江三角洲经济区作为旅游发展的客源市场支撑，还拥有福建及东南亚地区比较稳固的宗教朝圣香客市场；这些游客注重心灵与精神放松，追求有文化、高标准的品质生活。舟山跨海大桥的建成通车，更加密切了其与周边省市的联系，缩短了前往普陀山旅行的时间，节省了旅游成本。2017 年，普陀山共接待海内外游客 857.90 万人次，实现旅游收入 69.16 亿元。[①]

尽管普陀山是浙江海岛中当前旅游业发展历史最久、规模最大的岛屿之一，但它也面临着诸多问题。

1. 旅游商业化严重

普陀山虽然是个资源种类丰富且禀赋较好的海岛旅游地，但整体而言，

---

① 普陀山景区连获两项重要荣誉［EB/OL］.（2018-2-7）［2018-7-23］. http://www. zhoushan. gov. cn/ art/2018/2/7/art_1276164_15483277. html.

绝大部分游客的旅游动机首先是普陀山的佛教文化,由此可见,宗教文化对普陀山滨海旅游可持续发展起到了非常关键的作用,它深深吸引着忠实的佛教信徒和众多的佛教文化爱好者。但是,正是在这个核心旅游吸引物上,普陀山越来越遭到旅游者的质疑。渴望体验文化真实性与当地社区追求经济利益最大化之间存在着激烈的内在冲突。普陀山岛的当地社区在旅游发展中有较大程度的参与。以龙湾村为例,在 2005 年就拥有个体客栈 70 家,床位 700 多个,饭店 20 家,餐位 500 多个,商店 66 家,村级经济收入 250 万元,旅游经济总收入 892 万元左右。现今岛上的大部分家庭旅馆和小体量的餐饮、旅游纪念品商店等皆由当地居民经营。

但是调研显示,游客普遍认为岛上商业气息过于浓厚,影响了他们后续的重游意愿。在普陀山佛教文化旅游区的游客中,女性游客略多于男性游客,游客年龄主要集中在 25~50 岁之间(约占 78.7%)。有超过 1/3 的游客是忠实的佛教信仰者,这表明中青年人对宗教文化比较感兴趣,并具备长途旅行所需的经济实力和身体素质。多数受访者受过大专以上的高等教育(约占 72.5%),从事着各种各样的社会工作,并且家庭月收入超过 4000 元。约 54.3% 的游客认为普陀山佛教圣地过度商业化。另外,超过 1/3 的游客反映该区存在商业欺骗行为。普陀山正在走向"高度商业化"的发展轨道。在此情况下,理性客体将倾向于选择其他替代产品或者终止再次旅行。实际上,37.0% 的游客认为此次旅行改变了他们对整个普陀山佛教圣地的看法,并且将近半数的游客认为此次旅行直接影响到他们的重游意愿。网络上关于普陀山岛商业行为的负面评论呈现出日益增长的趋势,表明越来越多的游客关注该区的过度商业化现象。

2. 旅游发展中的容量和环境问题

旅游业发展带来的游客量增大引起了交通紧张问题,环境与周边佛教设施的破坏造成旅游市场品位下降。景区的长期开放,对旅游资源的过度开发,加上许多游客缺乏合理保护遗址的观念,导致了许多遗址和佛教文化设施的老化、破坏,降低了风景区的旅游品质。经营者缺乏管理日益壮大的游客队伍和调节市场资源的能力。在具体的物理环境问题上,存在以下现象:商业经营门面招牌不统一,与景区风格不符,影响美感;车辆随意停放,影响交通和岛容;垃圾和排污对环境的破坏;不合理拆建造成绿化的破坏;噪声控制不当造成居民生活品质和游客体验下降。而人文环境问题主要体现在服务接待人员素质不高造成游客对旅游产品消费不满。普陀山旅游行业从业人员相当一部分为当地渔民,文化水平相对较低。他们缺乏专门的业务培训,对如何满足顾客的需求缺乏系统的认识,这对普陀山旅游的长远发展不利。在经营中经常会发生短期的经营决策或提供不达标的服务品质,影响整个普陀山旅游的口碑。典型的有卫生状况不合格、宰客、降低食材分量、以次充好等。这些无疑强化了旅游者对于普陀山商业化过度的感知,严重地影响了旅游体验。

3.旅游休闲产品同质化

除了垄断的宗教旅游产品,在渔家休闲活动上,普陀山重要的海岛旅游产品如海岛风景欣赏、海洋美食品尝等,在许多方面与其他的海岛休闲旅游出现了较相似的状态。在旅游产品的挖掘上,缺乏能让游客耳目一新的特色。

二、海岛与影视旅游:桃花岛和东极岛

影视作品中的自然风景、故事情节、演员等均能给观众留下深刻印象和心灵震撼,可以诱发观众到访影视作品拍摄地(影视外景地),这种旅游可称为影视旅游。影视旅游地可以分为两种类型:一是影视主题公园,即以影视拍摄场景、剧情为主题建设的主题公园,属人工建造的景观,例如横店影视城、无锡影视城等;二是由自然和人文景观作为影视剧的拍摄外景地形成的影视旅游地,桃花岛和东极岛皆属于此类。这一种影视旅游地具备了影视外景地和旅游地的双重属性,与影视主题公园的发展迥然不同,属于典型的影视促进旅游的发展模式。在既有的旅游资源基础上,凭借影视作品的拍摄和播映迅速提高知名度,在旅游产品的供给上也表现出不同于一般旅游地的特性。桃花岛和东极岛的旅游发展受到了影视作品的极大影响,但两者的表现又有很大差异。

(一)桃花岛

桃花岛地处浙江省舟山群岛东南部,为舟山群岛第七大岛。桃花岛北距舟山市普陀区政府所在地沈家门约14.4千米海里,与"海天佛国"普陀山、"海上雁荡"朱家尖隔港相望,西与宁波市隔海相距12千米,南临桃花港国际深水航道,东濒著名的东海渔场。全岛面积为41.7平方千米,总人口约2万

余人。岛上居民多数为从宁波、镇海、象山、舟山和金塘岛移居的后裔。岛中部和东南部以渔业为主,西北部以种植业为主。当前岛上经济主要有"普陀佛茶"生产基地,浅海滩涂养殖和水产品深加工产业,以及日益增长的旅游业。

桃花岛旅游资源种类多、品位高,山、海、沙、岩、洞、石、礁、溪、潭、瀑、林、鸟、花、钱、古庙、寺院、古代军事遗址、历史纪念地、摩崖石刻,再加上武侠文化、神话传说和海洋文化等,旅游资源十分丰富。目前已经形成桃花峪、大佛岩、塔湾金沙、安期峰、悬鹁鸪岛、桃花港六大景区,共 12 个景观 60 余处景点。其中射雕影视城为中国唯一一座海岛影视基地,安期峰为舟山群岛第一高峰,桃花港为舟山第一深港,大佛岩为东南沿海第一大石,还有桃花寨、桃花阵、桃花会、桃花石……从旅游吸引物角度看,其旅游业发展具有鲜明特征,主要表现为资源上的多样性,尤其以海岛旅游资源最为突出;而从旅游地形象、发展历程等方面看,影视旅游要素更为突出。

桃花岛 1993 年 8 月成立桃花岛风景名胜区管理处,开始管理风景名胜区,当年接待游客 2000 人次;1994 年,接待游客 8000 人次;1995 年,游客增至 6 万人次;1998 年,突破 10 万人次,旅游产值实现 1000 万元;2001 年,旅游人数达 17.95 万人次,旅游收入增至 1800 万元;2002 年,接待游客 24.91 万人次;2005 年,接待游客突破 50.2 万人次,旅游收入突破 1 亿元;2006 年,接待游客 60.35 万人次,旅游产值达 1.5 亿元;2007 年,游客人次达到 74.68 万,旅游产值达 2.28 亿元。2013 年,游客量为 40 万人次,快速增长态势明显。2007 年游客人次达到 74.68 万,旅游产值达 2.28 亿元。[①] 2017 桃花岛接待游客 280.86 万人次,累计旅游收入 19.09 亿元,同比分别增长 10.61% 和 15.71%。[②]

影视要素在桃花岛旅游发展历程中起到了重要的促进作用。从整个旅游市场来看,伴随着金庸武侠作品的拍摄和热播,桃花岛的旅游市场也处于快速发展阶段。有研究对桃花岛游客进行了调查[③],有 45.45% 的游客是受

---

① 陈志奎.桃花岛旅游产业的实证研究[J].全国流通经济,2011(3):74-76.

② 关于海岛旅游产业发展情况的调研报告[EB/OL].(2018-8-6)[2018-8-10].http://www.zsptrd.gov.cn/Article/Detail?articleId=5131.

③ 潘丽丽,陈红.非主题公园式外景地旅游发展研究:以舟山桃花岛景区为例[J],亚热带资源与环境学报,2009,4(3):78-83.

到金庸小说和影视剧的影响选择到桃花岛出游,通过金庸武侠小说和影视剧获得桃花岛相关信息的比例占到了 42.73% 和 39.09%。影视旅游景点是旅游线路的重要组成部分。游客在桃花岛的空间行为集中在与影视作品主题相关的射雕城及桃花寨这两个影视主题景区。在被调查的游客中,有 80% 游览过射雕城,其次为桃花寨,到访率为 70%,作为第一峰的安期峰到访率仅为 50%。

调查表明,游客在游览之后对桃花岛的总体评价相对较好,主要包括自然景色、交通、风土人情、旅游活动等方面评价较好,其余方面评价较为一般。桃花岛景区的游客调查表明,与影视相关的因素对促进游客出游桃花岛起到了相当重要的作用,而海岛自然景观、影视体验是游客的出游期望,但在实际旅游过程中影视旅游景区到访率较高,获得的游客感知程度也相当高,对其他自然景观和文化景观的游后印象并不深刻。这表明了非主题公园式外景地在旅游吸引物和旅游者需求行为方面具有多样化的鲜明特征,其成功的关键是发展多样化的旅游产品体系,满足游客多重体验。而目前这种影视外景地过多关注影视要素,对非影视的本地优势旅游资源关注程度明显不足。

由桃花岛的旅游产品供给现状可知,以海岛景观为首的自然旅游、历史文化旅游、影视文化旅游均是桃花岛的旅游产品,而且从资源数量及质量两方面来看,自然旅游资源占据优势。但是从现有产品的销售情况来看,影视文化旅游产品占据主导地位。根据旅游地相互作用关系理论,某一旅游地与其附近旅游地之间的空间相互作用关系可分为互补与替代两种,这两种关系与两个旅游地的性质(类型的异同)和是否属于同一级别(资源价值)相关联。桃花岛周边的主要旅游地是舟山本地区的沈家门、普陀山、朱家尖等。很明显,沈家门打"渔都"牌,普陀山以"海天佛国"饮誉中外,而朱家尖则大作沙雕文章。桃花岛强调影视旅游资源结构及特征,这决定了它与这三个地方存在一种互补关系,即这三个地方在吸引游客的同时又对桃花岛获益产生单向促进作用,这种互补关系的确立根源于旅游资源及主体旅游形象定位的差异性。

（二）东极岛

东极诸岛远离舟山本岛，距沈家门45千米，拥有28个岛屿和108个岩礁。[①] 不仅有浓厚、古朴的渔家特色，更有美不胜收的风光，它几乎包揽了真正意义上的阳光、碧海、岛礁、海味，且气候宜人，水质清澈，自然禀赋较好。东极主要风景有庙子湖、青浜岛、东福山、黄兴岛等四个住人岛，各具特色。庙子湖玩的是渔家乐，上面还有东极历史博物馆、渔民画展，还有本土的渔家生活；东福山是"福如东海"的起源地；青浜则号称海上"布达拉宫"。

东极岛最早由摄影和海钓爱好者发现，而后便在网络上出名。因远离大陆，东极的海到了夏季便呈现出远海特有的蓝，不少游客也因此慕名而来，是舟山市除普陀山之外少有的因风景独特而让游客选择的旅游景点之一。但在东极岛越来越有知名度的同时，其旅游开发也存在一系列的问题。

首先是交通设施严重不足。最为游客诟病的是进出岛的流量限制。日常每天只有一班渡轮，在旅游旺季下午也只增加一次加班船，而且每班船的乘客只有300～400人，根本满足不了游客上岛的需求。没有方便快捷的交通工具，严重制约和影响了东极岛旅游业的发展。购票过程中插队现象频发，导致游客与黄牛、游客与游客之间产生各种冲突。后采取实名制销售，游客凭个人身份证购买。岛屿内部的交通状况也不容乐观。在东极岛上，几乎看不见交通工具，仅仅只有付费观光车，而整个岛以山为主，很多景点观光车根本无法进入。游客基本靠徒步欣赏，但因为岛内地形复杂，天气多变，使得旅行者局限在青年群体。

其次是水电基础设施不足，住宿设施短缺。东极现有民宿规模普遍偏小，接待游客总量有限。岛上也没有固定的驴友露营地点，很多驴友都是自己找地方露营，主要集中在庙子湖东极农贸市场上的平台、东福山观日台和庙子湖的原石滩上面的平台。

东极岛案例典型体现了海岛旅游开发的设施短板，同时也体现了管理者十分滞后的应对。在《后会无期》拍摄之时，管理方应预估到电影可能给旅游业带来的爆发性增长效应，并提出应对措施。而现实是科学管理的缺位导致东极岛非但未能够很好地发展出可持续的海岛影视旅游模式，而且使海岛的形象和口碑在短期内不升反降。

---

① 东极岛旅游网[EB/OL].[2018-7-23]. http://www.dongjidao.org.

三、海岛与红色旅游：一江山岛

一江山岛，又称英雄岛，位于台州湾外，属东矶列岛，主要由南一江、北一江两个岛屿组成。全岛山势陡峻，海岸线曲折，岩石嶙峋，植被以茅草和黑松为主。岛上无常住居民，建有简易棚屋数十间，为渔民季节性进岛作业居所。

一江山登陆战在解放军战史中占有特殊地位。朝鲜战争结束后，结束浙江沿海军事对峙局面的时机已趋成熟。1955 年 1 月 18 日，解放军首次采用陆、海、空三军协同作战战术，一举攻克一江山岛，从而迫使国民党军队撤出大陈岛等岛屿，浙江沿海始告全境肃清。可以说，一江山岛在政治军事史上有非常重要的特殊地位，具有开展红色旅游的资源优势。但是，一江山岛目前几乎没有成规模的旅游业，仅有少数旅游者上岛寻访当年战争遗迹。与战役有关的纪念性建筑，如"解放一江山岛烈士陵园""一江山岛登陆战纪念馆"全部位于台州市椒江区，这也削弱了一江山岛本身的旅游吸引力。

四、海岛与生态旅游：南麂岛

南麂列岛距温州约 90 千米，整个列岛由 52 个（面积大于 500 平方米）大小岛屿组成，海岸线总长 75 千米，陆域面积 11.13 平方千米。南麂列岛地处亚热带，自然环境条件优越，特色鲜明，1990 年经国务院批准列为我国首批五个国家级海洋类型自然保护区之一，也是浙江省唯一的国家级海洋自然保护区，是中国最早加入联合国教科文组织世界生物圈保护区的海岛。

南麂列岛地处台湾暖流与江浙沿岸流交汇和交替消长的海区，属亚热带海洋季风气候。区内海洋生物物种繁多，区系成分复杂，自然生态系统保存良好。生物种类有：鱼类 397 种、虾类 79 种、蟹类 128 种，而贝藻品种之齐全居各海域之冠。已鉴定的海洋贝类有 403 种，其中 19 种为国内首次记录，海洋底栖藻类有 174 种，其中黑叶马尾藻为世界海洋藻类的新种，贝藻类种数约占全国的 29％以上。[①] 贝藻类不仅种类丰富，而且还具有温、热带两种区系特征和地域上的断裂分布现象，堪称我国近海贝藻类的一个重要基因

---

① 刘星,叶属峰,龙胜炮.南麂列岛国家级海洋自然保护区的旅游价值评价[J].海洋开发与管理,2006,23(5):133-135.

库,故有"贝藻王国"的美誉。南麂列岛海水终年清澈湛蓝,岩石受海浪长期侵蚀冲击,形成海蚀崖、柱、穴、平台等景观,有大沙岙、国姓岙、三盘尾等景区,又称"碧海仙山"。

南麂列岛居民约 8000 人,以传统渔业为主,旅游业次之。南麂岛的游钓休闲,不仅仅是住海岛、玩海水、观海景、钓海鱼、吃海鲜、买海货,而且集传统的海岛风情民俗和现代体能锻炼、野外探险,以及学习当今先进的海洋科学、技术、文化知识于一体,有着深刻的海洋文化和渔业文化内涵。当前主要开发有进渔村、当渔民、唱渔歌、驾渔船、撒渔网的渔家活动,以及荒岛探险等旅游项目。岛上有较多住宿设施,但设施一般,整体上而言,南麂岛的旅游市场尚未打开,并未突出其在众多海岛中占据优势的生态旅游资源。

五、海岛与体育旅游:岱山岛

岱山地处大陆海岸线和长江"黄金水道"T 形交汇的咽喉要冲,是长三角对外开放的海上门户。岱山海域广阔,可利用深水岸线丰富。

近年来,岱山结合自然生态资源和历史文化资源,以打造"长三角著名的海上休闲度假基地"为目标,通过错位竞争的发展思路,开发特色旅游产品,逐步建成海洋运动休闲基地、海洋文化基地和海岛旅游观光基地。其中,"海洋休闲体育"的基本定位,奠定了其在海岛旅游发展中的独特地位。目前,岱山精心策划了一系列沙滩运动、帆板、摩托艇、海上滑翔机、滑泥、滑水、水疗、阳光浴、高尔夫等项目,培育和发展了以休闲运动、康体养生、竞赛表演为主体的海洋体育产业。

"华东第一滩"鹿栏晴沙,海水蔚蓝,腹地开阔,沙质细腻,连绵成片,全长 3.6 千米,宽 150 米,是海上运动、沙滩运动、海空运动的理想场所。秀山岛的沙滩则另有一番风情,该岛的叶唬、三礁、九子三个沙滩首尾相连,三面环山,一面临海,空气清新,凉爽宜人,海水温度适中,是海上游泳极佳之处。此外,衢山岛的沙龙沙滩、冷峙沙滩等,均是游客纳凉、消遣、观光、拾趣的好去处。海钓是一项集休闲、趣味、竞技、旅游于一体的高雅休闲活动,与高尔夫、骑马、网球一起被列入四大贵族运动,被称作"海上高尔夫"。

岱山鱼类资源丰富,岛礁区有鱼类 120 多种,可供海钓鱼类 20 余种。岱山县已初步形成岱山东部岛礁区、衢山三星岛附近岛屿、川湖列岛三大海钓区,可进行船钓、拖钓、岸钓、筏钓等多种海钓活动。同时,以海岛"渔农家乐"为基础的生态体育休闲旅游亦悄然兴起,岱西林家渔农家乐特色村、双合渔农家乐特色村、东沙渔农家乐特色乡镇、兰秀渔庄、秀东渔农家乐特色村、衢山田涂渔农家乐特色村、凉峙渔农家乐特色村等相继推出了蟹笼捉蟹、拉网捕虾、滩涂拾贝、荒岛捡螺、海岛探险、网箱垂钓、海上垂钓、近海捕鱼、滩涂滑泥、滩涂拔河、沙滩风筝比赛等休闲运动项目,使旅客在吃海鲜、观海景、坐渔船、住渔家、钓海鱼、拾虾贝、听潮声之中体验到海洋文化的独特魅力。

在各种赛事节庆活动拉动下,岱山旅游市场持续活跃,2016 年接待游客 458.8 万人次,增长 15.9%;实现旅游总收入 65.3 亿元,增长 16.1%。[1] 但是岱山在海岛体育旅游发展过程中,面临不少问题。

一是旅游淡旺季明显。根据岱山旅游局统计结果,岱山旅游季节性明显,秀山岛的游客就在 7、8 两月,衢山岛的旅游旺季时间更短,磨心山、燕窝山、鹿栏晴沙等景区的游客也主要集中在 7—9 月间。

二是融资困难,发展滞后。依靠有限的政府主导性资金投入,自筹建设资金捉襟见肘,融资仍较为困难。致使有些旅游资源开发和建设滞后,休闲运动产品开发缓慢,保持岱山休闲运动旅游的可持续发展,存在着较大的困难和挑战。

三是海岛运动休闲旅游资源开发深度不够。岱山岛屿拥有不少独特的海洋休闲运动旅游资源,从产品形态来看,已基本形成休闲度假、海岛度假、民俗体验、海洋节庆的大众型旅游产品格局。但是,岱山海岛旅游资源多是粗放型浅层次开发,海洋海岛旅游项目仍然是海洋观光,以及一些基本的海滩游乐项目,缺乏深度开发的休闲旅游项目,旅游资源优势没有深入挖掘与充分发挥,旅游产业链不够完善,缺乏高品位、高层次、有竞争力的项目。

四是海洋文化节庆和赛事旅游产品品牌尚未形成。岱山相继举办了徐福东渡节、中国海洋文化节、海钓邀请赛、浙东片区"种文化"海洋体育活动、浙江省风筝锦标赛等节庆与赛事活动,但海洋节庆和赛事的品牌效应、社会效应、经济效应、文化效应没能得到集中释放。旅游产品知名度及在消费市场的识别能力较低。

---

① 2016 年岱山县海洋经济提速明显［EB/OL］.（2017-2-17）［2018-7-23］. http://www.zhoushan.gov.cn/art/2017/2/17/art_1276170_5676077.html.

五是海岛休闲体育旅游专业人才缺乏。通过实地走访和旅行社调查，了解到岱山旅游单位还没有配备户外拓展、海岛探险指导员、海钓管理员、水上运动指导员等专业人才，反映出海岛休闲体育旅游人才的匮乏。

第三节　浙江海岛旅游发展面临的问题及对策

一、浙江海岛旅游发展存在的问题

浙江海岛旅游开发在宏观上面临着世界海岛旅游的普遍性问题，在微观上又有其本身特有的具体表现。

1.岛屿性带来的问题

岛屿是指四面被水环绕、面积不大的陆域，岛屿的空间腹地、淡水和土地等自然资源有限，生态环境相对脆弱，投资建设成本较高，基础设施相对匮乏，这种特性使得海岛旅游发展面临诸多困境，制约了海岛旅游的规模化发展。岛上青壮年劳动力的不足、旅游服务及各类管理人才的缺乏，以及服务管理水平的低下，使得海岛旅游产品在价格竞争上不具备优势，而海岛旅游开发的高昂成本又加重了海岛地区相关部门的负担，成为海岛旅游规模化发展的桎梏。这些问题在以东极岛、普陀山岛、岱山岛为代表的浙江海岛中表现得尤为明显。例如，通过对岱山岛东沙古镇、磨心山、鹿栏晴沙的走访和调查，发现：道路设施不完善导致了旅游者因看不到路标而找不到目的地，道路的狭窄使旅游车辆进出艰难；客房卫生条件差，尤其是厨房和卫生间的卫生条件与预期标准相去甚远；景区景点的环境脏乱差，占道经营情况严重，垃圾遍地。经营者旅游业务知识贫乏，总体上管理人员的水平参差不齐，管理条例不规范，导致争抢游客的现象经常发生。同一个景点没有统一的收费标准，令游客愕然。经营者对海岛旅游的特点认识不清，不懂得如何钻研相关业务，不懂得如何揣摩旅游者的心理，错误地认为旅游者来到这里看见了山，看见了海，吃到了鲜美的海鲜就行了，不能满足游客多样化的需求。

但是，岛屿性特征又是吸引旅游者的一个重要因素，特别是对内陆游客来说,海岛与内陆地区的巨大地理差异是他们选择海岛休闲度假的重要原因。岛上清新而奇异的自然环境、轻松而慢节奏的传统生活方式,以及海岛孤绝而相对封闭的空间,对于想要摆脱喧嚣城市环境的游客来说具有强大的感召力,吸引着他们前来领略海岛旅游的魅力。这又引发了旅游发展的一大悖论:当海岛为了促进旅游的便利而全面发展交通网络时,海岛的岛屿性被削弱了;当海岛旅游发展进入较大规模时,海岛社区的生活方式被旅游业影响而改变了,这同样也消解了海岛对游客追寻海岛生活本真性的吸引力。

2. 季节性带来的问题

受海洋气候影响,处在高纬度地区的海岛,其旅游活动都具有明显的季节性。传统的海岛旅游高峰期往往出现在春末、夏季和初秋,持续 16 周左右,然后经过 10 周缓冲期后进入长达 26 周的冬歇期;海岛旅游还受台风、海雾、大浪等海洋性气候的影响。由此可见,海洋气候变化的独特规律给旅游经营者、旅游交通运输和区域旅游业发展造成较大影响,使海岛旅游客流呈现出明显的季节性特征。浙江海岛的旅游淡旺季普遍十分显著,每年的 5 月到 10 月是海洋旅游旺季,这期间所接待的游客量占全年接待量的 80 %以上,特别是 7、8 月份,又是学生旅游高峰期,此期间的海岛旅游接待量占海岛全年旅游接待的一半以上。但旺季同样又经常受到台风侵扰,带来了旅游的安全性问题。这使得海岛旅游在时间上的均衡和资源的最大化利用变得尤为困难,也阻碍了旅游业数量和质量的提升。

3. 地理差异性的问题

地理差异性是因纬度和海陆位置差异而产生的,气候差异、景观类型、离闹市区距离等因素也同样影响着海岛旅游目的地的发展。东南亚、加勒比海和地中海地区汇集了世界上海岛旅游最热门的目的地,旅游业已占这些地区经济的相当比重;而北方岛屿则因为寒冷、居民稀少、自然生态条件差、环境恶劣、难以建设规模较大的旅游基础设施等原因,旅游业发展步伐滞缓,甚至出现旅游开发过度影响环境的现象。在传统的 3S 发展模式下,浙江海岛并不具有广域的地理差异性,其市场辐射范围较窄,集中在长三角地区。海岛宗教旅游、海岛影视旅游等差异性发展模式能够为海岛旅游提供有效的途径,但整体上当前大部分浙江海岛并未找到并建立起独特的可持续的旅游发展模式。此外,浙江海岛旅游开发在空间上存在明显的集中性,在舟山海岛黄金三角之外的区域,大部分海岛旅游资源都有待合理开发。旅游空间格局的失衡使得浙江海岛很难构建一个整体的海岛旅游体系,在潜在旅游者感知中难以形成海岛旅游大省的形象。

4. 体验性的问题

海岛旅游活动有休闲度假和生态观光两大类。休闲度假旅游能充分利用度假村、海岸带、海洋海岛生物资源,或让游客在远离大陆的相对宁静的海岛、渔村空间中体验民俗和文化生态,或让游客参与各种海洋休闲运动。海岛旅游的活动形式丰富多彩,游客参与性较高,海滨、海面、海地、海空均有着极其丰富的活动形式,日光浴、游泳、冲浪、帆板、沙滩跑车、潜水、水上摩托、沙滩排球等活动也可以普遍开展。生态观光主要是让游客观赏海岛特殊的景观,放松身心并体验岛屿别样的生态环境。当前浙江海岛旅游的体验性较为粗浅,旅游活动大体上以传统的游泳戏水为主,各类海上活动有待进一步丰富,海岛的人均逗留时间也偏短,并未形成长时间休闲度假的消费模式,而生态观光通常重在观光,未能向游客充分诠释海岛地理系统的独特生态特征,既不利于丰富游客对海岛的认识和体验,也不利于游客形成海岛生态保护理念,减轻旅游行为对海岛生态环境的破坏。

5.环境脆弱性

海岛是一个相对独立的生态系统,它既有独特的旅游资源,又受到特殊环境的制约。海岛生态系统是一个封闭的环境,相对脆弱,加上海岛的环境容量有限,一旦遭到破坏较难恢复。旅游业对淡水资源的需求,以及生活污水的排放,都容易造成海岛生态环境的破坏。同时,旅游活动过程中游客的大规模涌入,还引起原住民与外来游客的矛盾冲突,并影响当地的社会经济持续发展。例如东极岛暴增的游客破坏了海岛平静的氛围,迫使当地居民发出了"让东极岛安静些吧……"的呼声。

二、国际海岛旅游发展经验

浙江海岛旅游要想更好地发展,应该借鉴国际海岛旅游的成功经验。世界范围内一批负有盛名的海岛旅游度假胜地,如马尔代夫群岛、夏威夷群岛、普吉岛、巴厘岛、冲绳岛等的成功,有其自身优越的自然地理条件的原因,也与科学合理的开发理念分不开。综合而言,有以下几点经验值得我们借鉴。

（一）以政府为依托的高效管理模式

旅游业是以政府为主导的产业,政府是旅游管理主体中不可替代的角色。马尔代夫旅游业的相关管理权限全都集中在统一的旅游部之下,无论是审核批准旅游项目,还是海岛旅游产品推广,或者是旅游市场的监管,全由该部门负责,从而有效避免了海岛旅游发展过程中可能出现的权责不清的问题。[1] 与此同时,相关部门还努力贯彻施行海岸带综合管理措施,做到在旅游开发任何生命周期阶段下都能保护好海岛及周边海洋环境,并确保区域海洋经济的可持续发展。

（二）注重旅游产品多元化开发

在国外,海岛旅游资源的开发十分注重本地性,通过挖掘本地特色资源从而形成风格迥异的海岛特色旅游产品。巴厘岛是世界著名的海岛旅游目的地,当地政府不仅将传统的"4S"(sun、sand、sea、seafood)旅游资源价值彰显极致,还十分重视结合当地宗教和民族特色来发展一些别样的旅游项目,使游客获得人文和自然的双重体验;马尔代夫岛屿众多,但注重"一岛一特色"的开发;夏威夷群岛由132个岛屿组成,其中最主要的8个旅游岛的产品各不相同,主要是当地政府根据各自岛屿的资源禀赋而进行差异化开发,从而构成丰富多彩的海岛旅游产品,满足不同层次旅游者的不同旅游需求。

（三）大力做好宣传促销工作

在旅游宣传促销方面,有着"东方夏威夷"美誉的冲绳岛有许多成功经验值得借鉴。20世纪90年代以来,冲绳的音乐节渐渐独树一帜。大众渐渐认可这样一句话:"冲绳的味道,便是原汁原味的日本味道。"此外,冲绳多样化的节日活动、周到齐全的社会服务和人性化的管理都对其形象的传播起了促进作用,推动着旅游产品的销售。

（四）注重生态环境的可持续发展

夏威夷当地政府为了保护本土文化、防止旅游业过度开发给当地环境、文化造成危害,从1999年开始资助建立了专门机构对基础设施建设与耗损、环境保护、公共资金投入、旅游经济数据分析、社会文化方面进行研究,

---

① 马丽卿.比较视角下的我国海岛旅游发展模式和路径选择:以舟山和海南岛为例[J].浙江海洋学院学报(人文科学版),2013,30(5):42-47.

并在此基础上设定了一个长期发展规划。当然,为延续生态和经济平衡发展,当地居民做了很多努力,比如"你好岛"(Aloha)至今还保留着土著岛的原貌,岛上居民极少受外界打搅,以夏威夷语沟通,很少有现代生活的痕迹。

三、浙江海岛旅游发展对策

在对浙江海岛旅游开发现状和问题进行深入分析的基础上,结合国际海岛旅游地的成功经验,我们认为浙江海岛旅游发展应抓住以下要点。

1. 打造完整特色海岛旅游产品体系,推动旅游资源的空间整合

海岛旅游开发必须抓住海岛自身的特色及资源优势,进行整体谋划,一岛一主题、一岛一特色,并融入当地海洋文化内涵,开发出适合本岛的旅游产品。为此,要在努力打造拳头产品的同时兼顾不同层次功能的产品,最终形成"众星拱月"式的旅游产品结构,吸引并满足不同类型的旅游者;要适当加强各海岛间的交流与合作,发挥各海岛优势,打造既各具特色又优势互补的品牌,合理避免重复建设导致的资金、资源浪费。

打造主题岛屿是浙江海岛旅游开发所追求的目标,并通过众多差异化的旅游主题岛整合形成整体性的群岛型海洋旅游集群。以普陀山为先导,逐步带动各主要岛屿推出特色主题产品,走群岛型海洋休闲旅游之路是浙江海岛旅游的必然选择。浙江海岛旅游格局主要包括"海天佛国"普陀山、"生态海岛"南麂岛、"渔都港城"沈家门、游侠桃花岛、红色一江山岛等,不同岛屿的旅游主题和形象优势互补,共同形成浙江海岛层次丰富、体系完整的旅游产品,自然与人文共存、观光与度假并举。因此,要采取多层次协调发展模式,充分利用各个岛屿的特色资源优势,开发出差异性强的海岛民俗旅游、宗教文化旅游、海港和港市文化旅游、航海文化旅游等产品,促进岛屿旅游整体水平的提升和发展规模的壮大,使浙江成为集礼佛观光、休闲体验、养生度假、商务会展于一体的国际性海岛海洋旅游集群。

文化内涵是旅游业发展的灵魂,浙江海岛旅游发展应注重宗教文化、海鲜文化、渔业文化、海商文化、民俗文化、军事文化等资源的挖掘,开发具有海洋文化和海岛地方特色的休闲渔业体验游、海洋宗教文化游、海鲜美食游等海洋旅游产品,提高旅游地的吸引力。同时,通过举办节庆活动、互联网营销等现代传媒全方位、大跨度、高强度地推介浙江海岛旅游产品。

大力打造海洋休闲旅游精品,满足人们旅游多样性的需求。要在观光

旅游的基础上,开发富有挑战性、刺激性、参与性和最具海岛特色的旅游项目。审时度势发展海钓业、游艇业、邮轮经济等高端海洋旅游产品,完善旅游产品结构,提高旅游产品的吸引力。

加强旅游资源的空间整合,借鉴景观生态学构建"廊道—斑块—景观"一体化海岛旅游格局。对于各岛屿的旅游斑块,通过陆岛、岛岛之间的海陆空交通廊道进行连接,克服单体岛屿斑块分散孤立的状态,在此基础上,通过不同类型的旅游线路组合,形成浙江海岛区域旅游的联动效应。

2. 拓宽融资渠道,吸引更多的资金进入海岛旅游开发

首先,加大财政的引导性投入。政府财政要建立海岛旅游发展专项基金,重点用于基础设施、资源环境保护和培训等公共服务,并对重点项目给予贷款贴息或补贴。

其次,不断创新旅游投融资体制。逐步推进旅游景区所有权、管理权与经营权的分离,积极引进先进的管理模式,加快旅游市场化运作,推动组建大型旅游企业集团,促使资源优势向经济优势转化。加大银企合作和旅游重点项目招商引资力度,推动旅游资源向旅游资本转变,实现资本与资源的最佳组合。

再次,多渠道进行旅游基础设施建设筹资。经贸、发改、交通、农业、电力、水利、建设等有关部门在安排建设资金时,要提高用于海岛旅游发展相关重点项目建设的比重,整合好相关专项资金。加快海岛旅游项目库的建设,积极争取国家旅游专项资金和国债投入。

最后,吸引社会资金和民间资本的投入。继续执行各种有关土地使用、税费等优惠政策,鼓励和引导社会资本以独资、合资、合作、联营和项目融资等方式,参与旅游景区基础设施建设。争取扶持海岛旅游发展的税费优惠政策。

3. 理顺海洋旅游管理体制,发挥政府主导作用

现代旅游业是以政府为主导的产业,政府是旅游管理的重要主体。符合发展要求的政府管理可以通过战略决策、发展规划的制定发挥宏观调控作用。政府部门制定的相关法律法规又引导并规范着旅游市场各主体的行为,改善海洋旅游目的地环境,不仅为海岛旅游开发指明方向,还在一定程度上保障了海岛旅游的可持续发展。事实证明,无论是海南国际旅游岛的建设,还是舟山国际旅游群岛的打造,都离不开政府的支持和引导,在未来

我国海岛旅游发展过程中,政府的影响更是不可小觑。

政府在海岛旅游开发中应积极确立三大理念:作为新经济增长点的经济价值理念,提升居民生活品质的社会价值理念,构建资源节约型和环境友好型社会的生态价值理念。正确处理三个关系:与临港产业协调发展的关系,明确功能分区,确定一批以海岛旅游为主导的重点海岛、岛群和海域;与城镇渔村互促共建的关系;与周边海岛分工协作的关系。积极争取四项政策:可结合海南国际旅游岛、舟山群岛海洋旅游综合改革试验区等建设,加快创新便捷的出入境政策,对国际海员、国际邮轮乘客实行免签证;争取设立免税商店,按国际惯例实行游客购物离岛退税;争取开放商务机、直升机、低空水上飞机等岛际航空;开辟国际邮轮航线,拓宽旅游进入通道。

4. 科学规划,保护海岛环境,实现可持续发展

根据《海岛保护法》,对每个具体开发的海岛制定科学的旅游规划,对海岛的主题、建设用地、配套设施、市场地位、旅游产业规模等做出合理的规划,保证海岛旅游业的健康发展。

但值得注意的是,海岛生态环境相对大陆来说要脆弱得多,任何对自然环境和生态系统的干涉都可能造成海岛环境的破坏。旅游是自然干预性极强的人类活动,因此旅游开发及旅游活动过程中对海岛环境的保护是十分重要的。第一,加强对上岛旅游车辆的控制。包括尾气排放、进入景区车辆限制等。第二,合理规划海岛旅游区的空间布局,控制进入景区人数。充分尊重旅游区可承载力规律,设定进入海岛旅游区的极限生态容量,并规范游客的旅游行为,保护景区的生态环境。第三,注意对近海污染的防治和监督管理。禁止未按规定配备污水处理装置或处理效果不符合要求船舶的使用,港口应该有计划配备专用垃圾接收船,在港域有偿接收船舶的生活垃圾,收集后集中处理。通过严格的规划和管理措施,实现浙江海岛旅游的可持续发展。

第五章　浙江海洋旅游新业态研究：以邮轮产业为例

第一节　地中海邮轮旅游发展经验与启示

一、邮轮内涵

早先的洲际邮递服务通常依靠邮政轮船。1850 年，英国皇家邮政署开始将远洋信件和包裹的运送业务外包给私营船务公司，并允许承运船只悬挂英国皇家邮政署的旗帜，于是那些原本只运送旅客的远洋轮船就一跃成为兼运旅客和邮件的"远洋邮轮"。后来由于喷气式飞机投入远程客货运输，远洋邮轮逐渐丧失了邮件运输功能，在旅客运输上的竞争力也大大降低，于是逐渐演变为在海洋上航行并满足乘客愉悦身心需要的"游"轮了，只不过现代汉语词汇里依然保留"邮轮"这一习惯称谓。

从早期客运的邮轮到当代旅游的邮轮，大致经历了四个发展阶段：远洋客运阶段、初期萌芽阶段、快速发展阶段和成熟拓展阶段（见表 5-1）。

表 5-1　邮轮发展阶段

阶　段	时　间	主要功能	重点区域	特点/事件
远洋客运阶段	20 世纪 60 年代以前	海上客运	大西洋两岸	20 世纪 60 年代初期,往返美欧大陆之间的跨大西洋客运班轮每年的客运量超过了 100 万人,70 年代初民用航空的发展使其急剧下降到 25 万人左右
初期萌芽阶段	20 世纪 60 年代—70 年代	海上本国观光	欧洲地中海、美洲加勒比海(发源地)	1959 年,歌诗达邮轮公司推出世界上第一艘完全意义上的专为休闲旅游娱乐而设计的海上邮轮 Franca C.,它为游客提供环美国和加勒比海地区为期 7 天和 14 天的邮轮旅游服务
快速发展阶段	20 世纪 80 年代—90 年代中期	海上国际休闲游憩	北美、欧洲	自 1980 年以来,邮轮旅游一直以年均 8.6% 的速度增长;在 1988 年到 1998 年间,加勒比海地区停靠的邮轮数量从 97 艘增加到 129 艘,床位数从 6.8 万个增长到 12.7 万个,在 1997 年就为加勒比海地区带来约 1000 万游客;这一时期,目前世界上规模最大的三大邮轮公司(嘉年华、皇家加勒比、丽星)都在邮轮旅游行业奠定了稳固的基础,并在欧美主流消费市场建立了各自的邮轮网络;邮轮产品日益丰富,开始高度细分
成熟拓展阶段	20 世纪 90 年代中期至今	海上综合度假	北美、欧洲、亚洲	航线的平均航程达到 6~8 天,停靠目的港不断增多;游客趋于大众化和年轻化,中等收入的邮轮游客增多,消费价格逐年下降;行业竞争加剧,集中程度增高

二、地中海区域邮轮旅游产业发展经验

半个世纪以来,邮轮乘客群体持续扩大,市场版图不断拓展,产品体系也日益丰富,新的航行区域和航线被陆续开发出来。据统计,2015 年全球邮轮业客流量 2350 万人次,产值 396 亿美元。全球市场邮轮人均总消费 1779 美元(船票 1350 美元,甲板消费 429 美元)。[①] 如今,大大小小的邮轮航迹几

---

① 王丽.邮轮旅游走俏亚太市场[N].人民日报,2016-2-19.

乎遍及地球上的所有海域和洋面。地中海是仅次于加勒比海的第二大邮轮航行水域，且市场份额一直在持续上升。这一局面对邮轮行业提出了新的挑战。就邮轮公司而言，它们必须致力于就近吸引欧洲客源，而欧洲人对邮轮旅游产品的熟悉度和接受度总体上低于美国人。就港口城市而言，先行者须保持自己的竞争力，后起者须从竞争中脱颖而出。地中海区域发展邮轮旅游业具有明显的优势。该区域主要邮轮港口在互相竞争之下，为吸引邮轮公司各显神通，其中近10年迅速崛起的马赛港尤为令人瞩目。分析地中海邮轮港口群的发展经验，梳理马赛港为不断拓展邮轮旅游业而持续开展的一系列重大计划及取得的成效，可以给国内沿海港口方兴未艾的邮轮经济发展热潮提供一些借鉴和启示。

1. 地中海水域发展邮轮旅游的优势

地中海水域具备发展邮轮旅游的诸多优势。无论是航行条件还是客源基础或是旅游资源，地中海都被邮轮公司争相看好。[①]

首先，地中海是一片近乎完全封闭的海域，其名字就已道明这点。它的西部经由最窄处仅14千米的直布罗陀海峡与大西洋相通，东北部经42千米长的博斯普鲁斯海峡与黑海相望，东南部通过苏伊士运河沟通红海。一衣带水的西西里岛和突尼斯形成屏障，将地中海分割成两片海域：西地中海（含附属海域第勒尼安海等）和东地中海（含附属的爱琴海、伊奥尼亚海和亚得里亚海）。这一特性利于设计封闭的邮轮航行环线。

其次，地中海可全年通航。尽管由于冬季（11月到3月）气温偏低，该海域的邮轮旅游不免具有明显的季节性，但邮轮公司还是可通过延长航行季节来削弱季节性带来的影响。从图5-1可以看出，尽管12月到2月依然维持淡季，但邮轮公司近年来推出的3月、4月航期，以及10月、11月航期还是略有成效。相比2007年，2010年的春、夏两季邮轮人次在全年中的比重各降了两个百分点，而另两个季节的比重则相应增加。

再次，地中海北依全球主要旅游客源地欧洲大陆。尽管北美邮轮客源市场因先发优势现仍占全球69％的份额，但近些年迅猛发展的欧洲市场也不容小觑。正是主要由于欧洲市场份额的蹿升（已增至全球市场的30％），

① Soriani S, Bertazzon S, Di Cesare F, et al. Cruising in the Mediterranean: structural aspects and evolutionary trends[J]. Maritime Policy and Management, 2009(3): 235-251.

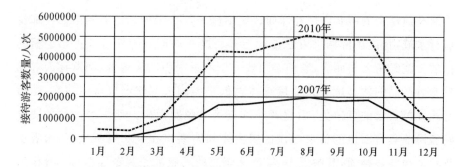

图 5-1　地中海区域 2007 年和 2010 年邮轮乘客月接待人次分布曲线

数据来源：ECC(欧洲邮轮业委员会,European Cruise Council)

北美市场在全球市场中的比重才从 2000 年的更高位(78%)持续下降了 9 个百分点(CLIA,2011)。[①] 但欧洲并非同质市场,不同国家的人对邮轮旅游的喜好程度不一:英国人领先,继之以德国人、意大利人、西班牙人,而后才是法国人(见表 5-2)。如计算市场渗透率(即市场参与人群总数与当地总人口数的百分比),也可见这种不平衡性。尽管如此,欧洲人在选择邮轮目的地时还是普遍首选地中海,比例高达 4/5,达 350 万人次/年。上下客港口靠近居住地无疑在游客选择邮轮产品时起着决定性作用。

表 5-2　2012 年欧洲主要国家邮轮乘客人次和渗透率

国　　家	乘客人数/万人次	渗透率/%
英国	170	2.69
德国	155	1.89
意大利	84	1.39
西班牙	58	1.24
法国	48	0.73

数据来源：CLIA (国际邮轮公司协会,Cruise Lines International Association)

最后,决不能忽略地中海区域无与伦比的文化底蕴。古埃及、古希腊、古罗马等人类文明曾相继在地中海沿岸兴盛繁荣。这里是欧洲文明的摇篮。一代代在此生息繁衍的人们留下的古迹造就了数不胜数的伟大遗产,吸引着无

---

① 沈世伟 ,Mondou Véronique. 地中海区域邮轮港口发展研究[J]. 宁波大学学报(人文版),2014（5）:64-69.

数游客。联合国教科文组织世界遗产名录上的许多景点都出现在邮轮公司推介的游览线路中,或位于出发港(如巴塞罗那),或位于中途停靠港(如威尼斯、杜布罗夫尼克),或在上岸港口的后方(如雅典、罗马、普罗旺斯)。

2.运营地中海航线的邮轮公司及其市场定位

2012年,全球共有171家邮轮公司推出近3000个航次,接待了408万乘客。[①] 来自美国的行业两大巨头——嘉年华邮轮集团(含10家子公司,船队总规模为100余艘)和皇家加勒比游轮公司(含6家子公司,船队总规模为41艘)几乎控制并瓜分了全球邮轮旅游市场。在欧洲,它们通过其美国公司及欧洲子公司协同开展业务。后者或是通过收购欧洲原有的独立邮轮公司建立(如歌诗达),或是集团自行新建(如CDF)。由于两大集团旗下公司都进入地中海市场(见表5-3),因而几乎覆盖各类客户群体。各公司或主营某国,如阿伊达主营德国,CDF(Croisires de France)主营法国,伊贝罗和普尔曼图尔主营西班牙;或定位于某一群体,如嘉年华、歌诗达、皇家加勒比国际定位于大众市场,冠达、世朋、精钻、丽晶七海定位于高端乃至豪华市场。除上述两大美资集团外,另有一些欧美公司也经营地中海邮轮业务。

表 5-3　2013 年经营地中海航线的邮轮公司(四大国际集团)

所属集团	邮轮公司	注册地
嘉年华集团	嘉年华邮轮	美国
	歌诗达邮轮	意大利
	阿伊达邮轮	德国
	荷美邮轮	美国
	P&O 邮轮	英国
	冠达邮轮	英国
	公主邮轮	美国
	世邦邮轮	美国
	伊贝罗邮轮	西班牙

---

① European Cruise Council (ECC). 2012/2013 report[R]. 2012(11):84.

续表

所属集团	邮轮公司	注册地
皇家加勒比邮轮集团	皇家加勒比国际邮轮	美国
	精致邮轮	美国
	CDF	法国
	普尔曼图尔邮轮	西班牙
	精钻邮轮	美国
	途易邮轮	德国
阿波罗管理集团	挪威邮轮	美国
	丽晶七海邮轮	美国
	大洋邮轮	美国
地中海航运集团	地中海邮轮	瑞士

资料来源：据 CLIA 资料整理

美资邮轮集团在欧洲的最大对手是意大利和瑞士合资的地中海邮轮公司。该公司成立于 1987 年,是全球第二大集装箱船务公司地中海航运集团的分支,业务和雇员规模现居全球第三,船队规模现居全球第四,拥有一支由 12 艘新船组成的船队,年总载客能力达 170 万人次,对定位于大众市场的美资邮轮公司构成直接竞争。近 10 年来,地中海邮轮仅在船队方面就已投入 6 亿欧元,用于购入新船和翻新旧船。由于不像美资集团那样拥有众多子公司可分别定位于不同客户群体,只有单一品牌的地中海邮轮就以不同船只来细分其产品。2013 年,地中海邮轮在地中海区域、南非、巴西的市场上独占鳌头。

路易斯邮轮是独立于美资集团的另一家欧洲企业,1998 年成立于塞浦路斯。由于资本薄弱,旗下旧轮难以抗衡竞争者的新轮,该公司于 2011 年重组,放弃了西地中海航线,出售了大部分邮轮,仅保留两艘用于维持其传统市场——希腊,已沦为单一市场上的小型企业。

1991 年,由瑞典人 Mikael Krafft 成立于摩纳哥的明星快船公司是邮轮企业中的另类——专营小众仿古帆船,并取得了稳步发展。2012 年,拥有 3 艘仿 19 世纪飞剪式快速帆船,均位居全球最大帆船之列,其中 2000 年下水的五桅帆船"皇家飞剪号"(Royal Clipper)是全球最大、最快的帆船之一,载客能力达 228 名。

此外，另有一些独立的美国邮轮公司也在该区域经营，如银海邮轮、迪士尼邮轮。也就是说，地中海水域汇集了全球绝大多数的邮轮公司。

3.地中海邮轮港口的分布及其类型

随着地中海水域邮轮旅游业的蓬勃发展，这一区域的邮轮港口群正在形成。沿岸不少工业港口纷纷改造或新建邮轮码头，不过这些港口面临多重挑战。仅就满足邮轮公司的期待而言，它们就须做到：①具备专门的基础设施，也就是条件更完善、更专业的邮轮码头以接纳越来越大的邮轮；②在接待越来越大的邮轮、越来越多的乘客的同时，保证乘客上下船效率；③岸上或紧邻的后方须有优质旅游资源。港口若不能做到这三点，是无法打动邮轮公司将其纳入航线的。

总的来看，地中海区域主要邮轮港口的分布呈现出北多南少的格局，即北侧的欧洲海岸多，包括南部的北非海岸和东南部的中东海岸在内的南侧海岸少。

地中海水域最重要的三个邮轮港口都位于北岸，从西向东依次为西班牙的巴塞罗那、意大利的奇维塔韦基亚、希腊的比雷埃夫斯，分别是所在分区域的邮轮枢纽港，年邮轮乘客接待人数都在 250 万人次上下。

巴塞罗那不仅是西地中海的枢纽港，也是欧洲第一大、全球第四大的邮轮港，仅次于美国佛罗里达州的三大邮轮港：迈阿密港、大沼泽地港、卡纳维拉尔港。

不同于西班牙几乎由巴塞罗那一家独大，地中海区域邮轮产业头号强国意大利的邮轮港口呈群雄并起之势：奇维塔韦基亚居首，威尼斯、那不勒斯、里窝那、萨沃纳、热那亚等紧随其后。2012 年，意大利的十大邮轮港共接待乘客 960 万人次，地中海区域每 3 名邮轮乘客中就有 1 名从意大利开始其邮轮之旅。优越的地理位置（居于地中海中部）和特殊的海岸地形（三面环海，拥有长达 7600 千米的曲折海岸线），使意大利在发展邮轮旅游业中具有得天独厚的优势。除了临近罗马的奇维塔韦基亚称雄于地中海中部，是该区域的邮轮枢纽港之外，东北部的威尼斯是亚得里亚海邮轮港中的霸主，西北部的利古里亚海滨在 150 千米之内就聚集了萨沃纳、热那亚、拉斯佩齐亚三个港口。不过分布如此密集的港口群在造就意大利邮轮旅游业兴旺发达的同时，也使相邻港口之间产生了激烈的竞争。

由于东地中海吸引的乘客少于西地中海，且距离主要客源地西欧相对远些,因此邮轮公司除力推主打希腊诸岛的东地中海独立航线之外,还普遍开通9~11天的西地中海+东地中海的长线,因而东地中海的邮轮港口除本区枢纽港——紧邻雅典的比雷埃夫斯之外大多是停靠港而非始发港,且实力远逊。选择长线产品的很多乘客属于忠诚客户,根据多家邮轮公司的统计,在其西地中海+东地中海的长线上,回头客占乘客总数的30%~40%。

地中海南岸和东南岸构成一个同质体。该区域国家的旅游业大多不甚发达,如阿尔及利亚、利比亚、以色列、黎巴嫩、叙利亚,没有专门的邮轮港也在情理之中。即便是著名旅游目的地国,如埃及、突尼斯、摩洛哥,也是邮轮港口数量少、规模小,且多只是停靠港。造成这一局面,除固有的政治和产业方面的结构性因素外,还有动荡局势造成的不利影响。港口基础设施的建设和维护需要巨额资金支持,融资过程艰巨复杂,不仅需要政府注资,也需要邮轮公司投入,而邮轮公司普遍不愿在局势不稳的地区冒险。2011年以来,这些区域暴力冲突持续不断,突尼斯、埃及、利比亚等国的旅游业因此遭受重创,邮轮旅游业自然也难以幸免。以突尼斯港为例,位于大突尼斯都市区北部的拉古莱特港区的邮轮码头自2010年竣工以来,只有当年运营正常,接待了89.6万人次;2011年剧降为31.3万人次;2012年回升至58.2万人次。之后,邮轮公司出于安全因素普遍取消停靠该港。

4. 地中海邮轮港口之间的竞争

地中海沿岸尤其是北岸绵延密布的众多邮轮港口,在共同推动该区域邮轮旅游业蓬勃发展的同时,也形成了激烈的竞争关系。各港或为保持领先优势,或为奋起直追,纷纷加大投资,加强与邮轮公司的合作。

作为区域霸主的巴塞罗那港现有5个邮轮码头,最近10年共获得1亿欧元投资,其中20%来自巴塞罗那港口局,80%来自企业。如歌诗达于2005年取得为期25年的特许经营权,获准在巴塞罗那港区投资1200万欧元建设码头,歌诗达及其母公司嘉年华集团旗下公司所属邮轮便拥有了该码头的优先停靠权。

对巴塞罗那港的龙头地位构成挑战的是意大利的几个港口。为努力赶超巴塞罗那港,意大利的几大港口铆足全力,奋起直追。其中实力最强的奇维塔韦基亚港不仅充分利用临近罗马、位置居中的优势,还意识到必须将其历史上的旧港区与邮轮港区连接起来,以增加城市与港口的发展潜力和吸引力。为此,当地一方面扩建邮轮港,增建了4个泊位;另一方面将旧港区改建为大型游艇补给和维护基地,并在旧港区与邮轮港区之间修了一座浮桥,将两者连为一体。

利古里亚海沿岸密集的港口群,在整体面临外部竞争的同时,彼此之间还存在激烈的内部竞争。以热那亚港为例,它是歌诗达邮轮总部所在地,但歌诗达却在 2003 年将 50 千米外的萨沃纳港作为其在利古里亚海区的母港,心有不甘的热那亚港于是在 2005 年成功引入歌诗达死敌地中海邮轮,试图凭借后者的持续壮大实现发展。热那亚港于 2011 年拓宽了一个邮轮码头,使之宽达 340 米,具备了接待巨型邮轮的能力。后又着手修复邮轮港边上的一个旧粮仓并转变其用途,同时修建一条紧贴海岸的漫步道,将邮轮港的候船中心和旧港区连接起来。凡此种种,都是为了努力超越两个近邻,成为引领利古里亚海区的百万人次级邮轮母港。而萨沃纳港自然也不甘落后,借助歌诗达的投资,大力扩建其邮轮码头。

即便是规模更小的港口,也不甘心永居人后。位于亚平宁半岛南部那不勒斯附近的萨莱诺港也增建了一个邮轮码头,以更好地接待当地的邮轮旅游管理企业萨莱诺邮轮之旅的母公司——皇家加勒比集团旗下的邮轮。

希腊的港口也在扩建或新建邮轮接待设施。其中业已达到接待能力上限的比雷埃夫斯港推出了一项为期 8 年(2013—2020 年)的邮轮港扩建计划,主要增建 6 个泊位用以接待船身超过 300 米、载客量超过 4000 名的新一代巨型邮轮。

5.马赛港的崛起

相比之下,法国马赛港的迅速崛起更令人刮目相看。很长时间内,马赛港都未被邮轮公司列入航线计划,但短短数年它就跃升为地中海区域的重要邮轮港。1993—2012 年,马赛港接待的邮轮乘客人次增加了近百倍(见图 5-2),从 1993 年的 20 艘次、8000 人次,跃升到 2012 年的 359 艘次、89 万人次,成为法国最大的邮轮港和西地中海的邮轮干线港。截至 2012 年,有 26 家公司将马赛港作为停靠港,8 家公司将其作为始发港。短期内就取得如此非凡的成就在地中海区域是独一无二的。尽管马赛港拥有诸多优势,如就地理位置而言,它位于西班牙和意大利之间,处在巴塞罗那与利古里亚海沿岸港口群的中点;就交通条件而言,它有机场和高速列车站,通过高速列车,3 小时可直达巴黎,4 个多小时可达伦敦和布鲁塞尔;就旅游资源而言,它背靠举世闻名的普罗旺斯,毗邻世界现代旅游的重要发源地蓝色海岸……然而马赛港长期的工业港口历史,以及因此积累的脏、乱、差、丑的形象却对其发展邮轮旅游业造成了严重影响,歌诗达就曾在 20 世纪 90 年代初宣称永不停靠马赛港。

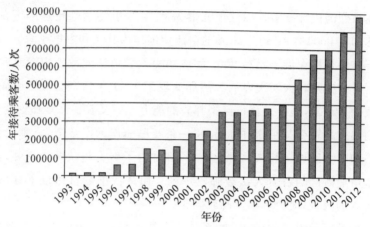

图 5-2　马赛港邮轮乘客年接待量(1993—2012 年)
数据来源:马赛大港口局

　　1996 年,由马赛工商会、马赛市政府和马赛大港口局共同倡议,马赛-普罗旺斯邮轮俱乐部正式成立。该组织旨在紧密联合公共和私人力量,推动马赛邮轮旅游业的发展。在这样一个旅游业一直不发达且工业港口形象突出的城市发展邮轮旅游业显然困难重重。然而精诚所至、金石为开,马赛-普罗旺斯邮轮俱乐部的努力得到了各界的认同和支持。1100 万欧元的投资也随之而来,其中 80% 来自马赛大港口局,20% 来自马赛所属的三级地方政府,包括马赛-普罗旺斯大都会区,罗纳河口省,普罗旺斯、阿尔卑斯、蓝色海岸大区。依靠这笔投资,马赛港于 2003 年建成第一个邮轮码头。2008 年,该码头的 25 年经营权被整体出让给歌诗达邮轮、地中海邮轮和路易斯邮轮三家公司。[①] 雄心勃勃的马赛港并不满足,继续投资扩建邮轮接待设施,2012 年和 2013 年又分别建成了第二个和第三个邮轮码头。其中第三个码头专作始发港,可同时停泊 6 艘邮轮。

　　此外,马赛大港口局还着手拓宽北部航道以方便更大型船只入港。航道

---

　　① 2013 年,路易斯邮轮退出马赛港邮轮码头业务,将其持有的股份转售给其他两家持股公司,歌诗达邮轮和地中海邮轮于是各持有该码头 50% 的股份。

拓宽改造后,马赛港将具备接待世界最大船舶的能力,并可在超强大风下作业。马赛港还投资 2200 万欧元改建其拥有的地中海区域最大的干船坞并在 2015 年重新投入使用。鉴于邮轮公司在选择港口时,会重点考虑当地是否具备邮轮检修和保养能力,重新投入后的干船坞整合了船舶检修和保养的各类设施。不仅如此,马赛港还借此合并候船大厅,为邮轮上下客提供更大便利。这些举措吸引了邮轮公司尤其是拥有巨型邮轮的皇家加勒比国际等公司。

最后,如同地中海区域的其他邮轮港口一样,马赛也计划加强位于市中心的旧港区和邮轮港之间的联系。现有的邮轮港由于远离市中心的历史街区,使后者难以从邮轮旅游业中受益。因此,马赛计划复兴旧港区,用于接待船体小、档次高的豪华邮轮;同时将旧港区附近的闲置地块用于建设"欧洲和地中海文明博物馆"。2013 年已有 40 余艘次小型豪华邮轮停靠旧港区,旧港区复兴计划初步取得成效。

通过大力建设邮轮接待设施,积极发展邮轮旅游业,马赛已摆脱了破落的工业城市的固有形象,包括旅游业在内的现代服务业取得了长足的发展,城市环境和声誉也随之明显改善。

6. 结论和启示

地中海区域的这些邮轮港口,无论是引领整个区域的巴塞罗那港,还是意大利和希腊的港口群,或者是近十年发展最快的马赛港,其发展路径都是一致的,无不是港口当局竭力推动、邮轮公司跟进合作的结果。众多邮轮港口并未因激烈竞争而"几"败俱伤,反而形成你追我赶、共同发展的良好态势,整个区域的邮轮旅游业也由此得到持续发展,构筑起全球第二大邮轮市场,并且不断缩小与加勒比海区域之间的差距。

近些年来,中国沿海港口群也开始纷纷建设或规划邮轮接待设施,期待从邮轮产业中受益,并已初步形成以天津为中心的环渤海邮轮港口群、以上海为中心的长三角邮轮港口群、以香港为中心的华南邮轮港口群。作为世界第二大经济体的中国,正进入大众旅游时代,旅游需求不仅日益旺盛,且正在快速多元化,邮轮旅游作为一种新的旅游形式正被旅游需求日益增加的中国旅游者接受。只要港口所在地政府能科学规划、持续推进,并取得邮轮公司的合作与跟进,类似地中海区域邮轮港口群这样你追我赶、共同发展的良性局面也可在国内沿海上演;并且通过港口之间的竞争与合作,中国也可构筑起一个日益茁壮的邮轮旅游市场,成为全球旅游产业版图中日益重要的一个板块。

第二节　浙江邮轮旅游产业概况

近年来,在国际邮轮接待量持续上升的同时,国内邮轮出境旅游市场发展也突飞猛进。从 2006 年至 2016 年,我国邮轮业经历了井喷式发展。据中国交通运输协会统计,2016 年,中国邮轮市场蓬勃发展,全年邮轮总航次约 825 次,同比增长 31.2%,邮轮出游人次达 369.9 万人次,收入规模达 67.3 亿元。目前,我国邮轮市场上已经有包括歌诗达、皇家加勒比、公主、天海、海航、丽星、中华泰山等多家外资和中资邮轮公司。皇家加勒比、歌诗达、云顶香港、地中海、公主等世界著名邮轮公司相继来到中国设立办事处或经营机构,其中歌诗达、皇家加勒比还均以上海、香港、天津为母港开辟了多条航线。

在此形势下,沿海城市纷纷将目光投向邮轮经济。目前,已启用邮轮中心/邮轮码头的城市有天津、上海、厦门、三亚,待启用的有嘉兴,已开工建设的有青岛、深圳、北海,即将动工的有大连、舟山,已有规划或设想的有营口、秦皇岛、烟台、威海、日照、连云港、宁波、温州、汕头、东莞、广州、珠海、海口、东方、湛江、钦州、防城港等地,甚至连不靠海的吉林省也想"借船出海",打造涉及中、俄、朝、韩、日五国的环日本海邮轮旅游圈。

一、浙江邮轮产业发展的基础条件

浙江位于我国大陆海岸线的中部、长江三角洲的南翼,地区经济发达,具有丰富的海洋和人文旅游资源,具备发展邮轮产业的基础。

1.建港条件优越,自然人文旅游资源丰富

浙江沿海具有优越的区位优势和建港资源,宁波、舟山、温州均有可建设大型邮轮码头的岸线资源。截至 2013 年,浙江拥有港口 58 个,泊位 650 个,年吞吐量 2.5 亿吨。海岸滩涂资源有 26.68 万公顷,居全国第三。同时,浙江沿海拥有丰富的自然及人文景观,可与国际邮轮码头形成三小时旅游观光圈,符合邮轮靠港后近岸旅游的特点。目前,舟山依托海洋风光和普陀山佛教文化,在朱家尖岛建成了可靠泊大型国际邮轮的现代化国际邮轮码头,于 2014 年 10 月 13 日正式开港并成功迎来"宝瓶星号"国际邮轮的靠泊;宁波市在梅山岛南部规划有国际邮轮码头;温州正在规划依托洞头、南麂岛等海岛风光建设大中型国际邮轮码头。

2. 地区经济发达,造船产业发达

浙江是我国经济腾飞较早的省份,2013 年人均 GDP 达到 11055 美元,人均可支配收入名列全国前茅。按照国际上对区域人均收入与邮轮旅游的关系研究,当地区人均 GDP 达到 6000～8000 美元时,邮轮消费需求将呈现高速增加态势。根据中国交通运输协会邮轮游艇分会统计,浙江的杭州、宁波均被列入国内邮轮旅游的十大客源地,温州、台州、绍兴、金华等城市的邮轮客源也在快速上升。同时,浙江造船产业也十分发达,形成了以舟山为中心、温台地区为补充的造船产业格局。2008 年国际金融危机以来,浙江造船产业开始转型,部分船舶修造企业向游船、工程船、海工船等领域突围,取得了一定成效,少数企业已经具备了发展邮轮修造的潜力。2005 年,香港信义游艇有限公司和温州港集团合资组建温州明珠游艇有限公司,于 2012 年建成并下水一艘豪华邮轮"明珠七号"。[①]

3. 民间资本雄厚

作为民营经济大省,挖掘民间投资后劲大有可为。邮轮产业进入门槛高,但报酬极其丰厚。近年来,浙江已有民间资本开始涉足邮轮经营产业。2011 年,温州民间资本投资服务中心购买了一艘豪华邮轮,命名为"中华之星号",并与舟山国际邮轮码头达成合作协议,5 年内投资 20 亿元在舟山打造中国首支本土邮轮团队,试水邮轮运营和服务产业。

4. 政策环境良好

良好的政策环境是邮轮经济发展的强力助推剂。近年来,国家对邮轮经济的重视达到了一个前所未有的高度。2008 年 6 月,国家发改委下发了《关于促进我国邮轮经济发展的指导意见》,指出"部分具备优势条件的沿海城市可适当改善港口等基础设施,为国际邮轮靠泊创造良好条件和环境",而宁波正是被重点列举的 9 个城市之一。国务院在 2009 年 3 月的常务会议上首次提出要促进和规范邮轮产业发展,又在当年 12 月发布的《关于加快发展旅游业的意见》中强调鼓励有条件的地区大力发展邮轮旅游,以及把邮轮

---

① 常青丽.浙江发展国际邮轮产业的对策研究[J].中国水运(下半月),2015(3):43-44.

游艇旅游装备制造业纳入国家鼓励类产业目录。2011年,国务院批复的《浙江海洋经济发展示范区规划》明确提出了要发展浙江的邮轮基地和相关旅游产品:"开发邮轮、游艇、探险等高端旅游产品,引进国际知名酒店管理集团、旅游代理商和旅游资讯集成商,建成我国知名的海洋文化和休闲旅游目的地。"2013年7月,浙江省人民政府印发的《浙江海洋经济发展"822"行动计划(2013—2017)》明确指出,浙江未来五年要"重点发展邮轮旅游、游艇旅游、人造海滩、高端度假岛等四大高端门类"。舟山、宁波、温州、台州各级政府也表达了发展邮轮产业的决心,并加速打造各自的邮轮产业基地,积极探讨制定支持邮轮产业发展的相关政策。

二、浙江邮轮产业发展现状

目前,在发展邮轮产业方面,浙江滨海7市中宁波、舟山、嘉兴、台州均有优良海港,具备发展邮轮产业的自然条件,其中嘉兴、宁波、舟山三地都有在建或待建的国际邮轮码头项目。

1.嘉兴

九龙山邮轮码头是国家重点旅游项目、浙江省重点服务业项目——平湖九龙山旅游度假区的配套工程,位于九龙山度假区东沙湾乌龟山北侧,其所在位置是1990年经国务院、中央军委批准划分的涉外旅游开放用地,后经交通部、浙江省发改委出文批复同意建造。该项目由上海九龙山股份有限公司、九龙山(香港)有限公司、英属维尔京群岛龙辉发展有限公司共同出资,总投资额为561万美元,包括新建2万吨级客运泊位1个、岸线222千米,设计年通过能力为5.6万人次。目前该项目已基本建成,具备接受大型国际邮轮靠泊换乘的能力。

2.宁波

宁波港是世界著名的深水良港,自然条件得天独厚,能接待全球所有船型的邮轮。宁波港接待国际邮轮的历史可上溯到1983年,是全国最早接待国际邮轮的几个城市之一,但一直没有专门的邮轮码头。

2004年,宁波市北仑区对外推出北仑山国际邮轮服务中心招商项目。该项目位于杭州湾口东南侧金塘水道南岸的北仑山东侧岸线,与海螺水泥厂专用码头相邻,规划用地面积约30公顷,工程包含国际邮轮停靠港、国际邮轮停靠港功能区和国际邮轮停靠港接待区。停靠港功能区设通关综合大楼,其功能为口岸通关、三检和旅客休息大厅。停靠港接待区设餐厅、快餐厅、超市、茶室、咖啡厅、旅行社等。此后,陆续有丽星、歌诗达、皇家加勒比等国际邮轮公司前往考察,但都没谈成。投资者普遍认为北仑山周边都是有污染的工业企业,不适宜建邮轮码头。北仑山国际邮轮服务中心招商项目原有 800 多米海岸线,2007 年港埠公司投资建设北仑山多用途码头用去了其中的 433 米海岸线,现在还剩不到 400 米海岸线。

在此情况下,宁波市改由梅山保税港区管委会推出梅山岛国际邮轮母港项目。梅山岛位于宁波市北仑区东南部,面积 26.9 平方千米,西距大陆仅500 米,中间夹着长约 10 千米的狭长水道,东距国际主航道不到 50 千米。梅山岛四周水深 3～22 米,大部分岸线前沿水域开阔,是建港的天然良址。规划的国际邮轮中心位于岛的北端,面向大海、紧靠湿地,自然景观优美。2010 年 1 月,香港三生国际投资集团与宁波梅山保税港区管委会签订宁波梅山国际邮轮母港项目,标志着宁波建设国际邮轮母港迈出了关键的一步。

此外,宁波具有较好的修造船产业基础,浙江造船有限公司、三星重工(宁波)有限公司等都是造船企业中的佼佼者,拥有丰富的国际合作经验,尽管目前尚不具备邮轮制造能力,但潜力可观。

3. 舟山

舟山是长三角地区的海上门户,水运交通便利,深水岸线资源丰富,总长 246.7 千米。舟山已有 23 年的国际邮轮接待历史。1995 年,法国巴盖游船公司万吨级邮轮满载欧美游客造访普陀山。2000 年,丽星邮轮宣布将舟山作为其旗下邮轮的基本挂靠港后,国际邮轮造访舟山的频率有所上升。但因市场运作、国家政策等因素影响,舟山的国际邮轮接待规模始终很小,经济效益也很有限。

2010 年 8 月 18 日,交通运输部批准舟山市包租邮轮赴台湾开展佛教文化交流活动。9 月 27 日,普陀山佛教协会会长、普济禅寺方丈道慈大和尚率108 位僧尼和 218 位居士,连同 1200 位游客,护送 1000 尊南海观音像,搭载"歌诗达·经典"号邮轮从定海老塘山码头离港起航前往基隆港,展开舟山首次对台邮轮直航之旅。这次直航被视为舟山意欲正式发展邮轮经济的一次试水。实际上舟山已有至少 20 亿元的邮轮经济发展计划,包括新建国际邮轮码头一座、购买 10 万吨级豪华邮轮一艘。

目前,浙江首个国际邮轮港口已经在舟山启用。舟山群岛国际邮轮码头全长 356 米,近岸水深约 12 米,设计年客运通过能力 57 万人次,最大能停泊 15 万吨的巨型邮轮。预计到 2020 年,其年客运量将达到 46 万人次。2014 年 10 月 13 日,舟山群岛国际邮轮港开港迎客。首艘自我国台湾基隆港直航靠泊的 5 万吨级"宝瓶星"号邮轮,承载千余位客人到普陀山,显现出舟山邮轮港的魅力。

此外,舟山的修造船能力也比较突出,拥有欧华造船、扬帆集团等全国知名的船企。

4. 台州

台州没有接待国际邮轮的历史,也没有专用邮轮码头,但具备发展两岸间邮轮旅游的良好条件。

台州港有多个港区,其中玉环市大麦屿港区位于台州市南端、乐清湾东侧,具有得天独厚的港口资源和优越条件,是我国东海岸福建湄州湾港至宁波北仑港之间不可多得的理想港址,能同时停靠万吨轮 300 艘,被《航路指南》列为中国八大天然深水避风锚地之一。目前建有码头 11 座,其中最大的 3 座分别是 7 万吨兼靠 10 万吨级华能码头、5 万吨兼靠 7 万吨级集装箱码头、3 万吨级多用途码头。

大麦屿港区是浙江距台湾最近的一类口岸,到基隆港仅 163 海里。2009 年 5 月 16 日,大麦屿港区获批为对台直航口岸。2009 年 7 月 7 日,大麦屿港承租台湾华达海运公司的"海洋拉拉号"轮,在浙江率先启动了对台海上客运直航,当年共圆满完成 9 个航次的两岸旅客海上运输任务,旅客共计 2006 人次,开辟了浙江省对台交流的全新渠道,引起了两岸各界高度关注。2010 年 7 月 3 日,大麦屿港至台湾基隆港定期航班正式开通,由台州当地企业苏泊尔集团承租"中远之星"客轮运营。客轮夕发朝至,每周往返一次,航程约 8 小时。大麦屿港由此成为继厦门港之后的大陆第二个实现两岸海上客运常态化直航的港口,客源由 2009 年时的台州本土客源拓展到了浙江、江苏、上海等地。当年共出入 53 个航次,客流总量共计 23932 人次。

第三节　浙江邮轮旅游产业整合与提升方略

一、浙江邮轮旅游产业整合方略

1.整合的必要性

"十三五"期间，浙江有关港口城市应立足自身条件，结合国际、国内和区域邮轮产业发展态势，找准定位，采取合适的发展策略和措施。

相比传统的陆上旅游，邮轮旅游的多目的地特征更为明显。一条邮轮航线通常经停若干个港口，乘客可以选择在这些港口上岸观光。邮轮航线的设计与经停港口的遴选要经过十分严格的考察和考核。港口设施、当地旅游吸引力及接待能力、社会治安等都是重要的遴选标准。因此，邮轮航线尤其是定班航线一经设定就很可能稳固下来，变动概率相当小。这就使得同一航线网络中的邮轮港口（包括母港和停靠港）结成较为牢固的利益共同体，要在很大程度上面对"一荣俱荣，一衰俱衰"的结果。一个区域的邮轮产业只有在整体上形成合力，才可能形成可靠的竞争力和可持续发展的能力。环顾世界，著名邮轮港口特别是邮轮产业最发达的北美和欧洲的邮轮港口，都是以群体形式出现的。区域合作在邮轮产业特别是邮轮旅游业的发展中越来越受到重视。远的典范有近年来飞速发展的环波罗的海邮轮旅游业圈；近的榜样则有香港与广东、广西、海南、福建四省区协议共推的"一程多站"华南邮轮旅游行程。所以，科学整合是实现浙江邮轮产业提升的内在要求和必由之路。

2.整合的目标和原则

浙江邮轮旅游产业整合总体目标适应长三角区域产业转型升级，以及上海国际航运中心建设的需要，依托区域的现有产业基础和港口群体优势，通过资源的科学整合，建成层次分明、分工合理、功能完善、高效协调的现代化邮轮港口群和邮轮产业集聚区，提升区域邮轮产业的整体竞争力，进而带动我国邮轮产业的整体发展，促进社会经济的可持续发展。

浙江邮轮旅游产业整合应遵循"科学论证、统一规划、政府引导、市场导向、因地制宜、协调发展"的原则,即区域邮轮产业和港口资源的整合应建立在科学论证的基础上,制定统一的规划,避免出现盲目投资、重复建设、无序发展和恶性竞争等现象。区域内相关的地方政府应严格遵从规划,立足自身条件,以市场为导向、企业为主体、产业为纽带,通过合理的政策和措施来积极引导本地邮轮产业的发展,从而实现区域邮轮产业的共同繁荣。

3.浙江邮轮旅游产业功能定位

(1)宁波

美国的人口规模远小于中国,但仅佛罗里达州就聚集了迈阿密、卡纳维拉尔、埃弗格雷斯这三个大型邮轮母港及多个邮轮停靠港,以中国的人口规模及经济发展趋势来看,在不久的将来,长三角地区建成2~3个邮轮母港也是完全有可能的。

无论从港口条件还是从产业基础来讲,宁波应该都最具潜力成为仅次于上海的长三角地区邮轮经济次中心,宁波市应有这样的魄力来紧紧围绕这一目标做好自身的邮轮产业发展规划。除了立足梅山保税港区建设,高标准推进邮轮中心项目之外,宁波还可尝试发展邮轮修造、邮轮设备制造等产业,力争通过大力发展邮轮经济,推动港口功能多元化,使之成为国内重要的邮轮母港之一,促进地方经济的可持续发展。此外,全国同时开设海运、旅游、物流、工程技术等众多与邮轮产业链关系密切的专业的高校为数寥寥,而宁波大学恰好是其中之一。宁波市在发展邮轮产业时应充分利用这一优势,力争与上海一道成为本地区培养邮轮产业人才的基地。

(2)舟山

舟山由于本身人口少,加之腹地与上海和宁波重合但位置相对偏远,交通相对不便,因而在发展出境邮轮市场上相对处于劣势;不过舟山旅游资源丰富,且有国家先后批准建设"舟山群岛海洋旅游综合改革实验区"和"舟山群岛新区"的政策优势。因此,一方面可以充分利用丰富的佛教旅游资源,面向日、韩和东南亚市场,重点发展佛教朝觐邮轮游,成为区域内重要的国际邮轮停靠港;另一方面,可以充分利用丰富的海岛资源,面向区域和国内市场,大力开发舟山群岛环游产品,推动舟山旅游业的转型升级。此外,舟山还可利用港阔水深、紧邻国际主航道并拥有较强的船舶修造基础等条件,适当发展邮轮修造业。

（3）嘉兴

鉴于嘉兴的城市规模、人口规模、经济规模和发展水平,以及人力资源水平等在长三角城市群中都处于中游水平,与相邻的上海和宁波不在同一量级,而九龙山邮轮码头不仅规模小,还紧邻上海,因此最现实的选择莫过于将其定位为上海邮轮组合港的一员,承担分流部分小型的国际和区域邮轮业务的功能,服务腹地除了上海之外,主攻杭嘉湖和苏南地区。

（4）台州

台州应利用地处长三角地区与海西经济区交接点的区位优势,以及优良的港口条件,还有对台客运直航的现实基础,一方面抓紧建设邮轮码头,另一方面把握机遇,力争尽早开辟对台邮轮航线,同时寻求加入香港、福建、广东、广西、海南联合推动的"探游华南海岸"计划,以期成为两岸邮轮停靠港、东南沿海近岸邮轮停靠港。

二、浙江邮轮旅游产业整合发展对策

1.加强区域多层次协作

浙江邮轮旅游产业以上海为龙头,江浙分别为北南两翼,其中北翼以发展内河邮轮为主,南翼以发展近岸和区域邮轮为主,同时两翼合作,对内对外共同开发江海联运、一程多站式邮轮旅游产品。在具体实施过程中先建立一体化对话与磋商机制,协调立场,达成一致;在此基础上再建立统一的品牌和营销体系、统一的服务规范和服务价格体系、统一的人才培养体系;经过一定时间的磨合,尝试通过资本联合等途径,建立更紧密的合作关系,最终形成统一高效、和谐有序、富有活力和竞争力的区域邮轮产业集聚带。

2.出台鼓励政策与专项规划

把邮轮经济的两大核心产业——邮轮装备制造业和邮轮旅游业列入宁波市重点鼓励发展的产业目录,纳入宁波市国民经济发展中长期规划中,同时制定支持邮轮经济发展的政策措施,确保必要的投入,安排专项资金用于邮轮经济研究,抓紧出台浙江邮轮经济发展规划。

3. 抓住核心部门,架构邮轮产业体系

作为海运业与旅游业相结合的一个交叉产业,邮轮业是由船舶修造与港口服务（后向）、邮轮运营和邮轮旅程营销（前向）综合在一起的产业复合

体,是一条以邮轮运营(船舶运输、船上住宿与服务)为核心、后向与前向产业为支撑的产业链条。根据北美邮轮业对美国经济直接影响的来源,可将邮轮产业链条分为四个部分:船舶修造与港口服务,包括修造船、母港及停靠港建设、能源供给和废物卸放、旅客通关服务、船员在地住宿服务等;邮轮运营,即为游客提供船上服务的所有活动,包括食、住、玩等;邮轮旅程营销,即邮轮公司为游客设计的水上旅行航线(目的地)及岸上活动、邮轮旅游广告等;旅游商贸服务,包括(陆、空)交通服务、制造业、批发、保险、房地产与租赁、信息服务及(住宿与旅行以外的)其他服务与管理。[①]

4.利用民营资本,培育本土邮轮品牌公司

浙江民营资本历来十分活跃,由于国内旅游业形势大好,民营资本开始进入这个领域,涌现出了开元集团、横店集团、南苑集团、宋城集团等一批大型旅游企业。当越来越多的浙商把目光投向高品质高技术含量的产品开发时,如何吸引民间资本进入邮轮产业值得探索。

邮轮旅游产品开发的瓶颈是邮轮基础设施建造力度大,投资回收周期长,小型资本无力进入该产业。为了吸引民营资本,政府首先应加快发展邮轮业基础设施的建设,为民营企业进入该产业做好准备;其次,在邮轮市场形成初期,放宽民营资本进入邮轮产业的条件,使企业兴建起来,由企业间的良性竞争决定邮轮公司的生死存亡;最后,有针对性地扶持那些优胜劣汰后生存下来的企业进行深入发展,争创浙江省邮轮品牌企业。

5.重视各类邮轮专业人才的引进与培养

据估算,到2020年我国邮轮人才需求量将超过30万人,而目前培养邮轮专业人才的本科院校不过10所,邮轮人才缺口巨大。近年来,由邮轮公司、高等院校及相关企业联合成立了上海国际邮轮学院、亚洲邮轮学院、天津邮轮人才培训中心、青岛邮轮人才培训基地等机构以应对人才匮乏问题。

首先,重点扶持有学科优势的浙江高校,支持其与具备相关办学经验的国外院校开展多种形式的交流与合作,联合培养各类国际化的邮轮专业人才;其次,紧紧抓住嘉年华集团等国际领先邮轮企业有意将其邮轮服务与管理人才培训基地转移到中国的有利契机,积极引进培训基地落户;再次,吸

① 刘占福.世界邮轮业发展趋势及其启示研究[J].海洋开发与管理,2014(1):57-60.

引境外邮轮公司高管、技术研发、邮轮经纪、邮轮保险、邮轮金融、海事仲裁等专业人员来华工作;最后,大力推进邮轮师资队伍建设可以有效扩展人才培训的渠道。[①]

6.继续加强交通建设

继续推进机场、铁路、公路、水路等对外交通基础设施建设,加快城市公共交通建设步伐,提高不同交通方式之间的无缝衔接水平,强化码头与机场、火车站、汽车站、市中心及景点之间的交通联系,为邮轮旅客创造便利的通行条件、舒适的交通环境。

---

① 孙晓东.中国邮轮旅游业:新常态与新趋势[J].旅游学刊,2015(1):10-12.

第六章 浙江海洋旅游产业协同发展研究

第一节 海洋旅游产业协同发展研究背景与意义

一、研究背景

海洋旅游业是指以利用海岸带、海岛及海洋景观资源为依托而开展的旅游经营和服务活动,是旅游业的一个重要组成部分,是海洋产业构成中的支柱产业。自从人类航海活动开始,海洋旅游活动便已出现。海洋旅游作为海洋经济体系的一个独立的产业,兴起于 20 世纪 60 年代后期的加勒比海地区,后来又逐步扩展到欧美和亚太地区。随着人们对海洋认识的不断深化,以及西方旅游界提出"返璞归真、回归自然"的口号,全球范围内出现了前所未有的海洋旅游热,"3S"海洋旅游业蓬勃发展。地中海沿岸、加勒比海地区、波罗的海及大西洋沿岸的海滨、海滩成了极负盛名的旅游度假胜地。选择海滨旅游的游客占全部游客的比例,法国为 50%,英国为 70%,比利时为 80%。[①] 以"出售阳光和沙滩"闻名于世的西班牙,每年的旅游外汇收入高达 100 多亿美元。当前,世界旅游发展呈现三大趋势:从中低端旅游向高端旅游迈进,从观光旅游向休闲度假发展,从传统的旅游方式向现代的旅游方式转变,而这三个表现形式都与海洋旅游联系在一起。

---

① 鲍清晓.青岛海岸带生态旅游发展与战略构建研究[D].西安:陕西师范大学,2007.

近年来,中国海洋旅游业取得了长足的发展。2009 年,在国家拉动内需、加大投入的政策驱动下,我国海洋旅游业总体保持平稳发展,全年实现增加值 3725 亿元,比上年增长 12.3%。2010 年,沿海地区依托特色旅游资源,发展多样化旅游产品,海洋旅游业保持平稳增长,全年实现增加值 4838 亿元,比上年增长 29.8%。2011 年,海洋旅游业持续平稳较快发展,邮轮游艇等新型业态快速涌现,全年实现增加值 6258 亿元,比上年增长 12.5%。2012 年,海洋旅游业实现增加值 6972 亿元。2013 年,海洋旅游继续保持良好发展态势,产业规模持续增大,全年实现增加值 7851 亿元,比上年增长11.7%,以 34.6% 的占比位居海洋产业之首。2013 年,全国 11 个海洋省份的海洋旅游业在全国旅游经济格局中占据 1/3 的市场份额。[①]

2010 年 4 月,浙江省被国务院确定为全国海洋经济发展 3 个试点省之一。2011 年 3 月,国务院批复了《浙江省海洋经济发展示范区规划》。同年 6 月 30 日,国务院又批准设立舟山群岛新区,这是我国首个以海洋经济为主题的国家级新区。《浙江省海洋经济发展示范区规划》提出,浙江要落实国家产业调整振兴规划的要求,"提升发展临港先进制造业、海洋旅游、现代渔业等优势产业,做强国际知名企业和品牌,建设具有较强国际竞争力的产业集群",打造"一核两翼三圈九区多岛"为空间布局的海洋经济大平台,宁波—舟山港海域、海岛及其依托的城市是核心区。核心区建设重点包括"规划建设全国重要的大宗商品储运加工贸易、国际集装箱物流、海洋旅游、新型临港工业、现代海洋渔业、海洋新能源、海洋科教服务等基地和东海油气开发后方基地"。2013 年 7 月,浙江省人民政府印发的《浙江海洋经济发展"822"行动计划(2013—2017)》明确指出,浙江未来五年重点扶持发展的八大现代海洋产业体系之一就是加快发展海洋旅游业,"积极打造海洋精品旅游线路,深化海洋旅游管理体制改革,争取实施更开放、更便利的出入境管理政策",重点培育建设宁波南部海洋旅游休闲基地、舟山海洋旅游基地、温州海洋休闲旅游产业基地等具备一定产业基础并有较好发展前景和成长空间的海洋特色产业基地。

从整个国际旅游方面看,推进旅游区域一体化、打造旅游黄金圈,共同开发旅游市场,互为市场,互为腹地,互送客源,共筑旅游信息平台,共同制

---

① 宋瑞.旅游绿皮书:2013—2014 年中国旅游发展分析与预测[M].北京:社会科学文献出版社,2013:340-352.

定旅游服务标准等已成为许多旅游发达国家的共识。海洋旅游区域协作成功的当属法国蓝色海岸城市群马赛、尼斯、戛纳、摩纳哥等,通过特色差异与区域协作,使每个海洋城市旅游都获得了巨大成功。除此之外,世界其他国家海洋海岛型旅游发展同样十分重视区域整体协作发展,如美国夏威夷旅游开发,包括近年来迅速崛起的东南亚各国海洋旅游,其发展无不是以旅游为切入主题,加强与国内、国际其他旅游城市之间的合作,共享更多的国内、国际客源市场,在旅游产业链的延伸方面探索综合产业之路,与商务、会展等结合共同构筑城市经济高级化、国际化平台,全面改善城市对外形象,增强城市作为经济整体对投资金融的吸引能力。区域旅游合作的进一步深化,必须与主体的多元化相适应,遵循市场规律,协调利益关系,强化激励约束,促成互利共赢。改革开放以来,我国的区域旅游合作形成了自上而下、行政推动的主导机制,取得了令人瞩目的成效。但目前看来,合作效率在逐渐衰减,负面影响在逐步显现。进一步推动区域旅游合作,必须实现由行政主导机制向市场主导机制的转换,通过"看不见的手"来驱使旅游企业突破行政区划开展更广泛的分工与合作。

作为浙江海洋经济示范区和新区的宁波和舟山在历史上长期同属一个行政区,语言文化相近,人员交往密切,特别是宁波和舟山两港口同属一个海域,拥有共同的经济腹地。加快海洋旅游业发展对于培育宁波—舟山海洋经济新的增长点、推进海洋经济建设、促进经济发展方式的转变与产业结构的全面升级、提升核心区域综合竞争力具有重大的战略意义。

二、研究意义

2014 年 9 月 21 日,国务院发布《关于促进旅游业改革发展的若干意见》,指出:"推动区域旅游一体化,完善国内国际区域旅游合作机制,建立互联互通的旅游交通、信息和服务网络,加强区域性客源互送,构建务实高效、互惠互利的区域旅游合作体。"因此,加快海洋旅游业协调发展对于培育宁波—舟山核心区海洋经济新的增长点,推进海洋经济建设、促进经济发展方式的转变与产业结构的全面升级、提升核心区域综合竞争力具有重大的战略意义。

1)长期以来,各地旅游规划与发展主要着眼于本行政区的范围之内,跨区域旅游一直存在着不同程度的地方主义倾向,"行政区旅游经济"现象严重。区域旅游合作从提出至今已经历了 20 多年,但进展缓慢,收效甚微,这也是长期困扰我国旅游业发展的难题之一。因此,宁波—舟山核心区海洋旅游产业合作发展迫切需要科学的理论指导。本研究成果对于促进宁波—舟山核心区海洋旅游产业和谐发展有理论意义。

2)旅游业在发展过程中不同地区之间彼此独立发展,缺乏区域整体协调,对跨区域共享性旅游资源竞争开发,旅游形象宣传各搞一套,彼此形成一种空间替代竞争关系,结果导致旅游项目结构性、功能性重复开发建设,旅游资源低效率利用和破坏,旅游产业关联度低,行业管理失控。同时,旅游企业属地化管理,彼此之间难以通过合纵连横形成规模经济和专业化经营。区域旅游合作深度发展可以从整体上整合区域旅游资源,避免低水平、内耗式恶性竞争,产生互补增强效应,实现区域旅游业内部自我优化,提升整体竞争力。而当前对区域旅游合作的研究中,众多学者关注较多的仍是某些区域的旅游合作的可行性与合作建议,对区域旅游合作机制及其实现途径的研究则较少。因此,本研究对促进宁波—舟山核心区海洋旅游产业合作的深度发展有实践指导意义。

第二节　海洋旅游产业协同发展的理论梳理

一、相关概念界定

1.核心区

依据《浙江省海洋经济发展示范区规划》的界定,核心区是指"宁波—舟山港海域、海岛及其依托城市"。对这一界定进行进一步的分析,可以看出,宁波—舟山海域北起杭州湾东部的花鸟山岛,南至石浦的牛头山岛,包括舟山市的全境和宁波市的沿海县(市)区的沿海区域;宁波—舟山港海域、海岛的空间范围以《宁波—舟山港总体规划》为依据,包括舟山市的全境和宁波市的镇海、北仑海域和象山港、石浦港海域等,与宁波—舟山海域的空间范围大致相同;宁波—舟山港海域、海岛所依托的城市是这一海域的陆向依托部分,包括了这一海域的沿海城镇。《宁波—舟山总体规划》中对核心区空间范围的界定是以宁波—舟山港海域为中心的空间范围界定,是一种基于海陆联动的空间范围界定。就这一空间界定而言,其地理范围中宁波—舟山港海域、海岛是可以确定的,但其所依托的城市的地理范围界定则相对困难。根据规划文本,核心区的空间范围包括舟山全境和宁波的沿海区域。为了便于发展战略研究中的数据分析,本研究的核心区范围包括宁波、舟山两市的辖区。下面对这两市的海洋资源进行对比,详见表6-1。

表 6-1　宁波—舟山海洋资源情况对比

序号	资源类别	宁波市	舟山市
1	海域面积/平方千米	9758	20800
2	岸线总长/千米	1562	2444
	规划港口岸线/千米	170	279.4
	深水岸线/千米	139.1	245.8
	未开发/千米	70	162.5
3	港区数量/个	8	11
4	生产性泊位/个	334	343
	万吨以上泊位/个	60	41
	最大靠泊能力/万吨	30	30
5	岛屿面积/平方千米	262	1299
	岛屿数量/个	653	1763
	100平方千米以上海岛/个	0	3
	10~100平方千米海岛/个	6	13
	500平方千米以上海岛/个	516	1390
	无居民海岛/个	670	1622
6	涂滩资源/万公顷	6.24	1.39
7	海洋生物种类/种		1163
8	国家级保护区/个	3	
9	国家级风景区/个		2
10	省级风景区/个		2
11	沙质海滩面积/公顷		1014

资料来源:海岛资源数据来自浙江省2008年908调查数据;滩涂资源为2004年理论深度基准面以上可开发利用的滩涂面积扣除至2010年新完成圈围面积和在建项目;其他数据来自各类公开资料。

2.海洋旅游产业

海洋旅游产业是指以利用海岸带、海岛及海洋景观资源为依托而开展的旅游经营和服务活动。海洋旅游产业不仅是旅游业的一个重要组成部分,也是海洋产业体系的核心组成部分。海洋旅游业兴起于 20 世纪 60 年代后期,最早是从拉丁美洲的加勒比海地区兴起并日益发展起来的。后来又逐步扩展到欧美和亚太地区。随着人们对海洋认识的不断深入,以及西方旅游界提出"返璞归真、回归自然"的口号,全球范围内出现了前所未有的海洋旅游热。海洋旅游业蓬勃发展,国际旅游者主要流向之一就是海滨及海岛旅游区。地中海沿岸、加勒比海地区、波罗的海及大西洋沿岸的海滨、海滩成了极负盛名的旅游度假胜地。

3.区域旅游协作

区域旅游协作是指区域范围内不同地区之间的经济主体,从各自的利益出发,对整个区域的各种资源进行优化配置和对产品进行优化组合,建立互惠互利的合作政策和运行机制,使得区域旅游合作整体取得最大的经济效应、社会效益和生态效益。区域旅游合作的内容,主要包括旅游资源的重组和共享、旅游产品的更新和提升、区域旅游功能的分工、客源市场的共同开拓与互换、联合促销、旅游企业之间的优化组合,以及区域旅游整体形象的构建等。区域旅游合作可以促进线路的网络化,利于旅游资源的重组和旅游产品的多样化,促进各地在旅游开发、经营等方面取长补短,发挥整体优势,增强区域整体竞争力,保证区域旅游业的可持续发展。区域旅游合作的实践,已随着客观需要在我国展开。率先实行旅游合作的有环渤海地区、长江三角洲城市群等。

二、区域旅游协作发展的理论基础

1.点—轴系统理论

点—轴系统理论是由我国著名经济地理学家陆大道在 1984 年首次提出。该理论是以德国地理学家瓦尔特·克里斯泰勒(Walter Christaller)的"中心地理论"为理论基础,根据生产力地域组织的演变过程、事物的相互吸引和扩散方式,以及通过对宏观区域发展战略的深入研究而得出的。[1]

---

① 陆玉麒.论点—轴系统理论的科学内涵[J].地理科学.2002 (2):136-143.

根据点—轴系统理论,在国家或区域发展过程中,社会经济客体在区域或空间的范畴总是处于相互作用之中。大部分社会经济要素在"点"上积聚,使区位优势最大的点成为区域增长中心,当各种生产要素通过向心运动在点上的集中达到一定的规模后,中心将逐步产生扩散效应带动周边地区发展,并由线状基础设施联系在一起而形成"轴"。这里的"点"是指一定区域内的各级中心城市,是人口和各种职能集中的地方,是区域内重点发展的对象。"轴"指由交通、通信干线和能源通道连接起来的基础设施束,对附近区域有很强的经济吸引力和凝聚力,而轴线上集中的社会经济设施通过物流和信息流对附近区域有扩散作用。扩散的物质要素和非物质要素作用于附近区域,与区域生产力要素相结合,形成新的生产力,推动社会经济的发展。就是说,社会经济客体在空间中以"点轴"方式进行渐进式扩散。

点—轴系统理论反映了社会经济空间组织的客观规律,是区域开发的基础性理论。该理论提出至今,在旅游地空间结构研究及区域旅游开发研究中得到了较好的应用。[①]

首先,是重点旅游发展节点城市和重点旅游发展轴的选择。重点旅游发展节点的选择应优先考虑那些旅游地位重要、对旅游发展轴的形成和发展作用大、旅游吸引范围能力强的城市,另外,要考虑旅游节点的规模和旅游节点空间分布的现状。旅游重点发展节点城市应具有较强的旅游吸引力、集聚力和辐射力,是旅游资源优先开发、旅游设施优先布局的旅游要素集聚点。重点旅游发展轴是以区域旅游交通线路或重要水运线路或旅游资源密集地带为依托,串联重点旅游城市而形成的带状区域。一般情况下,重点旅游发展轴最好由旅游中心城市、国家 5A 级旅游景区、4A 级旅游景区、特色旅游资源区等具有较高等级的旅游节点组成。

其次,有利于充分发挥各级旅游节点的集聚效应,提高区域旅游业发展水平。点—轴开发可以顺应社会经济发展必然在空间上集聚成点然后产生集聚和扩散效应的客观要求,充分发挥各级中心城市对区域旅游的辐射带动作用。旅游点—轴开发模式突出了旅游城镇与重点旅游景区的地位和作用,可以充分发展旅游重点节点在旅游业发展中的带动作用,充分发挥整体

---

① 高峻.建设世界级旅游目的地:长三角区域旅游发展规划研究[M].北京:中国旅游出版社,2013.

旅游资源优势,整合旅游资源开发与旅游设施建设,使整个旅游区域面向旅游网络系统发展,从而进一步提高旅游节点集聚效应。要实现区域旅游的全面发展,必须把各级中心城市作为不同等级的开发重点,发挥城市对区域旅游整体发展的巨大联动作用。

2.共生理论

共生(Symbiosis)一词来源于希腊语,字面意义理解为"共同"和"生活"。"共生"最早见于生物学中,由德国生物学家德贝里(Anton de Bary)于1879年提出,德贝里认为所谓共生是指具有营养性联系的不同种属按某种程度的永久性物质联系而生活在一起的情况。20世纪70年代,丹麦出现了卡伦堡工业共生体,在《工业共生》一书中较为完整地提出了"工业共生"的概念,该定义强调了不同企业间为了提高生存和获利能力,相互交换和利用副产品建立合作关系,实现对资源的节约和环境的保护。在我国经济学领域中,最早是由袁纯清(1998)将生物学中的共生概念引入社会科学领域的,他认为,共生是由共生单元、共生模式和共生环境三个最基本、最核心的要素构成的(见图6-1),其中,共生单元是基础,共生模式和共生环境是在共生单元的基础上形成的,三者相互作用,紧密相连。共生的本质在于共生单位的共同发展,在共生发展过程中,各共生单元能够不断提高各自竞争力、抗风险能力,逐渐从不稳定过渡到稳定。[①]

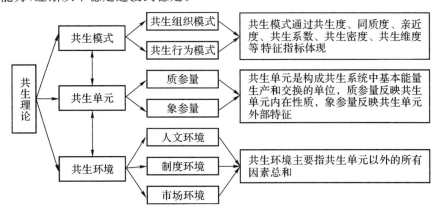

图6-1 共生理论的构成

---

① 把多勋,张欢欢.基于协同理论的区域旅游产业发展[J].开发研究,2007(2):92-95.

区域旅游共生是指在区域旅游系统内部各旅游地（城市）之间、各旅游企业之间及与其他产业之间，以及不同区域的旅游地之间在旅游发展过程中寻求双方或多方的共存共享和互惠互赢，所形成的相互结合、相互依赖、相互促进的关系。每个旅游地都不是一个孤立的个体，其与周边旅游地之间必然存在竞争与合作的各种关系，随着区域经济一体化的发展，区域内各旅游地之间通过共存与共生以实现共赢，共生可以保证在旅游资源数量有限及区域分布不均衡的条件下，区域内各旅游地（城市）可以在合作中竞争，在竞争中合作，以合作为主，提高区域旅游整体竞争力，从而促进区域旅游一体化发展，实现旅游个体或组织经济效益的提高、规模的扩大和范围的扩张，共生发展已经成为重塑新型旅游区域关系的关键。

3. 竞合理论

"竞合"一词首次提出是在 20 世纪 90 年代，美国耶鲁大学教授内勒巴夫（Barry J. Nalebuff）和布兰登伯格（Brandenburger）合著了《合作竞争》一书，两位学者运用博弈论，结合波特行业结构分析模型对企业之间的合作与竞争关系展开了深入分析。Padula 和 Dagnino 认为，在企业间的相互依存关系中，价值制造过程及价值分享过程都会涉及一个部分一致的利益结构，即竞争和合作问题同时存在于企业之间，并且二者密不可分，这就是所谓的竞合。竞争能给企业带来竞争优势，这是合作竞争得以发展的根本动力。1997 年，普瑞斯（Kenneth Preiss）、歌德曼（Steven L. Goldman）和内格尔（Roger N. Nagel）在合著的《以合作求竞争》一书中指出：企业要与顾客、供应商、合作伙伴、竞争对手相互合作，以获取竞争优势。美国的尼尔·雷克汉姆（Neil Rackham）等人将合作精神看成是企业竞争优势的新来源之一。

竞合是基于竞争前提下的有机合作。竞合理论主要包含以下几个特性：①整体性。对于一个区域而言，区域内的各主体之间要视为一个整体，制定共同的发展协作目标，竞争与合作中，某一主体在做出战略决策时不仅要考虑自身优劣势，还要考虑其他主体的相关决策可能给自身带来的影响，并且要清楚自身决策的制定也会影响到其他主体相关决策的选择，从而实现共赢。②互动性。区域内的竞争与合作都体现了这一特性。各主体之间竞争时，需要各方面做比较，体现了互动性，同样，各主体之间进行合作时，更能体现互动性，因为合作时需要各主体之间交流、协商，做出最佳的协作方案。③逐利性。区域内各种主体竞争与合作的目的也是更好地获得利益,实现共赢。④依赖性。当区域各主体之间选择以竞合理论为指导时,一个区域就变成了一个整体,为了共同获利,区域内各主体之间需要彼此相互依靠,不能只考虑自身的利益,而是要从整体的利益出发,来制定相关发展政策。① 竞合理论反映了一种博弈关系,单纯的竞争是以一方赢利另一方受损为结果的,是一种零和博弈。竞合则是竞争与合作相互作用的体现,一方面,出于市场竞争的需要,各利益主体在互惠互利的基础上联合起来,优势互补、相互协作,使各主体得以巩固市场竞争的优势地位;另一方面,各利益主体在进行合作对外的同时,在内部也要为资源、技术、市场等进行竞争。这种竞合关系强调为竞争而合作,在合作中竞争,强调双赢,追求正和博弈。

要实施区域旅游"竞合"模式必须具备四个条件:第一,区域之间旅游资源类似或互补;第二,该区域作为旅游目的地的知名度较高;第三,区域旅游基础设施和配套设施建设状况良好,能够满足旅游者基本需求,且区域可进入性较好;第四,区域能够为旅游者提供丰富多彩的旅游活动,满足不同旅游者在各个时段的旅游需求。只有具备了这四个条件,最终才有可能实施"竞合"战略。

区域旅游的竞合发展不仅是现代旅游经济发展的必然趋势,也是实现区域旅游业可持续发展的必然选择。通过开展竞争与合作,把区域内旅游资源作为一个整体进行整合,开发独具特色的旅游产品,设计有吸引力的旅游线路,才能够更好地满足旅游者的要求,更有效地克服各地旅游业单打独斗的局限性,从而使区域内各旅游目的地整体获益。

第三节　国外海洋旅游产业协调发展的经验与启示

一、国外著名海洋旅游概况

国际海洋旅游是国际旅游的主流。海洋旅游发源于欧洲,20世纪初,地

---

① 陶伟,戴光全.区域旅游发展的"竞合模式"探索:以苏南三镇为例[J].人文地理,2002(4):29-33.

中海沿岸度假胜地成为世界著名海洋旅游中心。二战后,以中产阶级为主要消费群的现代海洋度假旅游逐步兴起,发展成为国际旅游的主流。纵观世界海洋旅游区分布状况,热带、亚热带海洋旅游目的地仍是世界海洋旅游的主导者,目前最具影响力的世界级目的地主要包括地中海地区、加勒比海地区和东南亚地区,南太平洋和南亚地区也正迅速崛起成为新的热点。据世界旅游业理事会(WTTC)数据显示,2014 年,全球旅游和旅行对 GDP 直接贡献达 23648 亿美元,约占全球 GDP 的 3.1%;2015—2025 年,预计年均 GDP 贡献额提高 3.9%,2025 年贡献额达 35932 亿美元,占比 3.3%。2014 年旅游和旅行行业直接提供了 105408000 份就业机会,占全部就业的 3.6%。世界旅游组织(WTO)数据显示,2014 年,全球旅游者人数增长了 4.7%,约为 11 亿人。2014 年,全球旅游者用于住宿、饮食、娱乐及购物方面的消费达到创纪录水平。其中受益最大的当属欧洲,其收益约占国际旅游业收入的 41%。

(一)法国"蔚蓝海岸"海洋旅游城市群发展

法国是西欧面积最大的国家,位于欧洲大陆西部,与比利时、卢森堡、瑞士、德国、意大利、西班牙、安道尔、摩纳哥接壤,濒临北海、英吉利海峡、大西洋和地中海四大海域,位于地中海的科西嘉岛是法国最大的岛屿。法国本土面积为 543965 平方千米,包括海外领土面积为 632834 平方千米,边境线总长度为 5695 千米,其中海岸线为 2700 千米,2014 年法国人口超过 6600 万。法国是世界主要发达国家之一,2015 年国内生产总值(GDP)已达到 2.42 万亿美元,法国人均国内生产总值 3.77 万美元,相当于中国同年度国内人均生产总值的 6.08 倍。法国是世界上接待外国游客最多的国家之一,平均每年接待外国游客 7000 多万人次,外来游客超出本国人口 500 万左右。即使在 2007 年,强劲的欧元汇率也没能对其造成负面影响,全年仍吸引了国外游客人数近 8200 万人次,创历史新高,稳坐全球接待外国游客国家的第一位。2010 年,虽受世界经济危机影响,仍接待游客 7680 万人次,成为全球最大的旅游目的地国家之一。2015 年,法国接待游客总数为 8450 万人次,再次蝉联世界第一大旅游国。①

---

① 欧洲旅游业:法国遇"寒流"意大利下"逐客令"[EB/OL].(2016-8-33)[2018-8-10]. http://www.xinhuanet.com/overseas/2016-08/22/c_129247696.htm.

法国"蔚蓝海岸"是世界上最早的海滨度假胜地,18世纪末专供英国贵族使用,目前已经成为大众化的旅游胜地,具有非常浓厚的历史文化气息。在从土伦(Toulon)到芒通(Menton)共长115千米的"蔚蓝海岸"沿线上共修建了4条景观公路,成为该地区的一大旅游亮点。"蔚蓝海岸"的人文景观体现了法国厚重的历史文化内涵,大量的教堂、壁画、古城和博物馆分布在沿线的30多个自然村镇里,这些村镇虽然规模很小,但是旅游的功能性极强,历史古迹、文化艺术、阳光沙滩、帆船码头、休闲高尔夫、自然风光、民俗风情、美食等旅游资源能够使游人既领略到自然风光、享受休闲度假,又了解当地乃至整个法国的历史和文化。"蔚蓝海岸"景观路沿途建有18个高尔夫球场、14个游艇码头和3000多个饭店。"蔚蓝海岸"每年停靠世界一半的豪华游艇编队,世界90%的豪华游艇在服役过程中至少访问过其游艇码头一次。① 另外,别具特色的餐馆旅店令人赏心悦目,这就使"蔚蓝海岸"配套设施本身成为了一种景观。

(二)西班牙海洋旅游发展

西班牙位于欧洲西南部伊比利亚半岛,西邻同处于伊比利亚半岛的葡萄牙,北濒比斯开湾,南隔直布罗陀海峡与非洲的摩洛哥相望,东北与法国、安道尔接壤,东和东南濒临地中海。西班牙三面临海,海岸线平直,岛屿较少;国土总面积约为50.59万平方千米,海岸线总长约7800千米,2014年全国总人口为4650.78万人。西班牙属中等发达的工业国,国民生产总值位居欧洲国家前列。

第二次世界大战后,西班牙加大海洋旅游开发,尤其是开始将重点放在地中海的海岛及海滨旅游开发上。西班牙是一个海洋旅游资源和历史人文旅游资源都十分丰富的国家,虽然欧洲大多数国家都有着悠久的历史和灿烂的文化,比如法、德、英、意大利、希腊、奥地利、匈牙利等国都是世界著名的人文旅游胜地,但相对于整个欧洲市场而言,西班牙所拥有的亚热带风光和海岛、海滨旅游资源更具魅力,更能吸引欧洲客源。目前,西班牙拥有4个主要旅游区,即太阳海岸(地中海沙滩)、加那利群岛(热带风光)、巴利阿里群岛("地中海浴场")、马德里(文化古城)。其中太阳海岸位于南部安达卢西亚地区的大西洋之滨,全长250千米。这里气候温和,阳光充足,全年日照时间300多天,故

① 辽宁省人民政府发展研究中心课题组.借鉴国外经验 打造辽宁滨海旅游产业带[J].辽宁经济,2010(2):22—25.

称"太阳海岸"。夏季最高气温 20～35℃,冬季最低气温 14～16℃,在这里,既可躺在沙滩上尽情享受温暖的阳光,又能遥望远处白皑皑的雪山,两地仅相距 100 千米。旅游业被当地居民称为"向全世界出口阳光和海滩"的行业。

发展海滨旅游,主打阳光、海水、沙滩(3S)等旅游产品,是西班牙的传统旅游优势,又是其发展旅游的一大显著特点。西班牙大规模发展海滨旅游是在 20 世纪五六十年代,最负盛名的海滨旅游地是沿地中海岸长达 300 千米的阳光海岸。这里常年沐浴在阳光和地中海温和的海风之中,陆海空立体化的交通方式构成了便捷舒适的旅游交通网,现代化的基础设施使太阳海岸成为西班牙乃至全世界最舒适的海滨旅游目的地。这里得天独厚的海岸包括一连串广阔的迷人沙滩、半掩藏于山崖间风景优美的海湾、11 个水上运动码头及垂钓地点,再加上温和的气候、极少的雨量与清新的海风,营造出适宜亚热带植物生长的良好环境,沿着海岸线分布着 40 多个高尔夫球场,每年吸引着数百万来自世界各地的游客。2015 年,西班牙旅游收入达 570 亿美元,仅次于美国和中国。① 世界经济论坛 2015 年 5 月发布《全球旅游业竞争力报告》,分 14 项指标综合考量全球 141 个国家和地区,西班牙荣获最具旅游竞争力国家,旅游竞争力首次位列全球第一。

在旅游走过注重数量、忽视质量的无序发展之后,西班牙在 20 世纪 90 年代以后十分重视旅游规划及其实施,先后制订了旅游竞争力提升计划(1994—1999 年)和旅游整体质量计划(2000—2006 年)。在这些规划中,注重旅游业的可持续发展,充分考虑旅游基础设施的空间比例和完善程度、旅游者接触大自然和亲海行为的方便性与安全性、当地旅游的接待能力和承受力、如何保护资源等因素。尤其突出的是,在各类规划中,都会把当地居民及其生活纳入规划的内容,而不是简单的迁移,因为他们有一种以人为本的基本规划理念,那就是"当地居民的生活质量比旅游者的需求更重要"。

西班牙各地区也有各自的旅游规划,比如安达卢西亚,就在国家 2000—2006 年旅游综合质量计划的基础上,自己制订了 14 个旅游质量方面的规划,每个规划投入 300 多万美元;针对 150 个旅游景点,又制订了 10 个旅游规划;另外,为了促进新兴旅游目的地的发展,还制定了 6 个小规划。规划的

---

① 世界旅游组织中国代表谈西班牙旅游发展的成功经验[EB/OL]. (2016-5-10)[2018-8-10]. http://www.xinhuanet.com/world/2016-05/10/c_1118841676.htm.

实施相比规划的制定更为重要,在 1993—2003 年的 10 年间,安达卢西亚地区政府共投入 9300 万美元来执行和实施上述规划。由于生态的脆弱性,一些岛屿的规划执行得更为严格,比如蓝萨罗特岛的规划就限定岛上 90% 的地方都不能修建筑物,即使是能修的地方,也对建筑物的高度、密度、风格和材料等做出了明确规定。

（三）美国海洋旅游发展

美国海岸线长 22680 千米,东部、西部和东南海滨拥有众多迷人的海滨度假地。美国 3.19 亿人口（2014 年）中每年去海滨旅游者达 1 亿人次以上。美国沿海游船码头有 5000 个,滨海旅游创造的就业人数占涉海总就业人数的 74.6%。[①] 滨海旅游是海洋经济的支柱产业,也是美国海洋经济增长明显快于全国经济增长的重要原因。滨海旅游是以海岸带自然景观为基础的综合性海洋产业,是历史悠久的传统旅游方式,也是现代旅游增长最快的领域。美国国家海洋和大气局认为:"在所有发生在海岸带或近海海域的活动中,没有一项活动的增长在数量和多样性上能超过海岸休闲旅游活动。"与"海"有关的特色旅游项目开发成为 21 世纪休闲旅游发展的一大新热点,同时也预示着 21 世纪以海洋生态旅游为主题的休闲旅游时代的到来。据统计,近年来沿海及海岛地区接待的旅游者人数以每年高达 20%～30% 的速度递增。2014 年,全球共有 7500 万次国际游客赴美,同比增长 7%。旅游业已成为美国最大的服务出口行业,并支持了 110 万个美国就业岗位。[②]

二、国外海洋旅游产业协调发展的启示[③]

（一）坚持区域协作

当今,经济全球化、一体化已成为未来世界发展的总体趋势。从整个国际旅游方面看,推进旅游区域一体化、打造旅游黄金圈,共同开发旅游市场,互为市场,互为腹地,互送客源,共筑旅游信息平台,共同制定旅游服务标准

---

① 王芳. 滨海旅游可持续发展研究:以江苏省滨海旅游实证研究为例［D］. 南京:南京大学,2010.

② 赵焕焱. 美国旅游业对中国旅游发展的经验借鉴［EB/OL］.（2016-11-21）［2018-8-10］. http://www.pinchain.com/article/98770.

③ 北京迈洛国际经济信息中心. 2009—2010 年中国滨海旅游业发展分析及调研咨询报告［Z］. 2009(11).

等已成为区域旅游国家的共识,而在区域一体化发展与区域协作经营方面走在世界前列的仍是欧洲国家,其在旅游联盟方面采取区域"同城效应",建立区域性旅游协作板块,建立旅游线路各企业、景点的联合营销和市场战略的配合与配套,实现产业对接、交通对接和规则对接,通过政府、私营机构、国际机构、社区与媒体之间的合作,准确、及时地提供关于旅游目的地安全状况的资讯,加强区域协调和监督机制,制订有效的危机管理计划,采纳最佳实践方案并实现信息共享,确保旅游效益区域整体性平稳持续发展。海洋旅游区域协作成功的当属法国蓝色海岸城市群马赛、尼斯、戛纳等,通过特色差异与区域协作,使每个海洋城市旅游都获得了巨大成功。除此之外,世界其他国家在发展海洋、海岛型旅游时同样十分重视区域整体协作发展,如美国夏威夷旅游开发,包括近年来迅速崛起的东南亚各国海洋旅游,其发展无不是以旅游为切入主题加强与国内、国际其他旅游城市之间的合作,共享更多的国内、国际客源市场,在旅游产业链的延伸方面探索综合产业之路,与商务、会展等结合共同构筑城市经济高级化、国际化平台,全面改善城市对外形象,增强城市作为经济整体对投资金融的吸引能力。

(二)统一科学规划

海滨旅游资源一般为国家所有,使用权划给地方,由地方政府控制使用。国家、省(州)、市等各级政府都编制了海滨开发的控制性规划,在土地利用、分区原则、度假设施、进出通道、环境保护、会议设施、活动组合等方面做出明确规定,各类开发必须符合统一规划。政府通过规划和基础设施建设来调控开发方向。各国还制定有关法规,使海滨开发有法可依,如西班牙有国家《海滨法》。西班牙蓝萨罗特岛的开发规划,对建筑密度、高度、建筑风格、建筑材料、与海岸线的距离等都有明确的标准,限定岛上90%的地方禁修建筑物,楼房不得超过3层,并减少开发密度,要求旅游设施与海滨拉开一定的距离,建成伸展式梯级型后退格式。

(三)坚持连锁经营

成功的海洋旅游发展无一不重视连锁经营的作用与意义,尤其在旅游市场发展日趋个性化和散客化的形势下,连锁经营针对顾客不同的旅游消费需求,本着"全新标准、全心全意"的宗旨,无论是品牌、标识、产品,还是经营理念与市场推广方式均保持一致,不仅让旅客体验到真正意义上的旅游超市,而且打破传统的单兵作战模式,通过人、财、物等全方位资源整合,以低成本扩张方式,迅速壮大自己。世界著名度假品牌"地中海俱乐部",20世纪50年代在法国成立,目前已成为世界上最大的旅游组织之一,每年接待的客户达1600000人次。其将"一切在内"的度假概念扩展到最大限度,旅游度假服务内容包括往来路程、住宿、用餐、运动、娱乐等一价全包,在进行市场细分时更多地考虑到消费者的生活方式及其业余时间利用的变化趋势,使顾客可以以相对低的价格得到质量不错的服务,不仅形成了与竞争对手的不同之处,而且压低成本保证收益率,使旅游经营从旅游景点走向旅游综合服务整体。由于俱乐部的知名度和美誉度高,游客以拥有该俱乐部的会员证为荣,并视其为地位与身份的象征。地中海俱乐部的组织经营是成功的,并且为世界其他旅游连锁经营公司如 Center Parcs 和 Robinson Club 的发展开辟了新的道路,目前旅游业的连锁经营组织形式已成为旅游事业发展的大趋势,世界各国海洋海岛旅游也正是通过连锁经营的形式迅速扩展壮大的。

(四)坚持市场导向

准确的客源市场定位在度假区开发建设中具有引导和决定作用。海滨度假旅游市场既受空间距离制约,也受文化、心理等因素影响。各国注重细分市场,根据客源市场和规模确定开发建设战略,产品开发强调针对性和个性化。西班牙接待的国际游客90%来自欧洲,各度假地均有特定的目标群体,分别接待本国游客、欧洲其他国家游客,还有接待运动型、老年、青年和家庭度假者的度假区。针对欧洲富裕阶层喜爱私人游艇的特点,马略卡岛开发了多个游艇码头,共有2.3万个游艇泊位,停泊费每夜1000欧元,许多国家的王室成员、著名球星、影星、船王的私人游艇常年在此停泊。

第四节　海洋旅游区域协同发展案例研究

一、宁波—舟山海洋旅游协作发展基础

1.历史文化一脉相承

历史上舟山长期隶属宁波治辖,甬舟之间一衣带水、地缘相近、文化相

亲。舟山市与其毗邻城市宁波市有着深厚的历史渊源关系。在自然地理上,舟山群岛处在宁波以东的海域之内,定海区的佛渡岛距宁波市的梅山岛仅 3.6 千米,宁波是舟山与内陆之间的主要通道。从行政区划上看,舟山曾隶属于余姚郡、鄞县,至明代又隶属于宁波府管辖。直到清康熙二十三年(1684 年),才建立舟山总镇府。历史上,因为战争,舟山居民一次又一次地被强行内徙大陆(宁波、余姚一带)。直到清康熙二十三年舟山被遣岛民才陆续返回家园。宁波府属有鄞、慈溪、奉化、镇海、定海、象山、南田七县。1953 年定海单独分设成为舟山专区。1987 年经国务院批准,撤销舟山地区和定海、普陀 2 个县,成立舟山市。虽然宁波和舟山的行政区划变动频繁,但因两地居民相似的方言、相似的生活方式,以及相同的宗教信仰,两地文化、经济等方面一直保持着良好的交流和沟通。宁波和舟山基于海洋文化传统、工商文化传统、"崇尚柔慧,厚于滋味"的人文情怀形成的价值认同理念是一致的。企业家的创新精神植根于传统文化,而以传统文化的创新精神为源泉的企业家创新活动是促进地区经济发展的内在动力。这些共同的文化基础促进了两地之间的合作。

2.区域经济联系密切

宁波、舟山列为浙江海洋经济的核心区,是实现海陆联动的枢纽城市。2003 年,浙江省委省政府做出推进"宁波—舟山港"一体化的战略部署,以港口一体化为主线的区域统筹发展不断深化。同时浙东经济合作区的框架和实施机制逐渐成熟,宁波和舟山在港口管理、岸线利用及海陆产业联动方面取得了较大进展。其中,临港先进制造业、航运服务业、海洋渔业等海洋产业呈现集群化发展趋势,两地经济联系日益密切。

通过图 6-2 可知,相较于 1998 年,2011 年宁波与舟山之间的经济联系量显著提升,反映十多年来两座城市之间的经济联系在不断加强。经济联系量由 1998 年的 9.6 上升至 2011 年的 69.5,为两地区域旅游协调统筹发展提供了良好的条件。

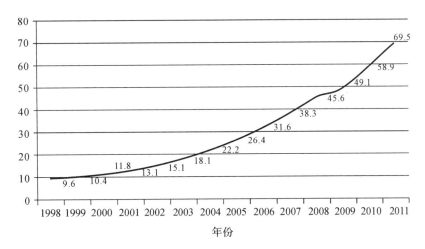

图 6-2　宁波与舟山间的经济联系量

注：数据来源为 2008—2012 年浙江省统计年鉴

3. 国家层面的统一规划

2011 年 3 月，国务院批复的《浙江海洋经济发展示范区规划》，将宁波、舟山列为浙江海洋经济的核心区。宁波和舟山作为浙江海洋经济发展核心区的地位得以确认，对两市的进一步合作发展提出了新要求。宁波市是国家计划单列市，城市骨架已经搭建完成；舟山作为国务院新批准的国家级新区，提出了"建成我国陆海统筹发展的先行区，打造海上花园城"的都市发展目标，可见浙江海洋经济的发展，既明确要求浙江以宁波、舟山两市为核心加速海洋都市区建设，又为整合两市之实力高起点创建世界海洋都市区提供了前所未有的战略机遇。

4. 便捷的旅游交通网络初步形成

目前，宁波—舟山港初步形成了包括铁路、高速公路、航空、水运在内的便捷的旅游交通网络。

铁路已建成连接宁波—绍兴—杭州的萧甬铁路和沿海铁路，规划中的铁路包括连接宁波—杭州—上海的沪杭甬客运专线高速铁路、连接宁波—嘉兴—上海的跨杭州湾铁路，以及连接宁波—金华—义乌的甬金铁路。

已建成的高速公路包括国家高速公路网沿海干线的沈海高速公路 G15、连接宁波—金华—义乌的甬金高速公路 G1512、连接宁波—杭州—上海的杭州湾环线高速公路 G92、连接镇海港区—金塘港区—老塘山港区—定海港区的甬舟高速公路 G9211、连接各条高速公路的宁波绕城高速公路 G1501，以及连接北仑港区—宁波绕城高速公路的大碶疏港高速公路 S1,规划中的高速公路包括连接金塘港区—北仑港区的金塘疏港高速公路 S1、连接高亭港区—沈家门港区的岱朱高速公路 S6、连接穿山港区—宁波绕城高速公路的穿山疏港高速公路 S20、连接六横港区—穿山港区的六横疏港高速公路 S21、连接穿山港区—甬台温高速公路的象山湾疏港高速公路 S22,以及连接石浦港区—甬台温复线高速公路的石浦疏港高速公路 S23。

航空交通包括宁波栎社国际机场和舟山朱家尖机场。

杭甬运河与全国的内河运输网络相连。

二、核心区海洋旅游产业发展现状

加快海洋旅游业发展对于培育宁波—舟山核心区海洋经济新的增长点、推进海洋经济建设、促进经济发展方式的转变与产业结构的全面升级、提升核心区域综合竞争力具有重大的战略意义。

(一)海洋旅游资源特征

宁波、舟山两市海域海岸线漫长、岛屿众多、海洋生物资源丰富、文化积淀深厚、特色鲜明等特点,为发展海洋旅游特别是海滨生态、度假休闲和观光旅游提供了良好的海滨自然生态环境和物质基础。按照《旅游资源分类、调查与评价》(GB/T18972—2003)分类标准,宁波和舟山两市拥有旅游资源单体总数 2925 个,优良级(三、四级)旅游资源单体数 565 个,特品级(五级)旅游资源单体数 44 个,详见表 6-2、表 6-3、表 6-4。

表 6-2 宁波舟山海洋旅游资源单体数量和储量丰度统计

地区	五级单体		四级单体		三级单体		二级单体		一级单体		无等级	全省等级单体	
	数量	储量	数量	储量	数量	储量	数量	储量	数量	储量	数量	数量	储量
宁波	27	270	63	441	298	1490	470	1410	1045	1045	0	1900	4656
舟山	17	170	49	343	155	775	369	1107	271	271	164	861	2666
合计	44	440	112	784	453	2265	839	2517	1315	1316	164	2761	7322
全省	252	2520	678	4746	2987	14935	6708	20127	9645	9645	856	20270	51973

资料来源:根据《2003 年浙江省旅游资源普查资料》,以及实地调研整理统计

表 6-3　宁波市各级旅游资源单体数量统计

类　型	五级	四级	三级	二级	一级	总计
地文类	2	5	32	27	77	143
水域类	1	4	15	24	42	86
生物类	0	1	10	39	90	140
气象类	0	0	1	1	3	5
遗址类	4	3	10	30	40	87
建筑类	13	38	190	296	716	1253
商品类	1	4	17	24	40	86
人文类	6	8	23	29	37	103
总计	27	63	298	470	1045	1903
所占比例	1.42	3.31	15.66	24.70	54.91	100

资料来源:根据《2003 年浙江省旅游资源普查资料》,以及实地调研整理统计

表 6-4　舟山市各级旅游资源单体数量统计

类　型	五级	四级	三级	二级	一级	总　计
地文类	3	13	42	94	75	227
水域类	0	2	10	12	4	28
生物类	0	1	3	6	6	16
气象类	1	0	3	4	4	12
遗址类	1	1	6	19	18	45
建筑类	9	18	58	183	148	416
商品类	1	6	7	28	7	49
人文类	2	7	25	23	8	65
总计	17	48	154	369	270	858
所占比例	1.98	5.60	17.95	43.01	31.47	100

资料来源:根据《2003 年浙江省旅游资源普查资料》,以及实地调研整理统计

(二)海洋旅游产品不断丰富

　　随着旅游产业融合步伐的加快和海洋旅游业的进一步提升,旅游者对海洋旅游产品的需求呈现多样化和个性化趋势,为顺应这一潮流,海洋旅游产品体系出现了结构性和阶段性的变化,逐步向文化内涵与深度挖掘方面

发展。传统的海洋观光休闲旅游产品开始向专题化旅游产品转化,海洋生态旅游、海岛度假旅游、海洋文化旅游、海洋探险旅游应运而生;静态的陈列形式的旅游项目开始向动态项目转化,出现了诸多如海洋游钓、帆船比赛、节庆参与等体验性旅游项目。在结构档次方面,积极培养以市场为导向的中高端海洋旅游产品,主要包括海洋游钓、游艇度假、豪华邮轮、海空旅游等,逐步打造形成高、中、低档多层次结合的海洋旅游产品结构体系,并积极创建精品海洋旅游区、精品海洋旅游产品品牌。另外,旅游企业在海洋旅游产品的供给方面也由被动式逐步向主动式、自助式转化,单一的旅游主题逐渐被多元化、个性化的旅游主题取代。

宁波、舟山两市利用自身特色优势,纷纷打造出了具有本地特色的海洋旅游产品体系,丰富了市场,适应了需求。

舟山拥有大小岛屿 1390 个,占全国的 1/5,也是我国最大的群岛,群岛旅游是舟山的一大特色。[①] 独有的海上观音道场、特色的海洋岛群、优质的生态环境、丰富多彩的海洋文化,加上地处我国规模最大的城市群和经济水平最发达的"长三角"这一地理区位,使舟山群岛不仅担当起浙江海洋经济区的核心角色,更成为我国重要的海洋旅游目的地。随着"舟山群岛"品牌营销模式的不断创新,旅游交通条件和接待设施的明显改善,旅游目的地管理体系的逐步完善,旅游发展保障的日趋健全,"大旅游"的格局初步形成。经初步统计,舟山目前已经累计开发 1000 多个旅游景点,经过几十年的建设发展,大众海钓游、海鲜美食游、度假会展游、海洋文化游、群岛海上游、岛村渔家游、禅修体验游、佛教文化游八大精品旅游项目已基本成型,海鲜美食文化节、海鲜大餐争霸赛、海鲜美食论坛等一系列活动推动了"中国海鲜之都"的品牌建设,沈家门海鲜夜排档获得了"中华美食名街"称号而晓誉国内外;秀山、朱家尖、泗礁、岱山本岛的海景房产项目已经启动,凤凰岛、砚瓦岛、徐公岛等岛上的私密型度假会所正逐步建成;朱家尖大青山国家公园、大平岗体育公园、嵊泗南长涂和基湖沙滩、朱家尖东沙、秀山等度假区及休闲项目建设进一步推进,国际游艇俱乐部、凤凰岛游艇基地的建设带动了游艇制造、维修等相关产业的发展;海洋文化大戏《印象普陀》、具有浓郁地方

---

① 陈韧,洪禾,胡爽,等.浅析无人海岛的开发现状及发展矛盾:以舟山地区为例[J].黑龙江科技信息,2009(34):125-126.

特色的渔俗戏《东海谣》和《东海水·渔家人》、祭海、"渔港秀"等系列文化旅游项目进一步充实了旅游产品体系;"南海观音慈航宝岛"邮轮旅游产品的启动,推进了对台邮轮直航;"普陀之星""群岛之旅""不肯去观音号"等游船的投入,形成了"短""精""特"的群岛环游线路;一个个具有"石墙青瓦"等典型海岛特征及浓郁渔农村特色的民宅群或村落的出现,显示精品特色渔农家乐产品的建设成效。截至2014年年底,舟山市共有各种形式的"渔家乐"休闲渔业基地50余家,其中全国休闲渔业示范基地3家(普陀白沙、嵊泗田岙、岱山田涂),省级休闲渔业示范基地19家(省级休闲渔业精品基地8家),市级休闲渔业示范基地25家;有省市级渔农家乐特色村31个。① 普陀山佛教文化旅游是舟山的一张闪亮的名片,这几年,舟山一方面依托普陀山佛教文化,精心打造禅修体验旅游品牌,开展坐禅、讲经、抄经活动,扩大了"千人禅""千人斋"品牌影响力,另一方面强化普陀山佛教文化的辐射力,举办了首届世界佛教论坛,打响了普陀山南海观音文化节和佛教用品博览会品牌,开发了舟山群岛朝佛之旅等旅游线路,加强了与国内外佛教文化的合作与交流。② 目前,以"海天佛国、海洋文化、海鲜美食、海滨休闲"为特色的海岛旅游已成为舟山市一大支柱产业。

宁波有着极为丰富而独特、多样化和大体量的旅游资源,作为我国重要的对外贸易口岸,宁波的商业文化历史悠久。这里有华东地区最大的自然港湾,有省级海洋风景名胜区松兰山,有省级海洋自然保护区韭山列岛;余姚河姆渡文化具有7000多年历史,象山半岛的海蚀地貌堪称东海一绝,慈溪的杭州湾沿岸滩涂为华东地区最大,北仑港工业区具有全球影响力,有着"大鱼池"美称的象山石浦渔港因充满地方特色和渔家风情而誉满全国;宁波美食名扬天下,经过创新的海鲜烹饪方法和海鲜美食享誉全球。经过几十年的精心打造,宁波已开发建设了慈溪杭州湾海洋游乐园、北仑洋沙山海滨浴场、镇海招宝山风景旅游区、镇海口海防遗址博物馆、象山黄金海岸度假村、中国渔村、石浦渔港、石浦老街、花岙岛石林风景区等项目,"中国开渔节""三月三踏沙滩"等一大批海洋旅游节庆活动也开展得如火如荼。随着海洋旅游业的不断发展,更有游艇、邮轮、海钓等新型旅游产品得到建设推

---

① 舟山休闲渔业 路在何方[N].舟山晚报,2015-2-10.
② 马丽卿,朱永猛.产业融合背景下的海洋旅游综合管理体制研究[M].北京:海洋出版社,2015:268-269.

广,满足了不同层次的市场需要。

(三)海洋旅游景区景点建设水平不断提高

海洋旅游景区景点是旅游业的主要吸引物,是旅游产业供给体系中的主要组成部分,其建设水平的高低是衡量该区域旅游业发展水平高低的一个重要指标。目前,核心区海洋旅游已初步形成以城市为核心,以国家级和省级旅游产业转型升级功能区为支撑的生产供给体系。截至目前,核心区拥有象山韭山列岛国家级海洋自然保护区,还有 3 个国家级风景名胜区、4 个国家级森林公园,5 个省级旅游度假区、5 个省级风景名胜区、2 个5A 级旅游区、29 个 4A 级国家旅游区,详见表 6-5。

表 6-5   核心区各类景点景区统计

类型	数量/个	景点景区
国家级海洋自然保护区	1	韭山列岛海洋自然保护区(象山)
国家级风景名胜区	3	普陀山风景名胜区 嵊泗列岛风景名胜区 雪窦山风景名胜区
国家级森林公园	4	天童国家森林公园(宁波) 溪口国家森林公园(奉化) 四明山国家森林公园(余姚) 双峰国家森林公园(余姚)
省级风景名胜区	5	东钱湖风景名胜区(宁波) 鸣鹤—上林湖风景名胜区(慈溪) 天童—五龙潭风景名胜区(宁波) 岱山风景名胜区(舟山) 桃花岛风景名胜区(舟山)
省级旅游度假区	5	宁波松兰山旅游度假区 东钱湖旅游度假区 镇海九龙湖省级旅游度假区 舟山群岛定海国际旅游度假区 舟山群岛普陀国际旅游度假区
5A 级旅游区	2	普陀山 溪口-滕头旅游区

续表

类型	数量/个	景点景区
4A级旅游区	29	天一阁博物馆、宁波海洋世界、老外滩、绿野山庄、保国寺古建筑博物馆、慈城古县城、凤凰山海港乐园、九峰山、九龙湖、招宝山、梁祝文化公园、天宫庄园、宁波博物馆、五龙潭、雅戈尔动物园、石浦渔港古城、象山影视城、中国渔村、宁海温泉、前童古镇、丹山赤水、天下玉苑风景区、慈溪大桥生态农庄、雅戈尔达蓬山、海天一洲、奉化黄贤海上长城、桃花岛、朱家尖、舟山国际水产城

资料来源:根据浙江省旅游局网站公布的资料整理而成

(四)接待设施和服务体系不断完善

海洋旅游的接待服务设施也具有较大规模。截至2014年,两地已拥有旅行社近450家;星级饭店近200家,以及大批社会饭店、家庭旅馆等接待设施,高、中、低档饭店呈现金字塔形布局,基本满足海洋旅游发展的需求。另外,各旅游区内的旅行社、旅游汽车公司、航运游船公司、旅游票务中心等服务体系也不断完备,已形成了"吃、住、行、游、购、娱"全方位的服务系统,详见图6-3、表6-6。[①]

表6-6 两市星级饭店规模结构情况 (单位:家)

滨海城市	5星	4星	3星	2星	1星	合计
宁波市	22	25	49	50	2	148
舟山市	1	7	22	15	0	45

(五)海洋旅游产业发展成绩喜人

海洋旅游在宁波、舟山海洋产业中一直都扮演着重要的角色,特别是近十年来更是得到了长足发展。浙江省旅游局统计数据显示,宁波、舟山两市,接待国内旅游者人次从2011年的7613.6万人次增加到2014年的10241万人次;国内旅游收入也从2011年的935.1亿元增加到2014年的1348.8亿元。在接待国外旅游者方面,接待人次则从2011年的135.1万人

---

① 浙江省旅游局.浙江旅游业发展报告2014[M].北京:中国旅游出版社,2015:35,40.

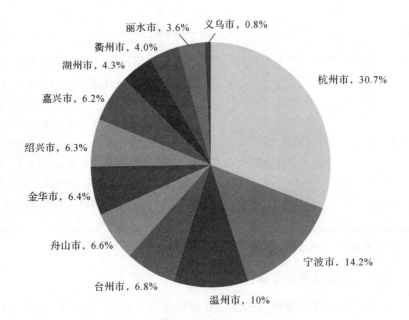

图 6-3　2014 年两市旅行社地区情况

次增加到 2014 年的 171.3 万人次；国外旅游收入也从 2011 年的 79609.2 万美元增加到 2014 年的 94059 万美元（见表 6-7、表 6-8）。

表 6-7　2011—2014 年两市国内旅游接待情况

城市	宁波				舟山			
指标	接待国内游客/万人次	同比/%	国内旅游收入/亿元	同比/%	接待国内游客/万人次	同比/%	国内旅游收入/亿元	同比/%
2014	6874.6	10.4	1020.3	12.8	3366.4	10.9	328.5	13.2
2013	6225.9	8.3	904.2	10.8	3035.9	10.8	290.2	13.0
2012	5748.3	11.0	816.4	15.2	2740.0	12.6	256.7	13.4
2011	5180.8	12.0	708.7	16.1	2432.8	15.1	226.4	17.7

资料来源：浙江省旅游局统计资料整理

表 6-8　2011—2014 年两市接待入境游客情况

城市	宁波				舟山			
指标	入境游客/万人次	同比/%	国际旅游（外汇）收入/万美元	同比/%	入境游客/万人次	同比/%	国际旅游（外汇）收入/万美元	同比/%
2014	139.7	9.7	77831.6	-1.1	31.6	0.1	16227.4	1.0

续表

城市	宁波				舟山			
2013	127.3	9.3	79656.3	8.2	31.5	1.6	16084.1	1.4
2012	116.2	8.2	73428.3	12.2	31.0	11.9	15864.9	12.2
2011	107.4	12.8	65471.9	10.9	27.7	8.1	14137.3	8.0

资料来源:浙江省旅游局统计资料整理

三、核心区海洋旅游产业发展的制约因素

(一)受自然因素制约大

由于江河入海,浙江沿海海水含沙量较高,水体浑浊,无法满足人们对海洋旅游"3S"的心理追求。根据《2016年宁波市海洋环境质量公报》,2016年,宁波海域海水中主要超标因子为无机氮和活性磷酸盐。夏季水质状况明显优于春、秋、冬三季。春季、夏季、秋季、冬季符合第一、二类海水水质标准的海域面积分别占宁波海域面积的7%、29%、16%和5%,劣于第四类海水水质标准的海域面积分别占宁波海域面积的49%、27%、63%和60%。海域水体中化学需氧量、石油类、铜、锌、镉、镉、汞、砷、六六六、滴滴涕含量符合第一类海水水质标准,pH、溶解氧、铅化学需氧量和铅含量符合第二类海水水质标准,活性磷酸盐和无机氮含量劣于第四类海水水质标准。与"十二五"期间夏季海水水质相比,2016年同期符合第一、二类海水水质标准的海域面积上升7百分点,劣于第四类海水水质标准的海域面积下降17百分点,水质状况总体有所好转。宁波近岸海域沉积物综合质量等级为良好,表层沉积物中各项指标均符合第一类海洋沉积物质量标准,与"十二五"期间相比,硫化物、有机碳、铜、铅和镉含量有所下降,石油类和砷含量有所上升,升幅为12%和30%,锌、铬、汞、六六六、滴滴涕、多氯联苯含量基本稳定。

根据《2016年舟山市海洋环境公报》,2016年舟山海域水环境质量总体好转,夏季海水质量相对最优,其次为秋季、春季、冬季。受长江、钱塘江等大江大河及杭州湾沿岸陆源排污所携带入海的大量氮、磷等污染物影响,水体主要超标因子为无机氮和活性磷酸盐。近岸海域富营养化程度较高。各站位的沉积物质量分级均为良好,沉积物质量综合评价为良好。共

鉴定出浮游植物 84 种、浮游动物 128 种、底栖生物 58 种。18 个监测的陆源入海排污口总体达标排放率为 38.9％,主要超标因子为化学需氧量、总磷、总氮、氨氮、悬浮物等,陆源入海排污口等级为 C 级、D 级和 E 级的比例分别占 5.6％、50.0％和 44.4％。4 个重点监测的陆源入海排污口邻近海域生态环境质量等级均为一般。朱家尖千沙海滩及邻近海域较为清洁。8 月全市近岸海域海洋功能区达标率为 34.5％,旅游休闲娱乐区、农渔业区(养殖区)、海洋保护区、特殊利用区(倾倒区)等主要海洋功能区环境质量总体良好,主要监测指标基本满足海洋功能区环境质量要求。舟山近岸海域共发现 10 次赤潮,其中 1 次为有害赤潮,累计面积 1630 平方千米,赤潮未对舟山市的近海养殖等产业造成影响。全年共发生风暴潮 4 次,灾害性海浪过程 9 次。

浙江地处亚热带,属亚热带季风性气候,冬夏冷暖变化大,海洋旅游淡旺季明显,造成旅游设施或超负荷运转或闲置不均,对旅游企业经济效益影响较大。台风、大雾等自然灾害性气候还直接威胁到旅游的安全和旅游业的正常发展。

(二)海洋旅游产品类同化,缺少创新性和延伸性

旅游产品是吸引游客的关键因素。从产品类型上看,宁波、舟山海洋旅游产品除传统观光产品外,已有了初级休闲度假产品、宗教旅游产品、海洋节事产品,但总体上看,依然缺乏创新性和延伸性产品;同时,强劲带动性的精品开发极少,产品附加值低。从产品特色上看,目前海洋旅游产品从项目论证到服务方式,趋同化现象十分严重,造成了游客分流和资源闲置。旅游产品开发的一项重要原则是突出特色,没有特色就没有旅游产品的吸引力和生命力。宁波、舟山海洋旅游资源虽然丰富,但沿海旅游目的地文化导向和文化主题定位不明确,忽视质朴、浪漫、亲和文化环境的营造,海洋文化外化过程中个性特征的缺乏,使海洋旅游产品停留在模仿、移植层面,产品体系难以满足多元化市场需求,更难适应国际海洋旅游潮流变化,实现较高的经济效益。

(三)高端项目及新型旅游业态发展滞后

高端旅游项目可以从两方面来理解:一是消费水平较高,即高档次旅游产品,如豪华观光游、商务旅游、海洋高尔夫、海钓、游艇、邮轮等。二是以体

验为核心的个性化要求较高的旅游产品,如探险猎奇、休闲度假、登山等。目前,浙江海洋旅游开发仍停留在传统的"3S"资源层面,项目特色不鲜明,资源价值未能充分体现,产品低端化,以现代科学技术支撑的特种旅游项目和海洋度假等高端项目开发严重滞后,新型旅游业态发展缺乏引导,游艇、邮轮、海钓、海洋高尔夫等项目缺乏相关政策和法规支持。再加上人们为了最大限度地利用海洋空间和资源,采取围海养殖、填海造陆等方式扩大海岛,不仅破坏了海岛生态系统,也影响了海洋旅游的环境。

(四)海陆交通集散和岛际交通连接成为发展瓶颈

交通问题一直是限制海洋旅游区发展的瓶颈。近年来,随着一系列高速公路和连岛大桥的竣工,海洋旅游交通取得较大进展,但仍不能完全满足旅游业蓬勃发展的需要,海陆交通集散和岛际交通连接是进一步提升发展的瓶颈。首先,岛际连接交通条件差,无法构成以某个海岛为中心的区域性旅游网络。虽然一些岛屿与大陆交通已连接成网,但岛屿之间的交通连接依然落后,运力不足、航速缓慢,交通工具的美观性、舒适性和安全性差,不能满足旅游交通要求。其次,海陆交通集散功能亟须提高。随着各连岛工程的建成,海岛成为众多自驾车游客的旅游目的地,但城市原有空间布局的局限,使得岛城旅游交通集散能力不足,旅游车辆进出、游客换乘机制不健全,影响了海洋旅游目的地形象和品牌的提升。

(五)缺乏国际视野和高层次的产业战略定位

首先,缺乏国际一流产品和景区。海洋旅游产业发展主要依赖于丰富的海洋旅游资源,浙江海洋旅游资源数量虽多,门类虽齐,但却缺乏垄断型稀缺资源。因此,核心区要建成国际一流的海洋旅游区和海洋旅游产品尚待时日。其次,海洋旅游产业定位过低,缺乏将海洋旅游作为区域主导产业做强做大的战略定位,旅游乘数效应不够显著,小旅游未及时转入大旅游。

四、核心区海洋旅游产业协同发展的基本思路

区域旅游一体化,本质上是在一定区域内建立统一的市场规则与秩序,实现旅游资本、信息、企业、服务、旅游者和从业人员等要素按照市场规律在区域内自由流动和优化配置,促进区域旅游经济的协同发展。市场在旅游

资源配置中的决定性作用,集中体现在客源市场对其他旅游市场资源配置的主导作用。① 旅游区域一体化的关键是区域内外的客源市场能自由、通畅、便捷地多向流通,实现市场共享。结合国内外海洋旅游发达区域的经验,我们提出了宁波—舟山海洋旅游发展的基本思路。

(一)海洋旅游产业协同发展的原则

区域旅游合作的原则,既要体现合作的优越性,吸引各地参加合作,又要规范合作各方的权利与义务,约束合作各方的行为。

1.系统原则

从系统论的角度看,旅游活动及其引发的旅游经济是一个由许多子系统构成的复杂巨系统。海洋旅游业作为复杂巨系统,同样涵盖旅游业的全要素,具有自身的体系结构。同时,由于旅游业具有很强的关联性和综合性,海洋旅游管理必须将旅游管理的主体、旅游管理的客体,以及旅游经营实践作为一个完整的系统,实施系统化的全要素管理,强化旅游管理部门的综合职能与权限,在综合协调的基础上,以实现海洋旅游综合管理的整理优化和提高。否则,就会破坏海洋旅游综合管理的整体性与权威性,造成海洋旅游实践中的管理漏洞和非协调现象的出现,影响整个旅游活动的顺利进行。

2.海陆联动原则

按照国民经济总体规划,加强陆域经济和海域经济的联动发展,构建大海洋经济圈,实现陆海之间资源互补、产业互动、布局互联,平衡发展。把海洋资源优势、市场优势、资本优势和陆地综合优势、先发优势结合起来,以陆域城镇旅游支撑海岸海岛旅游发展,以海洋旅游促进陆域旅游提升发展。

3.坚持开放合作

立足于亚太地区重要的国际化门户城市的有利位置,以建设国内外特色鲜明的海洋旅游目的地与浙江省海洋旅游协调发展的示范区为目标,充分利用国际国内两个市场,注重内引外联和外向发展,打破行政区域的束缚,增强两市各区县的分工合作,逐步建立和推进与省内温州、台州、嘉兴等海洋城市、与长三角和国内外海洋城市之间在旅游开发、旅游投资、旅游管理、客源市场、交通信息等方面的多种形式的互利合作关系。

---

① 王兴斌.市场导向是区域旅游一体化的根本指向[N].中国青年报,2014-5-30.

4.产业融合原则

推动涉海产业的旅游发展,积极探索海洋旅游与相关产业融合发展的有效途径,促进海洋旅游与文化、体育、科技、生态、制造等相关产业的融合发展,加快推动"智慧旅游"在海洋旅游发展中的应用,改造提升传统海洋观光产品,培育壮大海洋休闲度假产品,增强海洋旅游促进相关产业发展的作用,促进海洋旅游从投资拉动向消费驱动转变,从粗放型向集约型转变,形成海洋旅游的特色竞争力。

5.综合效益原则

旅游业作为一项综合性、经济性产业,其本身追求的就是旅游效益,其不仅包括经济效益,还包括社会效益与环境效益等。在传统的政府主导的旅游行政管理模式下,旅游行政管理机关很少关注旅游成本的投入与产出比,以及其他部门或社会的整体利益,而仅仅是重视其地区或部门旅游发展的经济效益,忽视了旅游发展的社会效益和环境效益。海洋旅游的发展要求通过有效的管理,以最低的投入,取得旅游活动的经济效益、社会效益和环境效益的最大化。这就要求在旅游效益性原则的管理监督下,建立有效的评估机制。

(二)海洋旅游产业协同发展的思路

1. 海洋旅游产业协同发展战略定位

通过扩大海洋旅游产业规模,提升海洋旅游产业效益,提高海洋旅游对区域海洋经济的贡献,促进海洋经济增长方式转变,使海洋旅游成为核心区海洋经济发展中最具活力的支柱产业之一。把宁波—舟山核心区建设成为国内外特色鲜明的海洋旅游目的地、浙江省旅游产业创新发展的重要引擎、浙江省海洋旅游协调发展的示范区,以及建设海洋经济强省的生力军。

(1)国内外特色鲜明的海洋旅游目的地

依托宁波东方大港、海丝之路重要起碇港、舟山观音文化的国际影响力,充分利用中国经济迅猛发展、中国悠久历史文化的战略优势,打造一批具有国际影响力的海洋旅游品牌,扩大与重点国际客源市场的双向合作,开拓入境旅游海上航线,推进国际化海洋旅游交流平台建设,将宁波—舟山海洋旅游产业区打造成国内外特色鲜明的海洋旅游目的地。

(2)浙江省旅游产业创新发展的重要引擎

以国内外特色鲜明的海洋旅游目的地为标杆,创新海洋旅游发展理念、产品形式、开发模式、营销模式,引领浙江旅游产业转型发展、创新发展,提升浙江旅游业的整体品质与区域吸引力,发挥核心区的带动引领作用。

(3)浙江省海洋旅游协调发展的示范区

积极探索,先行先试,在海洋产业协调互动、海洋区域联动合作、海洋资源环境有效保护、海洋居民主动参与和利益保障等方面率先取得突破,积累经验,形成示范。

(4)建设海洋经济强省的生力军

壮大海洋旅游产业规模,提升产业品质,完善产业链,形成产业优势,并与其他产业良性互动、协调发展,共同构筑浙江省海洋产业体系,为浙江省建设海洋经济强省提供有力支撑。

2.构建"1+2+2+n"海洋旅游产业空间格局

打破行政区域的限制,优化区域海洋旅游产业空间布局。重点规划建设"1+2+2+n"海洋旅游产业格局(详见表6-9)。即,1——一圈:核心区滨海旅游建设圈。2——双核:宁波城市滨海旅游产业核、舟山滨海旅游产业核。2——两轴:核心区北滨海旅游产业发展轴、核心区南滨海旅游产业发展轴。n——n 板块:依托核心区中心城市或岛屿,形成多个各具特色的滨海旅游产业板块。

表6-9 核心区滨海旅游产业发展空间布局

区域名称		区域范围	发展重点
一圈	核心区滨海旅游建设圈	以海域、海岛及其依托城市为核心	重点发展以城镇、海岛、滨海、滨湖和山地为依托的都市休闲、商务会展、生态休闲、文化休闲、海洋海岛休闲等旅游产品,培育和发展高端休闲度假和娱乐旅游产品
双核	宁波城市滨海旅游产业核	宁波中心城区	重点发展滨海都市旅游产品、旅游集散、文化会展、海洋文化演艺、智慧滨海旅游工程和滨海旅游中介信息服务业;加快"三江六岸"旅游资源开发,积极发展内河游艇项目和海上丝绸之路文化旅游,积极引进和举办海洋经济论坛等各类节事会展活动
	舟山滨海旅游产业核	舟山普陀山、朱家尖、沈家门区域	重点打造集"休闲度假、禅修体验、生态养生"等功能于一体的普陀"金三角"旅游综合体;巩固以进山礼佛为主题的朝圣旅游和观光旅游等传统产品,同时丰富以养生禅修为主题的佛教文化休闲旅游产品;围绕沈家门渔港,挖掘海鲜美食文化和海洋民俗文化;以朱家尖为核心,开发邮轮、游艇、高尔夫等新业态、新产品

续表

区域名称		区域范围	发展重点
两轴	核心区北滨海旅游产业发展轴	杭州湾新区—宁波临港产业带—北仑中部城区—金塘岛—舟山本岛西北部—岱山岛滨海旅游发展轴	重点发展与滨海农业园区、工业园区、海洋湿地科考、文化场馆、文化活动、海防人文历史等深度结合的康体养生和休闲度假产品、海洋观光产品、海洋文化旅游产品,着力完善北翼旅游接待服务功能,打造人与自然和谐相处的滨海旅游综合接待服务区
	核心区南滨海旅游产业发展轴	舟山本岛南部—普陀山—朱家尖—桃花岛—虾峙岛—六横岛—宁波滨海新城—象山新城岛滨海旅游发展轴	重点围绕不老(长寿)、武侠、爱情、水上运动、休闲度假等主题,对各岛屿、港湾进行高起点、高品质开发,打造"一地一主题、一岛一特色"特色旅游产品、休闲度假旅游产品,开发互动体验项目,形成滨海度假旅游、渔村休闲旅游、海岛生态旅游、海鲜美食旅游等海洋旅游产品体系
n板块			依托核心区城市、乡镇、岛屿,形成多个各具特色的滨海旅游发展板块,主要包括慈城、泗门、西店、石浦、梅山岛、檀头山岛、花岙岛、渔山岛、韭山列岛、集士港、溪口、观海卫、大榭岛、虾峙岛、长途岛、洋山岛、瞿山岛、普陀山、朱家尖、桃花岛、嵊泗列岛、岱山各岛、东极岛等

3. 构建多元化的海洋旅游产品体系

结合海洋旅游业发展现状及打造国内外特色鲜明的海洋旅游目的地的发展目标,建立多元化而又富有核心区地域特色的海洋旅游产品体系,顺应当今海洋旅游的发展趋势。浙江省人民政府印发的《浙江海洋经济发展"822"行动计划(2013—2017)》明确指出:"积极打造海洋精品旅游线路,深化海洋旅游管理体制改革,争取实施更开放、更便利的出入境管理政策。重点发展邮轮旅游、游艇旅游、人造海滩、高端度假岛等四大高端门类,以及慢生活休闲体验、海洋运动休闲、养生养老休闲度假、旅游营地休闲、海钓休闲、人造碧海金沙、旅游演艺、低空旅游、游轮巡游、海洋主题公园休闲等十大产品。"依据《行动计划》的精神,未来核心区将重点构建以下九大海洋旅游产品体系。

(1)海洋观光旅游

面向省内周末休闲市场、省内外大众观光市场,发展多元化的海洋观光产品。

将海洋地区秀丽的自然地质、地貌、水文景观、多元的文化景观、多样的生物资源和现代城市景观、产业景观合理组合利用,形成形式多样、内涵丰富、格调雅致的复合型海洋观光旅游产品,打造核心区沿海蓝色观光走廊。

加快海洋地区的绿道建设,完善绿道的旅游基础设施与旅游服务设施,使之成为海洋地区具有休闲、观光、运动等多种功能的旅游新空间;通过城市绿道连接海洋城市相关景区景点,通过区域绿道串联海洋地区不同城市的旅游景区景点,构建以绿道为依托的海洋旅游休闲观光空间网络。

(2)海洋休闲旅游

充分发挥宁波—舟山海洋气候环境宜人的优势,在部分海水沙滩条件较好的区域新建部分海滨浴场;对现有的海滨浴场进行整饬、改建和扩建,提高海滨浴场的档次和经营水平。增加海滩的活动内容,在面积大、坡度缓、安全系数高的海滩开发活力海滩旅游项目,适应游客追求放松、享受自然、愉悦自我的心理需求。

选择具有当地渔村民居特色的住宿条件较为良好的渔户住宅,整治、美化外部环境,完善改造内部设施,开发"渔家乐"旅游产品。设计类型丰富的垂钓产品以满足垂钓爱好者的不同需要。依托海上养殖基地,开发集观光、游览、科普于一体的"海上渔乐城"系列旅游产品。

(3)海洋度假旅游

提升现有海洋度假区的品质,新建一批满足国内海洋度假市场需求的度假区。选定若干资源和市场兼优的地区,进行高品质、高标准的整体开发建设,建设集观光、度假、休闲、养生、商务、会议于一体的国际海洋旅游度假区,建设中国海洋度假生活示范中心,满足游客休闲度假需求。

依托优越的景观资源,充分发挥客源市场优势,重点面向长三角地区高端家庭休闲度假市场和商务会议市场,打造一批具有国际水准的大型高端度假酒店与商务会议度假酒店。依托游艇、高尔夫、温泉等特色资源或旅游产品,积极打造游艇酒店、高尔夫酒店、温泉度假酒店、文化艺术酒店等各类主题酒店。在条件优越的地区形成若干国际级度假酒店群。强化海洋酒店的度假目的地功能,使之不仅仅作为一种旅游配套设施和附属设施,更作为海洋旅游的一种特色产品、一种特殊旅游目的地。

充分利用海洋地区丰富的海水资源、温泉资源、泥浴泥疗资源、生态资源,提炼和整合中国传统医疗养生文化的精华,融合世界其他国家和地区的康体保健方法,将传统养生精华与海洋疗养相结合,引进先进的康体设施,进行专业经营管理,建设富有核心区特色的养生基地,丰富海洋疗养产品结构,满足游客日益增长的疗养需求,把海洋养生度假发展成为在国内外有一定影响力的品牌。

(4)海洋运动旅游

根据年轻游客追求速度、挑战自我的心理需求,利用核心区海洋、海岛区域自然环境的多样性,开展海钓、帆船、帆板、海上高尔夫、摩托艇、水上摩托车、滑水、水上拖拽伞、皮划艇、潜水等海上运动,满足现代旅游者的多元化旅游需求。

1)海钓:划定海钓重点区域,保护海钓资源;鼓励成立海钓俱乐部;同步促进休闲海钓和专业海钓的发展。根据自然条件,以下区域为重点海钓区:渔山岛、檀头山岛、花岙岛、梅山岛、强蛟群岛、松兰山、嵊泗列岛、东极岛、桃花岛、朱家尖、白沙、秀山、大长涂岛以东小岛等。

2)帆船:鼓励在条件许可的海滨沙滩度假区开展帆船运动,成立帆船俱乐部、帆船队,举办帆船竞技比赛。

3)高尔夫:突出海岛高尔夫特色,建设海洋型、全岛型高尔夫;因地制宜开发新型高尔夫,如滩涂湿地高尔夫。高尔夫主要在大岛上布局;严格控制高尔夫球场的总量和规模,鼓励小型球场和迷你球场;高尔夫球场项目不应过多改变地貌形态和海岸状况,必须经审慎论证和严格的环境影响评价后才能上马;尽量减少对当地居民生产生活的影响。规划建议高尔夫球场主要布局在以下地区:象山大目湾新城、朱家尖西部山麓平原地区、桃花岛、登步岛、悬鹉鸪山、长峙岛、马目半岛、岱山岛等。

4)沙滩和海岛体育运动:以海滨度假村为基地开展沙滩及近海体育运动,包括沙滩排球、沙滩足球、沙滩车、摩托艇、热气球、拖拽伞等,因地制宜开展创新性休闲运动。发展富有海岛特色的体育运动,如海岛自行车、海岛探险、海岛极限运动等。

(5)海洋文化旅游

挖掘海洋地区独特的民俗文化资源,形成旅游观光产品,吸引游客深入细致地了解当地的民风民俗,体味海洋文化的独到之处。

依托海洋文化产业发展,加强海洋民俗文化与现代海洋文化的结合,进一步增加娱乐休闲服务供给,促进海洋文化、海洋知识的传播,推动发展海洋民俗文化休闲,促进核心区海洋旅游焕发出新的文化活力,使文化娱乐成为海洋旅游发展的新亮点,成为传承地方海洋文明的重要载体。依托海洋城镇和海岸乡村,发展酒吧、茶庄、夜店等交友消费场所和特色娱乐休闲街区,丰富旅游活动内容;举办丰富多彩的海洋文化节事活动,形成参与性强、特色突出、管理规范、服务功能完善的文化娱乐节事体系。整合观音、妈祖等宗教文化,开发宗教体验产品,如宗教修学旅游等。进一步提升《印象·普陀》大型实景演出的文化内涵,深入挖掘特色地域文化,积极开发多种形式的海洋旅游文化演出活动,鼓励、支持和引导各类文艺演出团体,积极参与和投入海洋文化演艺事业当中,创作出更多更好的具有本土特色的海洋文化剧目,带动海洋旅游品牌剧场发展,形成核心区海洋旅游的新特色。

(6)海洋节庆旅游

依托丰富的历史文化资源,培育形成若干大型民俗节庆活动及定期的商务会展、博览会等特色活动,打造有影响力的节庆旅游品牌,增加海洋旅游的产品特色,使节庆活动成为宁波—舟山海洋旅游的特色与新的经济增长点。核心区需要对现有海洋文化节庆资源进行整合,合力打造中国海洋文化节、中国开渔节、中国港口文化节、中国普陀山南海观音文化节、朱家尖国际沙雕艺术节五大节庆品牌。

1)中国海洋文化节。中国海洋文化节最早由岱山县人民政府举办,2009年起上升为国家海洋局和浙江省人民政府共同主办的大型文化节庆活动。2013年,经国务院正式批准,中国海洋文化节成为由文化部、国家海洋局、国家旅游局和浙江省人民政府共同主办的我国大型海洋文化节庆活动。今后,中国海洋文化节应抓住有利时机,在提高民众参与度的同时,加强与国内外研究机构的合作,提升论坛的学术层次,努力朝打造国际知名节庆品牌方向发展。

2)中国(象山)开渔节。中国开渔节是重要的海洋信俗文化节庆,为提升影响力,应进一步整合宁波地区的宁海长街蛏子节、宁海时尚海钓节、象山海涂节、象山国际海钓节、象山海鲜美食节,以及舟山地区的嵊泗贻贝文化节、沈家门渔港国际民间民俗大会、中国舟山海鲜美食文化节、舟山渔民画艺术节,形成规模效应,全方位展示核心区丰富多彩的海洋信俗与饮食文化,扩大在海内外的影响。

3)中国港口文化节。核心区港口历史悠久,港口文化遗产丰厚。今后,港口文化节庆活动应依托宁波港(北仑港、象山港、镇海港)、舟山港(岱山岛、秀山岛、虾峙岛、六横岛)等有形载体,整合现有中国宁波国际港口文化节、中国海上丝绸之路文化节、外滩文化节等各种节庆活动,展现核心区港口在中外文化交流史上的历史地位,以及港口在推动当代经济社会发展中的作用,充分展示港口文化的魅力。

4)中国普陀山南海观音文化节。中国普陀山南海观音文化节是以"自在人生·慈悲情怀"为主题,以"弘扬观音精神,传播观音文化"为理念,致力于打造普陀山佛教文化的节庆活动。自2003年起,经过十几年的发展,已成为国内有较大影响的海洋宗教节庆活动。为了做大做强这一富有特色的节庆活动,需要加强对观音文化内涵的挖掘,同时以普陀山深厚的观音文化为依托,整合"中国(奉化)雪窦山弥勒文化节""普陀山之春""普陀三大香会节"等同类节庆资源,扩大"东南佛国"在海内外的影响,将观音文化节打造成为具有国际影响的佛教文化节庆品牌。

5)朱家尖国际沙雕艺术节。朱家尖国际沙雕艺术节首创我国沙雕艺术和旅游活动结合的先河,自1999年举办以来,经过十多年的创新发展,沙雕艺术节的运作模式已日趋成熟,每年吸引着数十万游客前来观摩沙雕作品,品味沙雕文化,领略海岛风情,初步形成了国内沙雕看舟山的品牌格局。今后,需要加强沙雕文化会所的建设,加强与国际沙雕界的合作,使舟山沙雕节更上一层楼,成为具有国际影响的知名品牌。

(7)特色海岛旅游

立足丰富的岛屿资源,以市场为导向,针对细分市场提供多样化的产品,构建以休闲度假产品为核心,以观光旅游产品为重点,专项旅游产品为特色的复合型、多元化海岛旅游产品体系,以高品质的海岛旅游提升海洋旅游的整体形象,打造"浪漫海岛、度假天堂"海岛旅游品牌。

加快岱山岛、登步岛、蚂蚁岛、东极岛、嵊山岛、渔山岛、檀头山岛和花岙岛等岛屿的开发,建设三岛相互连通的海上交通系统,形成功能互补、相互支撑的象山海岛娱乐休闲旅游景区。积极筹划海洋地质公园、海上森林公园、海上牧场等生态型海洋旅游产品开发,研究规划大型海洋文化公园、海洋艺术公园、海洋运动公园等新业态组合的创新产品。依托嵊泗马鞍列岛、普陀中街山列岛、韭山列岛等国家级海洋保护区和具备条件的部分无人生态小岛,积极发展生态科考、生态学习教育、生态体验的科普教育岛。适度建设可供游人进入的道路和码头设施,增强旅游资源的可进入性。严格控制各类接待服务设施的数量、规模和建设强度,控制游人数量。依托核心区近海岛屿,以渔家乐、休闲渔业、文艺采风、旅居避暑、海上娱乐、潜海科考等形式,开发多样化海洋生活体验产品,不断增强海岛的民俗文化氛围,提升全市海洋旅游吸引力。

(8)游艇、邮轮旅游

1)游艇旅游。大力发展游艇旅游业,积极延伸游艇旅游上下游关联产业,把游艇旅游发展成为海洋旅游的特色,将核心区建设成为在国内有一定知名度的海洋游艇休闲度假旅游目的地。依托朱家尖、西岙国际邮轮码头、北仑海洋新城、大目湾新城、宁海湾旅游度假区、阳光海湾和半边山旅游度假区的建设,积极发展以游艇基地为核心的海洋度假功能区。强化基地与国外市场的联系与合作,逐渐形成全球知名的品牌效应,积极推进以游艇旅游为核心的游艇消费,构建集生产、服务、经营为一体的游艇旅游产业集群。核心区根据自身资源、区位,以及发展基础的不同,确定不同的旅游目标市场,开发差异性旅游产品,形成自己的特色。

2)邮轮旅游。伴随着舟山群岛国际邮轮港开港,以及宁波梅山邮轮母港规划建设的契机,借鉴世界主要邮轮母港和停靠港的经验,研究核心区发展邮轮经济的基础条件并开展邮轮停靠港的选址论证工作。全面发展具有邮轮接待、保税购物、休闲娱乐等服务功能,集海陆空交通服务和紧急救援系统于一体的海洋旅游重要门户区。吸引国际主要邮轮公司把宁波、舟山作为母港停泊地,让核心区海洋旅游进入国际主流邮轮航线。吸引邮轮公司在核心区设立办事处,旅游部门促进经营邮轮业务的企业甚至个人成立邮轮旅行社,制定专门用于发展邮轮业务的政策和措施,全方位地推动邮轮产业的发展。

(9)海洋低空旅游

宁波—舟山独特的地缘、地貌、气候,以及海岛、海洋、沙滩等众多优良资源给核心区建设水上飞机旅游等低空旅游项目及其综合开发提供了得天独厚的区位和环境优势。

1)海洋低空旅游产业试验区。通过建设海洋低空运动中心、国际水上飞机中心、直升机旅游基地,全面构建低空观光、节事会展等旅游产品体系,探索低空旅游运行机制,简化工作程序,为我国加快低空空域管理改革和低空旅游发展提供理论依据和实验参考,建设全国低空旅游示范区和国家级航空旅游产业试验区。

2)长三角低空旅游总部基地。通过核心区低空旅游发展,在低空公务、商务、娱乐、休闲等领域的多样化配套功能满足长三角旅游市场的需求,通过打造海陆空立体化的旅游产业体系,建设长三角低空旅游总部基地,最终使核心区发展成为国内具有影响力的低空旅游胜地。

4. 实现舟山—宁波海洋旅游形象协同

旅游产品的不可移动性决定了旅游产品必定依赖形象的传播,才能诱发旅游动机。区域旅游合作要求塑造整体旅游形象,树立品牌营销、市场协同的观念,将区域整体形象作为旅游吸引因素来推动市场。因为丰满的旅游形象可以增加目标市场的过滤内容,提高对舟山—宁波海洋旅游的认知概率。

通过对舟山—宁波海洋旅游的地理文脉(或称"地格")的梳理和分析,其主要体现出"海、岛、佛、港、商、渔"等方面的特色,对舟山—宁波海洋的自然条件、历史文化、资源优势进行整合,结合海内外客源市场对舟山—宁波海洋旅游已有的感知形象,如观音道场——普陀山、东方大港——北仑港、千岛之城——舟山、弥勒道场——奉化雪窦山、海上丝绸之路始发港——宁波、蒋氏故里——奉化溪口等,舟山—宁波海洋旅游的整体形象应为"中国海洋休闲旅游黄金海岸带"。其核心理念的一级理念为:"中国渔都,海天佛国";二级理念为:"中国区位最佳的海洋旅游休闲带""长三角品位最高的海洋旅游休闲带""浙江东海——中国地中海";三级理念为:"安宁之海,柔情之湾,生命(或仙境)之岛"。舟山—宁波海洋旅游在对外宣传促销时,两地要围绕整体形象做文章,在不同层级理念的支持下设计不同的宣传口号,最终实现舟山—宁波海洋旅游目的地形象认知度、美誉度的整体提升。

五、核心区海洋旅游产业协同发展的保障措施

(一)制定积极的产业扶持与促进政策

1. 加强海洋旅游产业体系建设

按照大旅游、大市场的发展理念,推进同业集聚和产业协作,完善海洋旅游产业体系,延长旅游产业链,重点扶持重大海洋旅游项目、海洋旅游龙头企业、精品海洋旅游线路和具有广阔前景的海洋旅游新产品。

2.创新旅游生产经营模式

鼓励海洋旅游景区加强与关联企业合作,推进海洋旅游景区投资经营多元化。支持海洋旅游景区品牌化经营,提升管理服务质量。培育壮大旅游房车、邮轮、游艇制造和高尔夫用品、旅游保健防护用品、特殊海洋旅游用品等生产企业,支持建设旅游制造业基地。推进旅游生产营销的规模化,完善旅游产品交易市场,发展旅游电子商务,推进旅游信息化进程。

3.加大财政扶持力度

在国家海洋经济示范区规划建设期间,充分发挥各级财政安排的旅游产业园区竞争性扶持资金等资金的引导作用,择优扶持纳入海洋经济综合试验示范区的示范性旅游产业园,以及战略性重大海洋旅游项目基础设施和旅游公共服务设施建设。沿海市、县要统筹财力,切实加大对本地海洋旅游发展的资金支持。

拓宽海洋旅游企业融资渠道,完善金融扶持政策。争取加大金融机构对符合条件的海洋旅游企业和项目的信贷支持,扶持海洋旅游企业做大做强,推动知名旅游品牌和精品线路建设。各级财政每年安排的农村劳动力培训转移及促进就业专项资金,可按规定用于海洋旅游行业人才培训。

(二)加强规划的实施管理

1.加强组织领导

核心区两市,以及沿海各县市政府要把发展海洋旅游摆上重要议事日程,加强领导,统筹协调,建立健全工作机制,研究制订实施方案,明确工作分工,切实推动本地区海洋旅游科学发展。建立宁波—舟山海洋旅游发展协调小组,全面加强对海洋旅游发展的指导和协调作用,各地其他职能部门要按照各自职能分工,各司其职,相互配合,形成推动海洋旅游发展的强大合力。

2.加强监督检查

宁波—舟山海洋旅游发展协调小组要根据总体规划制定海洋旅游规划实施方案,分解目标任务,明确责任分工,建立考核制度,切实加强对海洋旅游发展重大决策、重大项目及配套政策执行情况的督促检查,定期通报进展情况,确保工作目标实现。

3.加大宣传力度

充分发挥新闻媒体和宣传媒介的作用,加大对总体规划的宣传解读,加大建设海洋经济强省和发展海洋旅游的宣传力度,提高全社会的海洋意识与旅游意识,充分调动全社会参与海洋旅游发展与海洋经济建设的积极性,营造共同推动海洋旅游发展的良好氛围。

(三)不断拓展两地协作发展空间

坚持优势互补、共同开发、互利共赢、促进融合的方针,深化完善宁波—舟山旅游合作机制,按照"市场主导、风险分担、互利共赢"的原则,以资产运营为纽带,建立宁波—舟山海洋旅游合作协调小组,不断创新完善合作模式和机制,拓展协作发展空间。

一要共树品牌,根据各自旅游资源及客源市场特点,共同打造现代都市、海洋和佛教旅游等区域品牌,以溪口、普陀山等为重点推出佛教朝拜游产品;以桥、海、湖、港和海鲜美食、休闲娱乐为内容推出海洋休闲游产品,树立主题鲜明的浙东佛教、海洋休闲旅游品牌。

二要市场共推,适时组建两地景区联盟,设计推出多种组合形式的景区套票,捆绑销售两地景区产品,建立主要景区之间互动联络机制。积极探索两地居民享受同城市民待遇等。通过资源组合、市场结合的方式,加强与长三角地区各大城市的联动。同时,要借助国家海洋经济示范区建设、舟山连岛大桥、象山半岛大桥开通的契机,把握桥、佛、海、港四个核心共办活动,以旅游活动为载体,通过节庆、会展、论坛等形式展现两地的民俗、文化和旅游资源,把更多的外地游客吸引到舟山、宁波两地,不断拓展市场规模。

三要信息共享,定期交流旅游信息,交换旅游市场资讯,及时通报重要旅游事项,联合处置涉及彼此游客的旅游突发事件等。

四要积极推动两地旅游交通一体化,支持两地旅游集散服务中心互通旅游班车,对进入对方旅游集散服务中心的旅游班车,提供同城车辆待遇。开发旅游集散服务中心联网售票系统,互相提供对方城市酒店、餐饮、交通、景区门票预订服务。

五要积极参与上海"两个中心"建设,主动融入长三角海洋旅游圈的建设发展,加强同海峡西岸、山东沿海、环渤海湾、珠三角及海南省等区域的旅游协作,推动建立产品—市场战略合作关系,形成沿海游船游艇对接与协调机制,加强与我国港澳台地区及日本、韩国、东南亚地区著名海洋旅游城市国家的跨区域战略合作。

（四）构筑多元化投融资格局

借鉴国外海洋旅游度假区旅游开发的成功经验,深化旅游投融资体制改革,充分发挥市场的基础性作用,在政府主导下,积极创造条件,扩大旅游投融资渠道,建立投资方式多元化、资金来源多渠道的投融资格局。

重视对海洋旅游业的导向性投入。深化海洋旅游基础设施投资机制改革,制定鼓励外资和民间资本介入海洋旅游基础设施建设的政策,鼓励和支持旅游基础设施建设的BOT投融资模式。

消除市场分割,建立旅游市场准入机制,鼓励和吸引国内外企业特别是民营企业参与海洋旅游开发,鼓励相关产业向海洋旅游业延伸。加大招商引资力度,出台融资、用电、用水等方面的倾斜政策,鼓励支持外资、社会资金投资开发旅游业,形成多形式、多元化的海洋旅游发展体系。

创新投融资体制,大力引进外资、社会资金投资开发大型海洋旅游项目,集中财力打造一批4A、5A级景区等旅游精品项目,鼓励景区规范化管理,通过精品景区打造经典旅游线路。推行"优质旅游联盟"计划,实行旅游奖励,促进旅游企业核心竞争力提升,推动优质旅行社、景区景点、酒店等旅游企业互促互动发展。

（五）提供有力的用地与用海保障

1.海洋旅游用地支持

对列入旅游业发展规划的重大海洋旅游建设项目和生态旅游项目用地给予支持;对海洋旅游重大项目的建设用地探索采取土地租赁等灵活多样的供应方式。积极推进集体建设用地使用权流转,如根据有关公开交易的程序和办法,通过出让、租赁、转让、转租等方式依法取得的集体建设用地,可用于建设开发旅游项目。

2.完善海洋旅游用海政策

按照《中华人民共和国物权法》确定的海域使用权物权属性,推进海洋旅游项目用海凭海域使用权证按程序办理工程建设手续试点。推进建立海域使用并联审核机制,实施项目用海的海域使用论证、环境影响评价、防洪影响评价等同时进行,简化海域使用审批程序。推进海域资源市场化配置,完善海域使用权招拍挂制度。

3.完善海岛旅游开发政策

宁波市无居民海岛主要分布在东部海域,以北—南向排列展开。根据2006年统计,宁波市面积大于500平方米的无居民海岛有503个。舟山群岛是我国唯二以群岛组成的地级市之一,共有大小岛屿1390个,除98个较大的岛屿有人居住外,其他均为无居民海岛。探索建立无居民海岛使用权招标拍卖挂牌出让制度,为海岛旅游开发创造条件。

(六)加强行业与市场管理

充分发挥旅游行政管理部门职能作用,加强监督管理。发挥各类旅游协会作用,制定海洋旅游行业规范,推进行业自律。建立健全导游人员执业的准入、激励、保障和责任追究等机制。

规范旅游市场秩序。推动完善旅游服务质量监督管理体制,加大旅游投诉处理、旅游市场执法力度,加快推进海洋旅游行业标准化建设。强化旅游安全监管,营造安全旅游环境。全力推进诚信旅游,推行优质旅游计划,加强旅游行风建设。

(七)开展有针对性的旅游市场营销

在区域市场方面,以长三角为核心,夯实省内与周边城市基础市场;以中部和珠三角、西部内陆地区和华北地区为重点,大力开拓省外市场;以我国港澳台地区及东亚、东南亚国家和地区为中心,积极开拓欧美等海外市场。以海洋观光旅游为基础,以海洋休闲度假旅游为重点,以海洋商务度假旅游为特色,提供多元化的海洋旅游产品。

加大在国内主流媒体和海外华文媒体的广告宣传投放力度,全方位提升"中国渔都,海天佛国"的知名度、美誉度。积极参加境内外促销活动,加强与友好城市宣传促销互动合作,利用互联网、平面媒体和新闻媒体创新宣传促销方式。加强对海外华人、华侨的宣传促销,特别是在海外"宁波帮"中开展宣传,吸引更多的海外华人来核心区开展寻根问祖、探亲访友、观光旅游等活动。

第七章　浙江海洋旅游业与城市经济协调发展研究

第一节　浙江海洋旅游业与城市经济发展背景

一、海洋与旅游产业基础坚实

近 30 年来,浙江凭借沿海的区位优势,以改革促发展,经济实力稳步增强,产业布局渐趋合理,海洋特色不断增强。

2013 年,浙江地区生产总值(GDP)为 37568 亿元,人均生产总值为 6.85万元。浙江全省实现海洋生产总值 5508 亿元,占全国海洋生产总值比重超过10%,高于全省 GDP 占全国比重 3.5 个百分点;占全省 GDP 的比重近 15%,比全国海洋生产总值占全国 GDP 的比重(9.5%)高 5.5 个百分点,海洋经济对全省经济发展的辐射拉动能力不断增强,对经济增长的贡献不断提高。①

2013 年,浙江全省旅游业总收入达到 5536.2 亿元,位居全国第三。据初步核算,旅游业增加值达到 2340 亿元,占全省 GDP 的 6.2%,占服务业增加值的 13.5%;旅游税收收入相当于地方财政收入的 6.6%;旅游业直接就业人数

---

① 浙江省统计局,国家统计局浙江调查总队. 2013 年浙江省国民经济和社会发展统计公报[EB/OL]. (2014-2-25)[2018-8-10]. http://tjj. zj. gov. cn/tjgb/gmjjshfzgb/201402/t20140225_122163.html.

278万人，占全省社会就业总人数的 7.3%。浙江省海洋旅游业实现收入约 3009亿元。[①] 总体来看，浙江旅游业呈现出持续、快速、健康的发展态势，旅游业作为服务业的龙头产业和国民经济重要支柱产业的地位已经初步确立。

二、宏观政策环境明确支持

浙江省委省政府历来十分重视发展海洋经济。早在 1993 年就提出要"开发蓝色国土"，1998 年提出"建设海洋经济大省"，2003 年提出"建设海洋经济强省"，2007 年进一步提出"大力发展海洋经济，加快建设港航强省"的战略部署。2011 年 1 月，浙江省政府印发《浙江省海洋新兴产业发展规划》。2 月，国务院正式批复《浙江海洋经济发展示范区规划》（国函〔2011〕19 号），标志着浙江海洋经济发展上升为国家战略。3 月，浙江省委省政府出台《关于加快发展海洋经济的若干意见》。4 月，浙江省政府印发《浙江海洋经济发展试点工作方案》。6 月，国务院又批复同意设立浙江舟山群岛新区（国函〔2011〕77 号），标志着浙江舟山群岛新区建设上升为国家战略。7 月，省发改委（省海经办）印发《浙江省"十二五"海洋经济发展重大建设项目规划》。2012 年 7 月，国务院同意舟山港口岸扩大开放 5 个港区，新增开放面积 109 平方千米。9 月，国务院批复同意设立舟山港综合保税区。11 月，浙江省人大常委会制定颁布《浙江省海域使用条例》。2013 年 1 月，国务院批复同意《浙江舟山群岛新区发展规划》。4 月，浙江省委省政府先后出台《浙江舟山群岛新区建设三年（2013—2015 年）行动计划》和《关于推进舟山群岛新区建设的若干意见》。7 月，浙江省政府办公厅印发《浙江海洋经济发展"822"行动计划（2013—2017）》。8 月，浙江省委省政府出台《关于创新浙江舟山群岛新区行政体制的意见》。此外，浙江省级有关部门组织编制了《浙江省科技兴海规划（2011—2015 年）》《浙江省海洋科技"十二五"发展规划》《浙江省高校海洋学科专业建设与发展规划（2011—2015 年）》《浙江省海洋科技人才中长期发展规划》《浙江省海洋环境保护"十二五"规划》等一系列专项规划。至此，浙江基本完成"建设海洋强省"的战略部署。

浙江旅游业也处在加快发展的黄金机遇期。加快发展旅游业，是扩内需、调结构、促就业、惠民生的重要举措。从全国看，2009 年，国务院发布《关

---

① 打造浙江旅游"大产业"升级版[J].浙江经济,2014(21):32－33.

于加快发展旅游业的意见》,首次提出"把旅游业培育成国民经济的战略性支柱产业"。2012年2月,中央七部委联合发布《金融支持旅游业加快发展的若干意见》,成为改进和提升金融对旅游业的服务水平,支持和促进旅游业加快发展的重要举措。2013年2月,国务院办公厅印发《国民旅游休闲纲要(2013—2020年)》,对于满足人民群众日益增长的旅游休闲需求,促进旅游产业健康发展具有重要意义。4月,《中华人民共和国旅游法》出台,为我国旅游业发展提供了法制保障。2014年8月,国务院发布《关于促进旅游业改革发展的若干意见》,成为党中央、国务院对旅游业改革发展做出的又一重大部署。从浙江看,2009年5月,浙江省政府印发《关于推进旅游业转型升级加快建设旅游经济强省的若干意见》。2010年11月,浙江省政府印发《关于进一步加快旅游业发展的实施意见》,以进一步加快浙江旅游业发展,推动旅游经济强省建设。2011年6月,浙江省政府印发《浙江省旅游业发展"十二五"规划》,明确提出"大力推进海洋海岛旅游业发展"。2014年11月,浙江省政府印发《关于加快培育旅游业成为万亿产业的实施意见》,明确提出"加快把旅游业培育成为我省战略性支柱产业和万亿大产业"。12月,浙江省发改委与旅游局印发《浙江省旅游产业发展规划(2014—2017)》,提出实施"双万亿工程",推进"双十板块"建设,实施"新十百千工程",打好"六大硬仗"。上述一系列政策的出台,都为浙江旅游业发展提供了更多发展机遇,浙江海洋旅游业发展的空间越来越大。

三、海洋旅游经济发展潜力巨大

未来浙江海洋旅游经济的发展潜力主要体现在三个方面。

一是产业布局优化蕴藏着巨大潜力。浙江拥有26万平方千米的海域面积,是陆域面积的2.6倍;拥有面积500平方米以上的海岛2878个,占全国的40%;拥有海岸线6696千米,占全国的20%,其中深水岸线506千米,占全国的33%;海洋旅游资源约占全国的14%。这是未来浙江海洋旅游经济发展的希望所在。

二是相关产业蕴藏着巨大潜力。加快相关制造业、服务业与海洋产业的融合发展,包括扶持发展海洋工程装备与高端船舶制造业、港航物流服务业、临港先进制造业、滨海旅游业、海水淡化与综合利用业、海洋医药与生物制品业、海洋清洁能源产业、现代海洋渔业等八大现代海洋产业,使海洋旅游业获得越来越多的资源要素支撑和越来越广阔的发展空间。

三是体制机制蕴藏着巨大潜力。浙江已向国家有关部委争取财税、金融、用地、用海、开放及产业等 6 个方面共 28 项支持政策。浙江省政府先后与交通运输部、国家海洋局、国土资源部等 10 多个部委和工商银行、农业银行、中国银行、建设银行等近 30 家金融机构总部签署了海洋经济发展战略合作协议。"十二五"期间,国家每年给予浙江海洋经济发展示范区建设财力补助 6 亿元。银监会明确表示支持对浙江现有银行业金融机构进行改造助推海洋经济发展;保监会支持浙江设立航运保险法人机构,有望近期正式批筹;国家发改委确定舟山市为全国海水淡化试点城市;国土资源部同意舟山群岛新区新增 80 平方千米建设用地指标,并原则同意新区调整土地利用总体规划主要控制指标。随着改革的深化,浙江体制机制的先发优势更加明显,市场准入全面放开,将会有更多的民营企业和民营资本进入海洋旅游业,成为加快海洋旅游经济发展的巨大动力。

第二节　浙江海洋旅游业与城市经济协调发展的内在机理

一、耦合协调发展内涵

在物理学中,耦合是指两个及两个以上的系统或运动形式通过各种相互作用而彼此影响的现象。[①] 当系统间或系统内部要素之间配合得当、相互促进时,为良性耦合;反之,为不良耦合。耦合度是描述系统或要素彼此相互作用影响的程度;协调是两种或两种以上系统或系统要素之间一种良性的相互关联,是系统之间或系统内要素之间配合得当、和谐一致、良性循环的关系,是多个系统或要素保持健康发展的保证。[②] 从协同学的角度看,耦合作用和耦合程度决定了系统在达到临界区域时走向何种序与结构,或者

---

① Vefie L. The penguin dictionary of physics[M]. Beijing: Foreign Language Press, 1996: 92-93.
② 杨士弘,廖重斌,郑宗清. 城市生态环境学[M]. 北京: 科学出版社, 1996: 114-119.

决定了系统由无序走向有序的趋势。① 可见,耦合度和耦合协调度是有区别的,耦合度主要反映系统间相互作用程度的强弱,不分利弊;而耦合协调度则表示相互作用中良性耦合程度的大小,体现了协调状况的好坏程度。

浙江海洋旅游业发展与城市经济发展具有显著的耦合性特征。主要体现在:一方面,浙江海洋旅游业作为具有较强带动性的综合新兴产业,对浙江城市经济发展水平的提升具有较强的推动作用;另一方面,浙江城市经济发展也为海洋旅游业的发展提供了基础和保障,两者相互作用、彼此影响。

二、浙江海洋旅游业推动城市经济发展的动力机制

国内外滨海城市发展海洋旅游产业的经验表明,在海洋生态承载力的允许阈值内,海洋旅游业的发展能够促进城市经济的发展。浙江海洋旅游业推动滨海城市经济发展的动力机制是一个涉及经济、社会、居民等多层次多因素混合作用的过程,其不仅仅是几个因素驱动的,而是由各驱动因素相互作用共同推动的。这个交织混合的动力机制系统既有自然的、经济的因素,也有社会的因素;既有个人、企业,也有政府推动。总的来说,这是一个多层次、全方位的动力机制系统。浙江海洋旅游业推动城市经济发展的动力机制,简而言之就是浙江海洋旅游产业发展推动浙江城市经济发展的驱动机制之间相互作用、相互联系、相互制约的关系及变化规律。

1. 创汇驱动机制

浙江城市海洋旅游业的发展常常伴随着入境旅游规模的快速扩大,这可以扩大外汇收入。在滨海城市经济可持续发展和产业经济结构优化的背景下,浙江滨海城市需要扩大对外经济合作关系,而前提之一就是扩大外汇收入。伴随着滨海城市经济结构的转型升级,浙江海洋旅游业作为滨海城市外向型产业,不仅能够吸引国外闲置资本的投资,而且能够吸引国外大规模旅游者,增加外汇收入。值得一提的是,由于海洋旅游产业创汇能力强、换汇成本低,已成为各滨海城市创汇以增加经济发展实力的可选模式之一。

2. 就业驱动机制

浙江海洋旅游业的发展可以为滨海城市居民提供就业机会。浙江海洋旅游业是包含多项服务内容的劳动密集型服务业,且其服务项目大多需要借助

人力完成,无法被高科技取代,故海洋旅游业所需的就业人数就显著高于其他产业。而且,浙江海洋旅游业的产业关联程度较高,能带动相关产业的发展,增加滨海城市相关产业的就业,为滨海城市提供较多直接或间接就业机会,提高当地居民的生活水平,这对浙江城市经济的快速发展起到了促进作用。

3. 产业关联驱动机制

浙江海洋旅游产业的发展能够增加滨海城市居民收入,同时带动和促进区域相关行业的发展。浙江滨海旅游者的消费行为不仅会带动相关区域内餐饮业、住宿业、交通运输业、商业和娱乐业的发展,而且还带动造船业、捕捞业、养殖业、对外贸易、建筑业、通信行业的发展,这为浙江城市经济的发展提供了强劲驱动力,显著推进城市化进程。

4. 城际合作驱动机制

浙江海洋旅游业的发展有利于增加滨海城市间的经济贸易往来,提升城市的对外贸易开放程度。浙江海洋旅游是滨海城市间人流、物流、信息流交汇的过程,活跃了滨海城市的海域活动,扩大了滨海城市海域范围和城市辐射区域,推动了城市化进程。城市间海洋旅游产业的发展,会伴随着资本、技术、人力资源、先进模式与经验的引入,增进城际经贸、文化合作。并且,就滨海工业城市或新兴城市而言,海洋旅游业对基础设施要求较高,海洋旅游产业的演进无形中将引致目的地城市改善基础设施,这为滨海城市区域经济结构的优化升级创造了有利条件。

三、浙江城市经济发展促进海洋旅游业发展的作用机理

浙江海洋旅游业的发展有利于滨海城市经济结构优化、产业结构转型升级,有利于扩大内需,促进滨海城市经济的可持续发展。与之相对,浙江海洋旅游业的发展也依赖于城市经济的发展,需要一定程度和水平的城市经济作为基础和支撑条件。城市经济促进海洋旅游业发展的作用机理主要表现在以下几个方面。

1. 产业支持效应

浙江滨海城市经济发展使政府有能力在投资、融资、税收、补贴、奖励等方面给予海洋旅游产业更多的财政税收扶持,形成滨海旅游产业竞争优势和重要的前期效应。2011 年 2 月,国务院正式批复《浙江海洋经济发展示范区规划》(国函〔2011〕19 号);同年 6 月,国务院又批复同意设立浙江舟山群

岛新区(国函〔2011〕77号),这标志着浙江海洋经济发展和浙江舟山群岛新区建设上升为国家战略。这些都给浙江海洋旅游产业的发展提供了动力机制,为海洋旅游产业竞争优势的形成提供了条件。

2.基础设施效应

浙江海洋旅游产业是一个前期投入大、回报周期长、关联度高的新兴产业,需要大量的资金投入。旅游基础设施中,海陆交通、通信、市政等硬件方面是海洋旅游活动的重要组成部分,也是滨海城市经济发展的先决条件,这方面的完善需要大量的资金为依托,需要滨海城市经济的发展作为支撑。浙江城市经济的高速发展为海洋旅游业提供了大量的资金,为基础设施的完善提供了可能。

3.收入效应

从实现海洋旅游的要素来看,浙江城市经济的发展增加了居民的收入,改善了居民的生活方式和出游方式,为居民进行滨海旅游提供了较高的收入、较长的休闲时间和较强的旅游动机,为浙江海洋旅游产业的高速发展奠定了基础。人均GDP较高、城镇居民人均可支配收入较高的滨海城市将为浙江城市海洋旅游产业的发展提供基础性条件。

4.城市形象效应

政府主导性投资在完善浙江海洋旅游基础设施的同时,还促进了住宿、游览、娱乐等服务设施体系的完善和旅游服务系统的全面升级,而且旅游供给能力、配套水平不断提升,管理水平和服务质量也得到不断提高,这无形中拓展了海洋旅游的服务能力和空间范围。而且,浙江城市经济的发展为海洋旅游产业储备了大量高层次人才,这就使旅游者在旅游活动中可以通过旅游从业人员感受到滨海城市的良好形象,对滨海城市海洋旅游形象提升具有重要意义。

浙江海洋旅游业为城市经济发展提供了动力,而浙江城市经济发展又为海洋旅游业的发展奠定了基础,两者相互协调发展,并且这种协调发展在一定时空范围内能够发挥更大的效应。或者说,浙江海洋旅游产业与城市经济的协调发展过程就是两者在一定时间和区域内相互协调关联的过程,这个过程是海洋旅游产业系统在不断地发展演变过程中作用于城市经济系统的过程,也是城市经济系统不断反作用于海洋旅游业系统的过程。将浙江海洋旅游产业促进区域经济发展的机理分为创汇驱动机制、就业驱动机制、产业关联驱动机制和城际合作驱动机制等。同时浙江城市经济推动旅游产业发展的作用机理又分为城市形象效应、基础设施效应、收入效应、产业支持效应等。这两大系统相互协调发展的作用机理见图7-1。

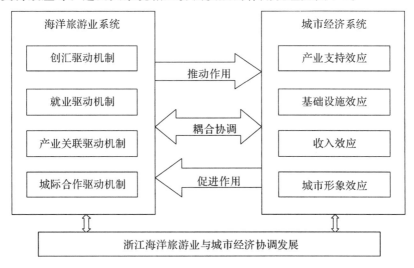

图 7-1　浙江海洋旅游业与城市经济协同发展的作用机制

第三节　浙江海洋旅游业与城市经济协调发展的时序演进

一、城市经济结构的发展趋势与城市化发展阶段

从全球城市的发展历程看,城市经济经过了由工业经济向后工业经济(信息经济)的转变。从工业经济到后工业经济的结构转变分三个阶段:阶段一,工业化经济的成熟阶段(20世纪50年代前后),此时城市经济以劳动密集型制造业为主,纺织、钢铁、机械制造等行业为主要的经济门类,服务业以消费性服务业为主;阶段二,工业经济的服务化升级阶段(20世纪50至70年代),金融等生产性服务业占GDP的份额显著增加,但消费性服务业在服务业中仍占主导地位,电子机械、医药、车辆制造等现代工业开始出现;阶段三,后工业化经济的发展及成熟阶段(20世纪70年代以来),制造业比重继续下降并开始了信息化改造,兴建高科技园区,以信息技术为基础的高科技制造业形成,同时生产性服务业迅猛发展,并成为新的主导产业。

城市化进程可划分为"城市化（城市化初期）—郊区化（城市化中期）—逆城市化和再城市化（城市化后期）"三个阶段。不同的城市化发展阶段具有不同的城市经济结构，并呈现出不同的结构特征。在城市化初期，城市工业化经济尚未成熟，城市经济结构处于农业经济和工业经济发展时期；在郊区化阶段，城市工业经济逐渐成熟，城市经济结构开始向工业经济的服务化升级阶段迈进；在城市化进程中的逆城市化和再城市化阶段，后工业经济（生产性服务业）迅猛发展，城市经济结构为后工业化的发展及成熟阶段。

按照滨海城市经济发展水平的不同，滨海城市可划分为不同的类型，主要有不发达滨海城市、工业滨海城市、新兴滨海城市（因发达国家的部分劳动密集型产业和低端技术的资本密集型产业的转移而发展起来的滨海城市）、综合性滨海城市和后工业滨海城市等。不同类型的滨海城市具有不同的城市经济结构特征，并处于不同的城市化发展阶段。

二、浙江海洋旅游业与城市经济协调发展的时序演进

从世界海洋旅游业的发展历程看，海洋旅游业大致兴起于全球城市工业化经济快速发展时期。滨海城市工业经济的发展，为海洋旅游业的发展奠定了良好的物质环境基础，包括区位条件、旅游接待基础设施等，大大减轻了滨海旅游企业的固定成本投入压力，海洋旅游发展时机逐渐成熟。一般而言，海洋旅游业的发展是在既定的城市经济体系背景下产生的，海洋旅游业是滨海城市经济的一个部门，其与城市经济之间保持协调发展的关系至关重要。

海洋旅游作为滨海城市的城市化动力，既可以在城市化中、后期发生作用，使得滨海城市经济转型或城市功能多元化，也可以作为城市化的原动力之一，促进滨海城市从无到有、从小到大，使其发生质的飞跃。究其原因，不同类型的滨海城市处于不同的城市化发展阶段，具有不同的经济结构特征，其所具备的海洋旅游城市化驱动力条件不同，进而形成了不同类型的滨海旅游城市化。通常，海洋资源禀赋好的不发达城市通过有计划地推进海洋旅游业，可发展成为专门的滨海旅游城市，如浙江的舟山市等；工业基础雄厚而海洋资源匮乏的工业滨海城市和新兴滨海城市可在一个经济发展水平较高的起点上投入海洋旅游业的发展，基于工业资源进行资源重构，再发展海洋旅游及与之关联的体育竞技、文化娱乐、商务会展、休闲度假等产业，实现"滨海城市再生"，例如浙江的宁波市、温州市等；既有高品位的旅游资源

又有成熟的产业机构和强大经济实力的综合性滨海大都市,往往历史上就是政治中心、文化中心、经济中心或交通中心,可通过大力发展观光、休闲、商务、政务旅游促进成熟功能完善、提升城市形象、提升城市竞争力,如浙江的杭州市等,一般是区域性的金融、信息及服务业中心,以生产性服务业为主导的第三产业在国民经济中的比重远远高于第二和第一产业,有条件实现海洋旅游业与高科技产业的有机结合,促进海洋旅游业的升级,从而带来海洋旅游经济质的飞跃。与此同时,我们还应该意识到,浙江尚有滨海城市经济发展水平落后且海洋旅游资源匮乏,这是由于其不具备海洋旅游城市化动力发挥作用的条件,不适宜大规模发展海洋旅游业,因而应该积极发展其他更为合适的经济产业以促进城市经济结构转型与升级。因此,我们从城市经济发展阶段、滨海城市类型与经济特征、海洋旅游产业初始资源禀赋、关键影响因素、海洋旅游产业发展战略等六个维度来分析浙江海洋旅游业与城市经济协调发展的时序演进过程,如表7-1所示。

表7-1 浙江海洋旅游业与城市经济协调发展的时序演进过程

城市经济发展阶段	尚未城市化/城市化初期	城市化中期		城市化后期
	农业经济及工业经济的发展阶段	工业经济逐步成熟阶段	工业经济的服务化升级阶段	后工业经济发展及成熟阶段
滨海城市类型	不发达滨海城市/专门的滨海旅游城市(舟山市)	工业城市/新兴滨海城市(宁波市、温州市)	综合性滨海大都市(杭州市)	后工业滨海城市(浙江尚未出现,国内如上海市)
滨海城市经济特征	工业经济基础薄弱	工业是国民经济主导产业	具有较强的经济实力,且各大产业均衡发展	制造业开始信息化改造,生产性服务业成为主导产业
海洋旅游产业初始资源禀赋	旅游资源禀赋各异,部分城市海洋旅游资源特色突出、品位较高,类型分布合理	海洋旅游资源一般较匮乏,拥有良好的滨海区位条件和相对完善的海洋旅游业基础设施	较高的海洋旅游资源禀赋,区位较好,旅游接待设施较完善	拥有丰富的滨海休闲游憩资源,区位优良,旅游业服务设施完善

续表

城市经济发展阶段	尚未城市化/城市化初期	城市化中期		城市化后期
	农业经济及工业经济的发展阶段	工业经济逐步成熟阶段	工业经济的服务化升级阶段	后工业经济发展及成熟阶段
关键影响因素	海洋旅游资源的差异性与政府主导作用	旅游者多样性偏好和滨海旅游产品数量	滨海城市接待体系的改进和滨海旅游特色产品链的构建	滨海城市综合服务体系的完善和滨海旅游功能区的整合
海洋旅游产业发展战略	海洋旅游业可作为滨海城市经济的先导产业或支柱产业,重点改善配套基础设施,吸引投资,滨海旅游产品类型以观光产品为主,后期逐步向休闲度假产品转化	海洋旅游业可作为滨海城市经济新的增长点,重点发挥海洋旅游业重塑城市形象的作用。开发人工滨海旅游资源,加快旅游接待设施建设,发展滨海商务旅游与居民休闲旅游	海洋旅游业可成为滨海城市经济的重要产业。通过大力发展观光、休闲、商务、政务等各类海洋旅游,完善滨海城市功能,并提升滨海城市形象	海洋旅游业是滨海城市的重要产业。在发展常规海洋旅游业态的同时,将其与高科技产业有机结合,开发高科技滨海旅游产品体系,提升滨海旅游城市形象,增强滨海城市国际竞争力

第四节　浙江海洋旅游业与城市经济协调度实证评价

一、耦合协调度模型

耦合协调度是度量系统之间或系统内部要素之间耦合状况好坏的定量指标。借鉴物理学中的容量耦合概念及容量耦合系数模型,建立海洋旅游业和城市经济两个系统相互作用的耦合度模型,可以用来衡量两者间的协调发展状况。① 两系统的耦合度 C 为：

$$C=\{(U_1 \times U_2)/[(U_1+U_2)(U_1+U_2)]\}^{0.5}$$

由于海洋旅游业与城市经济两个子系统各自发展水平存在差异,会出现两个子系统发展水平(U_1、U_2)都较低,而耦合度(C)却较高的结果,这与两个子系统发展水平都较高且耦合度较高的情形是相异的。为了避免这种假象,真实反映海洋旅游产业系统与城市经济系统协调发展水平,我们引入了海洋旅游业与城市经济耦合协调度模型：

$$D=(C \times T)^{0.5},其中,T=aU_1+bU_2$$

其中,D 为耦合协调度;T 为海洋旅游业与城市经济两个系统的综合评价指数;a、b 为待定权重(a、b 的取值取决于二者的重要程度,海洋旅游产业的发展与城市经济的发展并不是对称关系,海洋旅游产业的发展能促进城市经济发展,但并不是城市经济发展的唯一动力,城市经济的发展是多种要素综合作用的结果。故我们取 $a=0.4,b=0.6$)。可以看出,耦合协调度的取值在[0,1],取最大值亦即最佳协调状态,其值越大越协调;反之,则越不协调。本文采用均匀分布函数法来确定耦合协调度的类型及划分标准,②见表7-2。

表7-2　耦合协调度等级划分标准

序号	耦合协调度区间	协调等级	序号	耦合协调度区间	协调等级
1	0～0.099	极度失调	6	0.500～0.599	勉强协调
2	0.100～0.199	严重失调	7	0.600～0.699	初级协调
3	0.200～0.299	中度失调	8	0.700～0.799	中级协调
4	0.300～0.399	轻度失调	9	0.800～0.899	良好协调
5	0.400～0.499	濒临失调	10	0.900～1.000	优质协调

---

① 吴玉鸣,张燕.中国区域经济增长与环境的耦合协调发展研究[J].资源科学,2008,30(1):25-30.

② 廖重斌.环境与经济协调发展的定量评判及其分类体系:以珠江三角洲城市群为例[J].热带地理,1999,19(2):171-177.

二、案例地概况与指标体系构建

1. 案例地概况

在案例地选取方面,舟山是我国唯二由群岛组成的海上城市之一,自古为"海上丝绸之路"的枢纽港。它位于中国长江口以南、杭州湾以东的浙江省北部海域,岛礁众多,1390 个岛屿分布在 22 000 平方千米的东海洋面上,约占中国海岛总数的 20%,为中国第一大群岛。舟山群岛拥有海岛风光、宗教文化、海洋民俗文化、海洋生物、海岛气象、海洋饮食文化、海岛休闲运动等海洋旅游资源,海洋旅游资源类型齐全,分布广泛,是一个典型的资源复合型海岛旅游地,尤其是舟山群岛中的普陀山岛、朱家尖岛、嵊泗列岛、桃花岛等早已声名远扬。2011 年 6 月,经国务院批准,舟山群岛新区成为全国首个以海洋经济为主题的国家级新区,海洋旅游业发展迎来新契机。2013 年 1 月,国务院正式批复《浙江舟山群岛新区发展规划》,这是我国首个以海洋经济为主题的国家战略性区域规划。《浙江舟山群岛新区发展规划》明确了舟山群岛新区作为浙江海洋经济发展先导区、全国海洋综合开发试验区、长江三角洲地区经济发展重要增长极"三大战略定位"和中国大宗商品储运中转加工交易中心、东部地区重要的海上开放门户、重要的现代海洋产业基地、海洋海岛综合保护开发示范区和陆海统筹发展先行区"五大发展目标"。因此,本文选取舟山市作为研究样本具有较好的代表性和典型性。

2. 海洋旅游业与城市经济耦合协调测度指标体系

为揭示海洋旅游产业发展水平与城市经济发展水平之间的协调程度,根据海洋旅游业与城市经济耦合协调的内涵和特征,遵循科学性、系统性、典型性及数据可获得性等原则,同时兼顾指标横向和纵向的可比性,在旅游产业发展水平与城市经济发展水平的一级指标体系下建立二级指标体系 23 项。在该体系中,海洋旅游产业子系统包括创汇驱动机制、就业驱动机制、产业关联驱动机制和城际合作驱动机制 4 项一级指标。其中,创汇驱动机制一级指标包括国际旅游人数和旅游外汇收入 2 项二级指标;就业驱动机制一级指标包括住宿业从业人员和餐饮业从业人员 2 项二级指标;产业关联驱动机制一级指标包括社会消费品零售总额、住宿业企业数、餐饮业企业数和旅客总运量 4 项二级指标;城际合作驱动机制一级指标包括国内旅游人数和国内旅游收入 2 项二级指标。城市经济子系统包括产业支持效应、基础设施效应、收入效应、城市形象效应 4 项一级指标。其中，产业支持效应一级指标包括第三产业比重和财政支出 2 项二级指标；基础设施效应一级指标包括新增固定资产投资、公路长度、水路长度和邮电业务量 4 项二级指标；收入效应一级指标包括人均 GDP、城镇人均可支配收入和农民人均纯收入 3 项二级指标；城市形象效应一级指标包括人均公共绿地面积、人均拥有道路面积、每万人大学生数和每万人卫生人员数 4 项二级指标。为了统一单位，便于计算，我们对相关指标进行了标准化处理。所有数据都来源于历年《舟山统计年鉴》。各指标权重采用熵值赋权法计算获得，熵值赋权法依据客观环境的原始信息，通过分析各指标间的关联程度，以及各指标所提供的信息量来确定指标的权重，这在一定程度上能够避免主观因素带来的偏差。① 具体指标体系及其指标权重见表 7-3。

表 7-3 　海洋旅游业与城市经济耦合协调测度的指标体系

耦合系统	一级指标	权重	二级指标	权重
海洋旅游产业系统	创汇驱动机制	0.2349	国际旅游人数	0.4571
			旅游外汇收入	0.5429
	就业驱动机制	0.2882	住宿业从业人员	0.5287
			餐饮业从业人员	0.4713
	产业关联驱动机制	0.2557	社会消费品零售总额	0.1456
			住宿业企业数	0.3264
			餐饮业企业数	0.3244
			旅客总运量	0.2036
	城际合作驱动机制	0.2212	国内旅游人数	0.4591
			国内旅游收入	0.5409

---

① 王永明，马耀峰.城市旅游经济与交通发展耦合协调度分析:以西安市为例[J].陕西师范大学学报(自然科学版),2011,39(1):86-90.

续表

耦合系统	一级指标	权重	二级指标	权重
城市经济系统	产业支持效应	0.1780	第三产业比重	0.3625
			财政支出	0.6375
	基础设施效应	0.4126	新增固定资产投资	0.3095
			公路长度	0.2077
			水路长度	0.2823
			邮电业务量	0.2006
	收入效应	0.2378	人均 GDP	0.3755
			城镇人均可支配收入	0.3226
			农民人均纯收入	0.3019
	城市形象效应	0.1716	人均公共绿地面积	0.3308
			人均拥有道路面积	0.2757
			每万人大学生数	0.1760
			每万人卫生人员数	0.1968

三、舟山海洋旅游业与城市经济协调度实证分析

利用耦合协调度模型计算得到2004—2013年舟山市海洋旅游业系统和城市经济系统的耦合协调状况，以此来分析海洋旅游业发展与城市经济发展的协调状况（见表7-4）。

表 7-4 舟山市海洋旅游业与城市经济耦合协调度及其等级划分

年份	U_1	U_2	D	耦合等级
2004	0.127	0.083	0.226	中度失调
2005	0.213	0.187	0.312	轻度失调
2006	0.451	0.283	0.416	濒临失调
2007	0.640	0.482	0.521	勉强协调
2008	0.557	0.672	0.576	勉强协调
2009	0.689	0.801	0.626	初级协调
2010	0.808	0.949	0.671	初级协调

年份	U_1	U_2	D	耦合等级
2011	0.782	0.931	0.654	初级协调
2012	0.833	0.961	0.701	中级协调
2013	0.821	0.953	0.687	初级协调

从海洋旅游业子系统发展水平(U_1)来看,在 2004 年,舟山海洋旅游业整体尚处于很低的发展水平。从 2005 年到 2007 年,舟山海洋旅游业发展水平快速提升,其产业发展水平值从 2005 年的 0.213 到 2006 年的 0.451、2007 年的 0.640,不断快速增长,年增长率分别为 111.74%、41.91%。这显示了舟山海洋旅游业增长期的澎湃动力。经历了 2007 年到 2008 年这一个海洋旅游业调整期后,舟山海洋旅游业从 2008 年到 2010 年进入了又一个稳步发展的调整期,其产业发展水平值从 2008 年的 0.557 上升到了 2009 年的 0.689、2010 年的 0.808,年增长率分别为 23.70%、17.27%。2010 年后,舟山海洋旅游业逐步进入了稳定发展期,其产业发展水平值稳定在 0.782 到 0.833 之间,呈现出稳固发展的健康发展态势。

从城市经济子系统发展水平(U_2)来看,从 2004 年到 2007 年,舟山城市经济发展水平经历了一个快速增长的发展过程,其经济发展水平值从 2004 年的 0.083 一直上升到 2005 年的 0.187、2006 年的 0.283、2007 年的 0.482,年增长率分别为 125.30%、51.34%、70.32%。不仅如此,从 2007 年到 2010 年,舟山城市经济发展水平更上一层楼,其经济发展水平值从 2007 年的 0.482 持续增长到 2010 年的 0.949,年变化率均值达到了 32.30%。2010 年以后,舟山城市经济发展进入了小幅震荡的稳定期,其城市经济发展水平值稳定在 0.931～0.961,说明其城市经济实力稳步增强。

从耦合协调度和耦合等级来看,舟山海洋旅游业系统和城市经济系统的耦合协调度指数不断提升,从 2004 年的 0.226 逐步上升到 2013 年的 0.687。根据年变化率将研究期分为耦合协调度快速变化和缓慢变化两个阶段,2004—2008 年为耦合协调度快速变化阶段,耦合度年变化率最低值也达到 38.72%,2009—2013 年为耦合协调度缓慢变化阶段,耦合协调度年变化率均值仅为 1.53%。这表明舟山海洋旅游业发展与城市经济建设的耦合协调状况不断提升,但耦合协调状况改进速度逐步减缓。

从时间演进过程来看,舟山海洋旅游业发展与城市经济发展的耦合协调状况总体上可分为两个阶段:阶段 1 是从 2004 年到 2006 年,在这 3 年,舟山海洋旅游业发展与城市经济发展基本处于失调状态,耦合协调度等级从中度失调等级调整到轻度失调和濒临失调等级。海洋旅游业发展与城市经济建设之间的矛盾较多,影响到两者的可持续发展;阶段 2 是从 2007 年到 2013 年,这一时期,舟山海洋旅游业发展与城市经济发展处于协调状态,耦合协调度等级从勉强协调等级调整到初中级协调等级,但这种协调仍然处于低水平的协调,两者之间的协同效应还较低,相互促进、相互带动的作用仍不太明显。海洋旅游业可持续发展水平还有待提高,应进一步加大海洋旅游开发和城市经济发展的投入力度,进而使海洋旅游产业与城市经济系统耦合协调度向更高等级发展。

第五节　浙江海洋旅游业与城市经济协调发展的关键性问题

一、海洋产业集聚区缺乏规范和特色

当前,舟山海洋产业集聚区等浙江沿海九大产业集聚区都有着明确的产业特色定位,为了吸引企业入驻,大都出台了各种优惠政策。而从现实情况来看,一些不具有海洋旅游产业特色的企业,为了获得政策上的优惠和扶持,也纷纷入驻舟山海洋产业集聚区,利用海洋产业的优惠政策从事制造业、批发业、房地产业等,政策优惠"搭便车"现象十分严重。政府方面又缺乏严格、规范的准入机制,导致海洋产业集聚区内企业鱼龙混杂,特色不鲜明,使得海洋产业集聚区有企业之名,而无海洋产业之实,集聚的群体竞争优势和规模效益难以发挥出来。而且,舟山海洋产业集聚区内企业网络化联系缺乏,协同效应不明显。集聚区内企业各自为政,企业间的合作交流少,没有很好地分享信息等资源,出现了价格竞争;企业与大学、科研机构、中介公司等支撑机构没有形成良好的合作关系,支撑机构制造、咨询、策划等功能没有得到充分利用;集聚区内企业缺乏大局观念,没有形成做大做强的凝聚力。这些都不利于浙江海洋旅游业与城市经济协同发展效应的发挥。

二、海洋旅游产业链不完整,链化程度不高

产业发展的核心是形成产业链。浙江海洋经济发展示范区创建的目的就是把海洋产业前期的研究开发、中期的生产制造、后期的市场营销及衍生产品的开发汇聚在一个比较集中的区域,打造完整的产业链条,发挥海洋产业集聚效应,使整个行业都处于一个良性发展的轨道。海洋旅游产业对产业链有着很高的要求,海洋旅游产业发展过程中,需要升级提高,即从原先单纯的招商、招租来获取利润的粗放经济向实现技术、资金、市场客户、劳动力及信息资源共享的具备产业运行业态的集聚经济过渡。一方面,企业同构、过度竞争现象比较突出,规模大、跨行业、带动强的龙头企业缺乏,具有影响力的海洋旅游品牌稀少,产业的组织化程度还比较低;另一方面,海洋旅游产业各部门之间,以及海洋旅游产业与其他产业之间的协同联动效应还比较薄弱,产业链没能有效整合和延伸,海洋旅游产品的市场增值能力还不强。浙江海洋旅游企业普遍规模较小,同质的产品进行价格战,优秀的企业反而被淘汰。企业间在开发、生产和营销等环节上缺乏密切的协同和合作,企业自身的产品和服务难以融入客户企业的价值链运行当中,产品的有效差异性小,产业链的整体竞争能力差,所以就难有较高效益,企业的竞争力也就明显不足了。

三、本土海洋旅游企业的自主创新能力不足

自主创新能力是决定海洋旅游产业竞争力的关键因素,目前浙江海洋旅游制造产业自主知识产权比较缺乏,自主创新能力不足的问题较为突出。除了少数拥有自主知识产权和自主创新体系的企业外,大多数海洋旅游制造企业依靠的还是劳动力等生产要素的低成本优势,没有掌握核心技术,产业发展还处于模仿、代理、代工阶段,缺乏有竞争力的人才、技术、产品与品牌。由本土海洋旅游制造企业、人才所设计、研发的自主知识产权的核心技术少之又少,造成即使有基于本土文化的良好海洋旅游创意,也难以依赖自身技术得以实现,更难以形成产业,而借助于国外先进技术实现承载我国海洋旅游文化内涵的创意,使我国海洋旅游制造业与服务业只能处在代工、代理等产业链的低端。因此,要真正实现创新制造与海洋旅游创意的深度融

合,使得海洋旅游创意的源泉都能转化为实实在在的产品和产业,当务之急是要提高浙江本土海洋旅游制造与服务企业对当前海洋旅游制造技术的控制能力,并挖掘企业自主创新的动力,形成一系列拥有自主知识产权的海洋旅游技术和创意相结合的产品,从而提升浙江海洋旅游产业的市场竞争力,实现海洋旅游业与城市经济高度协调发展。

四、海洋旅游产业人才结构性短缺

浙江海洋旅游人才占从业人员的比例不到 0.53%,与浙江发展海洋旅游产业的巨大潜力不相匹配。与总量不足相比,人才结构性短缺问题更为突出。一是缺少高端创新型人才。浙江海洋旅游产业内企业的旅游创意人员中少数算得上是创新型的,多数人才属于复制型或模仿型。这种人才结构导致原创产品很少,企业核心竞争力不足。二是缺少管理人才。与传统产业相比,海洋旅游产业具有创新性、高增值性和高风险性等特点,其产业组织形式既有分散的个别劳动,又有简单协作的集体劳动和集中的社会劳动,海洋旅游人员具有较强的工作独立性,其工作过程难以监督。这些特点给传统人才管理理念和方式提出了严峻挑战。三是缺少经营人才。海洋旅游创意产业化需要能将旅游创意内容产业化和市场化的经营人才,而这方面的人才十分缺乏。四是缺乏复合型人才。在浙江海洋旅游经济发展过程中,从业人员往往是有内容知识的不懂技术,而懂技术的从业人员又缺乏内容知识。

人才结构性短缺的问题已成为制约浙江海洋旅游产业发展的重要因素。一个海洋旅游企业只有同时拥有策划人才和管理人才,才会拥有长远的战略眼光和规划能力,才能具备合理规划和使用资源的能力,才能拥有投资和风险管理的意识,能够使企业更好地取得经济效益,朝着规模化方向发展,同时壮大浙江海洋旅游产业的发展规模。

五、海洋旅游产业存在体制性障碍

海洋旅游产业在浙江还处于成长发展期,需要政府的积极引导和政策的强力扶持,也需要社会形成合力。但现有的管理体制条块分割、多头管理、职能不清,区域协调能力和整合能力不强,政府对海洋旅游产业领域的管理通常被分割到海洋局、旅游局、文化局、工商行政管理局、广电局、税务局等管理部门,管理分散,行政效率不高,没有形成全面系统的海洋旅游产业的政策体系,在一定程度上不能对海洋旅游这个在浙江快速发展的产业加以合理的管理和控制,从而使政府管理陷入困境。而且,我国正处于市场经济体制不断完善的时期,现有的海洋产业管理体制仍存在较多限制,尚不能很好地利用市场经济原则和运行规律,造成海洋旅游企业的发展绩效与治理水平的不足。

第六节　浙江海洋旅游业与城市经济协调发展的政策建议

一、提升海洋旅游产业与城市经济发展水平的要素耦合效应

前文已述,浙江海洋旅游业与城市经济协同发展程度有待提升。浙江海洋旅游产业发展水平应当与城市经济发展水平的各个内在要素相匹配,充分发挥两者耦合效应,加快海洋旅游产业结构水平的升级速度,促进浙江滨海城市经济的发展。为了实现这一目标,浙江不同类型滨海城市的海洋旅游产业应结合自身所处城市化阶段和城市经济发展特征,充分考虑海洋旅游资源禀赋要素、海洋旅游产业结构及其关键影响因素之间的关联,与滨海城市经济、社会、生态环境匹配发展。通过浙江海洋旅游业与城市经济协同发展更好地发挥耦合效应,实现"海洋旅游产业优化促进滨海城市经济发展,滨海城市经济发展推动海洋旅游产业结构升级"的协调发展模式。而且,浙江应坚持全面推进与重点突破相结合的实施路径,既坚持统筹推进海洋经济相关领域全面发展,又结合我省实际在重点区块、重点领域大胆创新试点工作,确保浙江滨海城市海洋旅游产业与城市经济建设和谐发展。换言之,浙江应坚持海洋经济发展、社会和谐安定、海洋生态环境保护相统一,海洋资源开发利用与资源环境承载力相适应,实现海洋经济、社会、生态全面可持续发展。

二、加强浙江区域经济对旅游产业的反哺支持力度

近年来,浙江城市经济发展水平不断提高,但用于海洋旅游产业的交通基础设施、公共服务设施等方面的投资建设力度却有些滞后,这直接影响到浙江海洋旅游产业的快速发展。而这些基础设施的建设均需要浙江区域经济的强力支持。浙江加强区域经济对海洋旅游业的反哺力度,势在必行。在重大涉海基础设施建设方面,加大招商引资力度,加强用地、用海、资金等要素保障,加快推进一批涉海重大项目建设。重点推进一批沿海高速公路与疏港公路项目建设,着力实施纳入投资计划的沿海铁路与城市轨道项目建设,逐步推进在规划编制内的跨海大桥项目建设,加快建设一批迫切需要投入使用的港口码头,平稳推进一批海河联运(航道改造等)、沿海滩涂围垦等工程项目建设。通过推进涉海重大基础设施建设,有效推动陆海联动发展和海陆资源共享,为加快浙江海洋旅游经济发展发挥反哺作用。在浙江海洋经济投融资服务平台创建方面,组建"浙江省海洋开发投资集团有限公司"并尽快启动运行,同步组建浙江省海洋资源收储中心。集团公司作为省级海岸线等资源收储及开发建设的主要投融资平台,承担有序管控全省海洋战略性资源特别是重要岸线资源,推动和参与重大涉海项目的开发投资建设等任务,为海洋旅游经济投融资项目的创建、运行与保障提供平台支撑。

三、建立基于产业链条的海洋旅游产业战略联盟

浙江海洋旅游企业大多是中小企业,自身资源、技术、服务能力有限,随着行业技术更新速度加快,新技术、新产品的研发必然受自身资源、信息、技术和市场等因素制约,风险较大。海洋旅游产业联盟能将具有共同目标的海洋旅游相关的企业、大学、科研院所等主体聚集在一个组织中,能够广泛而有效地促进技术和市场信息的交流,显著地提高创新效率。同时,海洋旅游产业联盟通过海洋旅游企业之间,以及产、学、研之间的协同创新实现优势互补,最大限度地整合和共享资源,形成创新能力和创新网络,围绕海洋产业价值链形成高度的专业化分工与协作,有利于打造完整的海洋旅游产业链,实现海洋旅游产业的整体提升和促进海洋旅游创新集群的形成和发展。因此,现阶段协同海洋旅游产品开发、生产和经营链条上的各类活动主

体,建立基于产业链条的海洋旅游产业战略联盟,对于中小海洋旅游企业联合开展研发、生产与营销等具有较大帮助,能够有效解决海洋旅游产业链上下游断裂的问题。

四、坚持海洋经济发展中政府推动与市场机制相结合

坚持政府推动与市场主导相结合,多措并举深化改革开放,是推进浙江海洋旅游业与城市经济协调发展的强大动力。党的十八届三中全会强调市场在资源配置中的决定性作用,这为浙江打破行政区划桎梏,充分发挥市场机制调配资源的作用提供了契机。一是政府应当及时转变自身功能和角色,将海洋旅游产业的发展思路由"政府经营"转向"政府服务",把规范海洋产业市场、创造良好环境、为海洋旅游企业提供各种公共服务作为当前的主要任务,这才符合海洋产业发展的一般规律。而且,政府应以整合优化区域内的海洋旅游生产要素配置、提高专业化的分工协作水平为目标,鼓励区域海洋旅游企业深度开展合作,组建区域海洋旅游集团,实现客源互送、信息共享、线路产品共推、人才资金流通顺畅的一体化发展局面。二是发挥浙江民营经济活跃的特色优势,引导浙江充裕的民间资本、众多的中小企业,以及庞大的浙商群体共同参与海洋旅游经济相关重点领域开发建设,为加快浙江海洋旅游经济发展注入强大的活力。积极进行金融创新,推动设立区域海洋旅游产业基金,鼓励海洋旅游企业集团上市融资,发展海洋旅游项目资产证券化产品,加大对小型微型海洋旅游企业的信贷支持,引导社会资金参与到海洋旅游项目的建设中,使浙江海洋旅游发展合力最大化。

五、继续推进浙江海洋旅游产业体制机制创新

浙江应坚持将国家实施海洋强国等战略需求与浙江海岸线较长、海岛数量较多等特色优势相结合,通过积极发挥浙江特色优势主动服务国家发展战略的实施和保障,利用中央全面深化改革的重大机遇,继续加强与国家对口部委的汇报衔接,进一步争取国家在扩大开放、用地用海、产业发展、财税金融、管理体制创新等方面给予浙江更多的政策支持。加快推进浙江行政体制改革步伐,全面推行新区扁平化管理模式。推进投融资、海洋资源管理、海上综合执法等重点领域改革创新,探索建立与浙江海洋经济建设发展

和海洋综合开发相适应的体制机制。要积极推进浙江港口联盟建设,加快形成以宁波—舟山港为核心,嘉兴港、温州港、台州港,以及义乌港一体化发展的港口发展格局,加快建立以资产为纽带的跨区域港口经营管理体制。浙江各级政府应通过公共服务体系的完善和政策法规的制定,为海洋旅游产业营造一个适宜发展的环境,吸引海洋旅游相关企业和高端制造、策划与经营人才在产业园区内聚集,结合技术、资本、市场等要素,整合海洋旅游产业链,形成海洋旅游产业的规模效应,推动海洋旅游产业的集群发展。各级政府在浙江海洋旅游产业发展过程中,应从企业成长发展的角度出发,尽力履行服务职能,为海洋旅游企业提供各种设施、制定扶持海洋旅游产业发展的配套政策和措施。浙江各级政府应加强对海洋旅游产业发展的财政支持力度,逐步探索设立海洋旅游产业发展专项基金,或者在各个海洋旅游子行业分别设置发展基金。中小海洋旅游企业可以积极利用技术创新基金及信托公司、风险投资公司发放的专项基金谋求发展。而且,浙江各级政府应制定支持海洋旅游产业发展的税收优惠政策。具体包括降低海洋旅游企业税率,完善海洋旅游产业投融资中的差别税率政策,提高各投融资主体进入海洋旅游产业领域的积极性。还应加大对中小型海洋旅游企业贷款的政策性支持,出台相应的规范性文件,确保对中小海洋旅游企业的贷款比例。

第八章　21 世纪海上丝绸之路建设
与浙江海洋旅游响应

　　海上丝绸之路大约始于两千年前,是历史上连接东西方经济与文化的重要海上通道,对古代世界各国的社会经济发展产生了不可估量的影响。20 世纪 80 年代以来,国内史地学界开始对海上丝绸之路展开广泛探讨,掀起了多次高潮。2013 年,中国国家主席习近平在印度尼西亚访问时提出,中国愿同东盟国家加强海上合作,共同建设 21 世纪"海上丝绸之路"。同年 11 月,党的十八届三中全会《中共中央关于全面深化改革若干重大问题的决定》强调,要推进丝绸之路经济带、海上丝绸之路建设,形成全方位开放新格局。2016 年 5 月,国家发展改革委员会、外交部、商务部联合发布了《推动共建丝绸之路经济带和 21 世纪海上丝绸之路的愿景与行动》,从时代背景、共建原则、框架思路、合作重点、合作机制等方面阐述了"一带一路"的主张与内涵,提出了共建"一带一路"的方向和任务。2017 年 5 月 14 日,习近平总书记在"一带一路"国际合作高峰论坛开幕式上发表题为《携手推进"一带一路"建设》的主旨演讲,强调坚持以和平合作、开放包容、互学互鉴、互利共赢为核心的丝路精神,携手推动"一带一路"建设行稳致远,将"一带一路"建成和平、繁荣、开放、创新、文明之路,迈向更加美好的明天。在国家战略导向下,"一带一路"再次成为各地政府、学界、产业界关注的热点。浙江省作为海洋经济和旅游经济大省,如何把握战略时机,积极响应,是本章关注的问题。

第一节 浙江与海上丝绸之路

一、海上丝绸之路的由来

我们的祖先,在创造人类文明上做出了许多重要贡献,轻盈、美丽、多彩的丝绸就是其中著名的一项。当我国丝绸产量有了一定富余且具备交通条件时,就以两种运输方式输向域外,陆路为主,水运为次。当海运兴起,丝绸远渡重洋,虽然运量有限,但影响很大。其所经道路,后人便称之为"海上丝绸之路"。历时 2000 多年的海上丝绸之路,起着东西经济、文化交流大通道的作用,不仅为世界文明的进程做了重要贡献,其自身也沉积了浓厚的物质和精神文化遗产,供人们长期记忆、使用、研究、发扬。

虽然事实上早就存在,但是最早开始使用"海上丝绸之路"一词的却是外国人。法国汉学家沙畹(Edouard Chavannes)在 1913 年首先提出了"海上丝绸之路"的概念,他在其所著的《西突厥史料》中提到:"丝路有陆、海两道,北道出康居,南道为通印度诸港之海道。"1967 年,日本学者三杉隆敏在《探索海上的丝绸之路》中正式使用了"海上丝绸之路"这一名称。1974 年,我国香港学者饶宗颐在《蜀布与 Cinapatta——论早期中、印、缅之交通》一文专门讨论了以广州为转口中心的海道丝路,他认为,中国丝绸自古迄今闻名海外,以"丝路"或"丝绸之路"作为中外交通的象征,尤为恰当。而在我国大陆地区 "海上'丝绸之路'"一词的使用最早可以追溯到 1978 年出版的《航运史话》,不过当时只是借用陆上"丝绸之路"之名,直到 1981 年,陈炎先生在《略论"海上丝绸之路"》一文中,首次使用了"海上丝绸之路"的说法。

究竟何谓海上丝绸之路?几部常见的文史工具书和有关研究专著给出了不同的释义。

《中国大百科全书》"丝绸之路"条目写道,丝绸之路是"中国古代经中亚通往南亚、西亚,以及欧洲、北非的陆上贸易通道。因大量中国丝和丝织品多经此路西运,故称丝绸之路,简称丝路。……近来一些学者更扩大了丝绸之路的概念,认为上述道路只是通过沙漠绿洲的道路,因此称之为'绿洲路'。又将通过中国北方游牧民族地区的道路称为'草原路',经中国南方海上西行的道路称为'海上丝绸之路'或'南海道'等等,这些提法虽然对研究中西交通有意义,但已非原来意义上的丝路了"。①

《辞海》中对于"丝绸之路"的解释是:"古代横贯亚洲的交通道路,亦称丝路。……约自公元前第二世纪以后千余年间,大量的中国丝和丝织品皆经此路西运,故称丝绸之路。其他的商品,以及东西方各种经济和文化的交流,在整个古代和中世纪时亦多通过此路。丝绸之路的支线,亦有取道今新疆天山北面的通道及伊犁河流域西行者;亦有取道海上者,或自中国南部直接西航,或经由滇、缅通道再自今缅甸南部利用海道西运,或经由中亚转达印度半岛各岛再由海道西运。"②

《中国古代对外关系史》一书前言中写道:"从古代对外交往的范围来看,陆、海两路是主要的孔道。……海路的交通开始虽早,真正的繁荣是在隋唐及以后,至明成祖遣郑和下西洋而达于极盛,使通往东南亚、南亚、阿拉伯和非洲东岸国家的海路贸易迅速发展。人们有时也称海上的对外交通为'海上丝路'或'陶瓷之路',可见其具有与陆路交通同等的重要性。"③

《中外关系史》一书前言中说:"古代中国对外发生关系的途径,不外是经过陆上和海上通道,也就是一般所称的陆上和海上丝绸之路。……海上丝路虽稍晚兴起,却越来越具有重要作用:先是东西方开辟了通向印度的航路,不久出现了从中国广州通向阿拉伯帝国的巴格达航线,后来泉州港兴起,又开辟了通向亚历山大港的直航线路;最后是长江下游的宁波、上海等港口兴起,从而与地中海边的威尼斯、热那亚等诸港口城市并列,交相辉映、无比繁荣。从此,海上丝路已成为东西方交往的重要途径。"④

《中外关系三百题》中解释道:"'丝绸之路'是20世纪初叶以前沟通亚欧非大陆的主要交通路线的通称。自古以来,东西方的一切经济交往都经由这些交通道进行传播,由于其中最著名的产品是丝绸,所以便名之曰'丝绸之路'。"又说:"广义地说,'丝绸之路'可以分为三类。……第三类通道是发自华南,经东南亚、锡兰(今斯里兰卡)、印度而达波斯湾、红海的南海路。

① 《中国大百科全书·中国历史》(1.1版)[M/CD].北京:中国大百科全书出版社,2000.
② 辞海 (1979年版)[M].上海:上海辞书出版社,1980:53.
③ 张维华.中国古代对外关系史[M].北京:高等教育出版社,1993:6.
④ 卢苇.中外关系史[M].兰州:兰州大学出版社,1996:2-3.

这条道路也称'海上丝路',当然,也有学者称之为'陶瓷之路',因为后来中国的陶瓷制品都经海道外销。"①

国内较早提出"海上丝绸之路"概念的学者陈炎在其所著《海上丝绸之路与中外文化交流》一书中,将海上丝绸之路的历史划分为形成时期(唐代以前)、发展时期(唐、宋)和极盛时期(元、明、清),并认为除"古代海上丝绸之路"外,近代亦有"海上丝路"。②

从以上引述的文字中可以看出,人们对"海上丝绸之路"概念的理解虽有相同之处,但也并非完全一致:相同之处是所有人都承认"海上丝绸之路"乃是历史上相当长时期里曾存在过的东西方之间海上贸易和交通的道路;不同之处是有关这条道路起止的时间(特别是其下限是否延伸到了近代)、涉及的地域范围(是否能够涵盖整个东西方的海上交通),以及其社会属性等,不同学者的解释存在着一定的差异。

二、浙江与海上丝绸之路

国内对海上丝绸之路的研究始于 20 世纪 80 年代。1982 年,陈炎首次系统地专门研究中国丝绸通过海路外传及其影响,以及它在中外关系史中所占有的重要地位。1990 年 10 月,联合国教科文组织的海上丝绸之路考察活动,全面推动了国内外学术界在该领域的研究,中国海上丝绸之路研究呈现出港口史、海洋史、区域史、经济史、宗教史、文化史相结合的全方位发展势头。2000 年以后,福建、浙江、广东、广西等东南沿海省份的部分港口城市兴起了海上丝绸之路始发港和申遗之争。各地方政府在推进现代"海上丝绸之路"的发展上也抱有极大的热情,尤其在文化、旅游、经济等领域,通过召开学术研讨会、文化节庆活动等形式展开竞争与合作,并促成了北海、广州、漳州、泉州、福州、扬州、宁波、蓬莱八城市联合申报"中国海上丝绸之路"世界文化遗产的合作。浙江境内,宁波、舟山、温州、台州等沿海城市都与古代"海上丝绸之路"联系紧密。

1. 宁波与海上丝绸之路

位于中国海岸线中部的宁波,是中国古代海上丝绸之路上的重要港口

---

① 石源华.中外关系三百题[M].上海:上海古籍出版社,1991:94-95.
② 陈炎.海上丝绸之路与中外文化交流[M].北京:北京大学出版社,1996:185.

城市,是东方海洋文明的发祥地之一。

大量的文物史迹和考古资料证实,宁波海上丝绸之路的开通是在东汉晚期,唐代是发展时期,到了宋元时期臻于繁荣鼎盛。唐王朝十分重视港口建设。宁波的行政中心迁移到奉化江、姚江和甬江交汇后的三江口,与海外的交往更加便捷、频繁,宁波与日本之间出现了固定的南航路线。同时,中国南北交通的主动脉大运河也延伸到宁波,使宁波成为大运河的出海口,宁波港也获得了广大的腹地。大运河与海上丝绸之路在宁波交汇,奠定了宁波在海上丝绸之路上的独特地位。宋朝政府则在宁波设立了专门管理海外贸易的市舶司。宋朝时期,我国与高丽之间的外交往来,主要是通过宁波口岸进行的。

进入明清时代,虽然"海禁"使海上丝绸之路突然衰微,但就宁波而言,由于港口的特殊地位,其海上丝绸之路仍得到了后续发展。明朝,宁波是官方指定的对日贸易的唯一合法港口。清康熙年间设立了四大海关,其中浙海关就设在宁波。

通过海上丝绸之路,海外货物与文化源源不断地流入宁波,而越窑瓷器、茶叶、典籍和建筑艺术等则通过宁波港远输日本、朝鲜半岛、东南亚及印度洋地区,对世界文明的发展做出了重要贡献。

2.舟山与海上丝绸之路

位于东南交通要道的舟山,在古代"海上丝绸之路"中扮演了极其重要的角色。舟山不但是明州港(今宁波)对外贸易的必经海路,同时也是东南亚海商来华的重要通道,是海上丝绸之路的重要一站。

公元前210年,中国历史上第一位横越大海远航异域的航海家徐福,从杭州湾一带出发,开始第二次东渡,途经舟山群岛,使舟山成为华夏文化海上传播的第一个驿站,开启了中国文化东进的先河。744年起,鉴真十年间六次东渡日本弘法,传播中华优秀文化,其中第二次、第三次、第五次均经过舟山群岛。在浙江的海上信仰体系中,普陀山的"观音道场"最为重要,它是海洋文明发展的重要标志。1123年,徐兢等奉命乘坐明州所造之"神舟"和"客舟"出使高丽(朝鲜半岛),今天舟山群岛境内还有高丽道头、新罗礁、新罗屿、新罗山、新罗坊等地名,便是当时两国往来的纪念。1299年,元成宗敕封普陀山宝陀寺住持一山一宁大师为元朝国使,遣其携国书赴日本通好。印证了舟山与东亚邻国之间交往的方便直接,同时也凸显了舟山群岛在整个东亚环海文化圈中的重要地位。1405 年 7 月 12 日,郑和下西洋船队 200 余艘船只浩浩荡荡驶经舟山,历访 30 余个国家和地区,建立了不少贸易点,其时间之长、规模之大、范围之广都是空前的,堪称世界航海史上的壮举。1524 年,葡萄牙殖民者侵占了舟山六横附近的双屿港,作为走私贸易的基地。一直到 1548 年的 20 多年间,中国商人和葡萄牙、日本等国商人在此频繁出入,达数万人之众,每年在此达成的贸易额就超过 300 万葡元以上。双屿港可以说是最早的"自由港",与世界公认最早的意大利热那亚湾的里南那自由港(1547 年)相比,还要早几年。1840 年 7 月 5 日,第一次鸦片战争爆发,揭开了中国近代史的序幕。几个月后,英军退出定海。1841 年 10 月,英军再次占领定海并设立政府。1842 年 2 月 16 日,定海成为国际自由贸易港。一直到 1846 年 7 月,英军虽然从舟山全部撤出,但仍把舟山划入其势力范围和保护地。在鸦片战争英军占领定海的 5 年 6 个月期间,舟山实际上成了自由贸易港。纵观以上历史变迁可以看出,舟山群岛曾经在海上丝绸之路中具有十分重要的地位。

3.温州和海上丝绸之路

温州地处全国黄金海岸线中段,北南两端是宁波、泉州这两个中国古代海上丝绸之路的始发港和重要港口,其在中间起着桥梁作用。特殊的地理位置,决定了温州在古代中国海上丝绸之路的重要地位,与宁波、舟山、杭州等共同组成浙江古代对外沿海贸易港口阵营。温州是浙南沿海重要港口,有着优良的天然条件和悠久的舟船、港口历史,以及发达的造船业和先进的航海技术。历代温州人民不畏艰险,跨越海洋,从事瓷器、漆器、香料等商品的交通贸易和科技、文化的交流传播,留下了丰富的文献记载和文物资料。文献记载,外国人最早来到温州的时间是唐代。南宋温州设立市舶务以后,港口桅樯林立,商旅云集,出现了大批商人。源源不断的商品物资伴随着大量商贾们的进出,双向支撑着温州的海上交通贸易。瓯窑、龙泉窑瓷器是温州输出的主要商品,漆器是古代温州输出的特色商品。

4.杭州和海上丝绸之路

海上丝绸之路可分为南北两部分,北方航线主要是从长江口以北到山东半岛的沿海港口出发到朝鲜半岛和日本列岛,南方航线指的是从长江口以南的沿海港口出发到南洋和西洋地区。杭州正好处在南北航线交汇点,这种地理位置的优越性使得杭州逐渐成为海上丝绸之路集中转运港和国际大都市。同时,杭州拥有丝绸、瓷器、茶叶等优势产品,商品经济、商业社会发达,成就了杭州作为海上丝绸之路重要节点城市的地位。

浙东运河最早可上溯至春秋晚期越国开凿的"山阴故水道"。东晋时开挖西兴运河,并使之与曹娥江以东运河相接,至此,西起钱塘江古渡西兴镇,东入东海的浙东运河全线贯通,将杭州与东海之滨的明州港(宁波)连接在一起,成为浙东地区的交通大动脉。南宋建都临安,浙东运河成为当时重要的航运河道。至唐代,明州港跻身全国四大名港之列,而且还发展成为中日韩"东亚贸易"中的四大枢纽港之一。宋元时,明州已成为全国著名的对外贸易三大港口之一,特别是宋代时期,明州成为朝廷指定通往日本、高丽的特定口岸,与东南亚、南亚、波斯湾沿岸各国的贸易也大大加强。明时,宁波港是朝廷指定接待日本勘合贸易船的唯一港口。清初,清政府在宁波设立的"浙海关"是全国四大海关之一。优越的地理位置、便捷的水上交通、广阔的经济腹地,带来了宁波港口的繁荣,丝绸茶叶在此启运,日本的遣唐使在此留有足迹。

仙霞古道沟通了钱塘江流域和闽江流域这两大富庶的农业带,而福建海港自唐朝以来一直都是重要的对外贸易港口,尤其以海岸线曲折蜿蜒的泉州湾最有名。在南朝时,泉州就有与海外友好往来的记录;晚唐成为外贸港;北宋在此设福建路市舶司,南宋时,泉、广长相提并论,泉州城镇南门附近形成蕃商聚集的"蕃人巷";宋代泉州造船业发达,有"泉舶"之称;元代,泉州海外交通贸易进入黄金时期,海上贸易东至日本,西达东南亚、波斯、阿拉伯、非洲,船舶蚁集,马可·波罗在游记中说"刺桐是世界上最大的港口之一",出口陶瓷、绸缎、茶叶、钢铁,进口香料、胡椒、药材、珠贝等。联合国教科文组织所承认的海上丝绸之路的起点便是泉州。[①]

5. 台州和海上丝绸之路

作为我国瓯越文化中心地的台州,是古代海上丝绸之路的策源地,是古代海上丝绸之路东线的发祥地,是古代海上丝绸之路的补给港、避风港,是古代海上丝绸之路重要的贸易口岸。

台州地处中国黄金海岸线中部,自北而南分布着三门湾、台州湾、隘顽

---

① 新浪浙江.浙大历史教授:杭州是海陆丝绸之路交汇的重要节点[EB/OL].(2015-03-21)[2017-10-14]. http://zj.sina.com.cn/news/d/2015-03-21/detail-iawzuney0951405.shtml.

湾、乐清湾等深嵌内陆的港湾和海游港、健跳港、浦坝港、章安港、海门港、楚门港、玉榴港、陈屿港等深水和浅水良港近40处。这些海湾和良港在海上丝绸之路形成、转型、繁荣的各个时期,都曾发挥着十分重要的作用。在唐、宋、元代极盛时期,台州丰富的物产,如丝、瓷、纸、茶等大宗热门贸易产品和铜器、铜钱、金银、漆器、乐器及糖、酒、米、盐、药材等,更是源源不断地输往日本、高丽等国。台州各地的大批古窑址和古窑址群,时间跨度从3000年前的商周时期延续至南宋,尤其是五代、两宋窑址遍布整个台州,临海许市、梅浦,黄岩沙埠、秀岭、平田,温岭冠城,天台崔岙、坦头,三门亭旁,仙居横溪、白塔等,共有40余处,其兴旺繁荣与海上丝绸之路密切相关。自宋至明,台州还与阇婆国(今印度尼西亚)、安南(今越南)、印度、暹罗(今泰国)、琉球(今日本冲绳)等国有海上往来。[①]

6.龙泉与海上丝绸之路

"中国古陶瓷之父"陈万里曾说:"一部中国陶瓷史,半部在浙江;一部浙江陶瓷史,半部在龙泉。"龙泉窑迄今已有1600多年的历史,龙泉青瓷始制于西晋,北宋时初具规模,南宋中晚期步入鼎盛,制瓷技艺登峰造极,其梅子青、粉青釉被认为是青瓷釉色的最高境界。龙泉哥窑与官、汝、定、钧并称为宋代五大名窑。著名的历史地理学家陈桥驿教授评述:"一千多年以来,就是这个县份(龙泉),以它品质优异的大量青瓷器,在世界各地为我们换回了巨额财富,赢得了莫大的荣誉,而龙泉一名,也就由此而传遍天下。……从中国东南沿海各港口起,循海道一直到印度洋沿岸的波斯湾、阿拉伯海、红海和东非沿海……无处没有龙泉青瓷的踪迹,这条漫长的'陶瓷之路',实际上就是中国陶瓷特别是青瓷开拓出来的。"可见,龙泉青瓷自始至终参与开拓着古代丝绸之路,特别是古代海上丝绸之路。中国宋元明时期主要贸易港口为泉州、明州(宁波港)、温州等,作为距离出海港口最近的名窑产品,龙泉青瓷经由浙江宁波、福建泉州等港口外销,是中国外销瓷器中最大宗的产品,成为宋元明以来中国对外贸易的主角之一,是海上丝绸之路不断兴盛的商品支撑。这一时期,龙泉青瓷参与开拓的海上贸易有三条航线:一是龙泉、温州、宁波→朝鲜→日本的东洋航线;二是苏州刘家港→泉州→占城→

---

① 楼祖民.台州与海上丝绸之路[EB/OL].(2015-03-18)[2017-10-14].http://www.zjtz.gov.cn/art/2015/3/18/art_3670_94413.html.

爪哇→暹罗→满刺加→苏门答喇→古里的西洋航线；三是以波斯湾为中转地，至北非、东非、阿拉伯半岛的波斯湾航线。

第二节　新海丝之路建设与浙江的对接

一、21 世纪海上丝绸之路的战略背景

2013 年 10 月 3 日，中国国家主席习近平在印度尼西亚国会的演讲中提出：中国愿同东盟国家加强海上合作，发展好海洋合作伙伴关系，共同建设 21 世纪"海上丝绸之路"。"海上丝绸之路"作为新世纪国家战略再次引起舆论和市场的高度关注。党的十八届三中全会通过的《中共中央关于全面深化改革若干重大问题的决定》再次明确提出：加快同周边国家和区域基础设施互联互通建设，推进丝绸之路经济带、海上丝绸之路建设。2014 年，李克强总理在两会《政府工作报告》中将"抓紧规划建设丝绸之路经济带、21 世纪海上丝绸之路"列为重点工作。

1.21 世纪海上丝绸之路战略构想的基本内容

21 世纪海上丝绸之路主要连接中国与东盟的老挝、柬埔寨、缅甸、泰国、越南、马来西亚、新加坡、文莱、菲律宾和印度尼西亚，其战略内容以中国—东盟"2+7 合作框架"为主体，即中国和东盟要深化两点政治共识、推进七方面合作。两点政治共识是：深化战略互信，拓展睦邻友好；聚焦经济发展，扩大互利共赢。[1] 七方面合作包括：第一，积极探讨签署中国—东盟国家睦邻友好合作条约，为中国—东盟战略合作提供法律和制度保障，引领双方关系发展；第二，加强安全领域交流与合作，完善中国—东盟防长会议机制，深化防灾救灾、网络安全、打击跨国犯罪、联合执法等非传统安全领域合作；第三，启动中国—东盟自贸区升级版谈判，力争到 2020 年双边贸易额达到 1 万亿美元，让东盟国家更多从区域一体化和中国经济增长中受益；第四，加快互联互通基础设施建设，用好中国—东盟互联互通合作委员会等机制，推进

---

① 李磊明.宁波：打造 21 世纪海上丝绸之路先行区[N].宁波日报，2014-4-15(A10).

泛亚铁路等项目建设,筹建"亚洲基础设施投资银行",为东盟及本地区的互联互通提供融资平台;第五,加强本地区金融合作和风险防范,扩大双边本币互换的规模和范围,扩大跨境贸易本币结算试点,降低区内贸易和投资的汇率风险和结算成本,发挥好中国—东盟银联体作用;第六,稳步推进海上合作,重点落实海洋经济、海上互联互通、环保、科研、搜救,以及渔业合作;第七,密切人文、科技、环保等交流,巩固友好合作的基础。

2.共建 21 世纪海上丝绸之路的战略意义

21 世纪海上丝绸之路是中国海洋战略的一个路径选择和整体构想,其目的主要是实现国家海洋战略。而国家的海洋战略又是国家战略的一个有机组成部分,最终都是为了实现人民富裕、国家富强和民族复兴的"中国梦"。

海上丝绸之路不仅是中国自身发展之路,也是中国影响世界甚至牵引世界的发展之路。无论是陆上丝绸之路还是海上丝绸之路,都是人类最早和最长的贸易之路。所以新海上丝绸之路既可视作"现代海上中国发展之路",也可看作"中国改革开放的海上之路"。虽然人类整体进入"海洋世纪"已经 10 余年,但中国之前一直没有足以影响世界的清晰和具体的海洋战略构想,尤其缺少可以影响世界的贸易平台。21 世纪"海上丝绸之路"就是这样一个具有历史传承影响力的现实平台,是一个以"战略思维"和"海洋思维"为基础,以"经略海洋"为目标的超越现在国际上所有平台的创新经济合作平台。

可见,建设 21 世纪海上丝绸之路,是我国面向东盟开放合作的重大战略和深化开放发展的重要任务,也是新时期影响世界经济格局的重要战略部署。刘新生(2014)分析指出,21 世纪海上丝绸之路的设想具有深刻的历史内涵和丰富的现实意义。尽管打造新时代的丝绸之路会面临一些挑战,但只要牢牢把握中国—东盟合作大方向,新海上丝绸之路必将有着美好的未来。

二、各省积极对接 21 世纪海上丝绸之路建设

21 世纪海上丝绸之路(以下简称"新海丝之路")建设是一个庞大的系统工程,需要国内相关省市和相关国家及地区立足中国—东盟的合作视角合力共建。新海丝之路建设方案提出后,包括浙江、福建、广东、广西、云南在内的多省份积极响应,分析自己的优势,着力希望迎接建设海上丝绸之路的机遇。

作为历史上最早的海上丝绸之路始发地之一,广西将通过做大做强港口、建设北部湾现代综合交通网络、发展临港产业,积极参与21世纪海上丝绸之路建设。通过多年的努力,广西的北部湾港口群已经开通了至新加坡、泰国曼谷及越南胡志明市等地的海上直航航线。

作为海上丝绸之路的主要发祥地之一,福建已经做了初步研究和论证,将拿出总体规划和行动方案。按照计划,福建将推动与东盟政府机构、闽籍华侨华人社团和行业商协会之间常态化的沟通协调机制,推进"中国—东盟海上合作基金"项目建设。加强与东盟海洋经济、旅游、物流等合作,加快构筑海上互联互通网络,促进双向投资与贸易。

山东、江苏、上海、浙江、福建、广西、广东等多个省市区均有望在"21世纪海上丝绸之路建设"这个巨大市场中分一杯羹。

三、浙江参与21世纪海上丝绸之路建设的区域条件与海洋经济基础

浙江拥有海域面积26万平方千米,相当于陆域面积的2.6倍;拥有面积500平方米以上的海岛2878个,占全国的40%;拥有深水岸线506千米,占全国的1/3。历史上,浙江一直是"海上丝绸之路"的重要参与者,宁波、舟山是其关键节点。浙江与东盟各国长久以来保持密切的经贸合作,同时海洋优势明显,并与海上丝绸之路上的东盟、印度、非洲等地区和国家在发展上具有很强的互补性。浙江应抓住国家推动新海上丝绸之路建设的契机,积极响应,全面参与,争取在中国—东盟合作中的有利定位,提升浙江开放型经济发展水平。

1.宁波——21世纪海上丝绸之路先行区

首先,宁波地处长江经济带与大陆沿海东部海岸线的交汇处,紧邻亚太国际主航道要冲,背靠中西部广阔腹地,区位条件突出。对外可以加强海上通道的互联互通,扩大我国与世界各国的互利合作;对内可以通过长江经济带连接丝绸之路经济带,辐射中西部地区,以海铁联运的"无缝对接"实现中西部地区"借船出海",促进沿海经济带与长江经济带的融合互动发展。宁波港2009年起实施了西进战略,向长江流域及西部地区开拓港口腹地,至2017年,集装箱海铁联运业务已辐射至14个省市自治区的36个城市,完成海铁联运箱量40.5万标箱,同比增长77%。

其次,宁波港口条件非常突出,是实现我国与东盟沿海港口之间的基础设施互联互通的重要组成部分。宁波经过多年的发展,已成为国内重要的港口城市。2015 年,宁波舟山港货物吞吐量达 8.9 亿吨,连续 7 年稳居全球港口首位;2017 年 12 月 27 日,宁波舟山港成为全球首个年货物吞吐量超 10 亿吨大港,已连续 9 年位居世界第一。宁波舟山港集装箱吞吐量达 2063 万标箱,首次超过香港列全球第四位,与世界上 200 多个国家和地区的 600 多个港口通航,已开通班轮航线 230 多条。完成江海联运总量超 2 亿吨;开通海铁联运的城市达 20 个,海铁联运量达到 17.1 万标箱,具备开展国际集装箱过境运输业务资质。①

最后,宁波开放市场基础非常扎实,是连接国际国内"两种资源、两个市场"的重要节点,是我国参与国际贸易合作的重要门户。宁波是我国首批 14 个东南沿海开放城市之一,对外开放时间早、领域宽、层次高,在国际合作特别是贸易合作中积累了丰富经验。2017 年,宁波口岸进出口总额 13839.5 亿元,比上年增长 18.5%。直接与宁波市开展贸易往来的国家和地区达 223 个,其中欧盟、美国和东盟分别完成进出口额 1564.3 亿元、1378.9 亿元和 634.8 亿元,三者合计占同期进出口总额的 47.1%。②

2. 舟山群岛新区——21 世纪海上丝绸之路的重要区域和港口节点

首先,舟山拥有优越的地理区位条件。舟山扼中国东南沿海航路要冲,是浙东和长江流域的出海门户,历来是中国对外交往的主要港口。从环太平洋地区来看,舟山在历史上长期是中国通向日本、韩国、东南亚地区及世界各国的重要通道,是海上丝绸之路的中转站。如今,舟山与东北亚和西太平洋一线主力港口香港、高雄、釜山等构成近乎等距离的扇形海运网络,且处于扇轴点。这样的地理区位恰恰是国内物流和国际物流的交汇地,具有明显的区位优势,十分有利于转口贸易、对外贸易的发展。目前,途经中国的 7 条主要国际海运航线有 6 条经过舟山海域。随着舟山往上海的北向快速通道打通,南向朱家尖—桃花—六横桥隧工程的建设,以及对接宁波梅山的六横跨海大桥贯通,舟山即将成为东部沿海跨海大桥高速带的枢纽,其地理区位优势将更加明显。

其次,对现代海上丝绸之路来说,中国确实需要一个"枢纽"来连接、疏通

---

① 全球首个"10 亿吨"大港诞生[N]. 光明日报,2017-12-28.
② 宁波市统计局 国家统计局宁波调查队. 2017 年宁波市国民经济和社会发展统计公报[EB/OL]. (2018-2-6)[2018-8-10]. http://tjj. ningbo. gov. cn/read/20180206/30511. aspx.

和转换各种资源。浙江舟山群岛新区无疑是这个枢纽的最佳选择。2011年6月30日,国务院正式批复设立浙江舟山群岛新区,这是我国继上海浦东、天津滨海和重庆两江之后设立的又一个国家级新区,也是首个以海洋经济为主题的国家级新区。浙江舟山群岛新区依据的舟山群岛具有建立现代海上丝绸之路枢纽港的良好条件:一是北上塘沽、南下北海、西进重庆几乎是同等的距离,可以形成枢纽中心;二是有众多可以停靠30万吨以上巨轮的深水良港并可形成一定"群港"效应和"枢纽港"态势;三是背靠我国经济发达的长三角区域,对大宗商品有较大的需求。但关键是必须对现有的港口资源进行整体性思维的整合,使其成为一个内部有层级的立体港态势,要使国内现有的所有港口资源都成为浙江舟山群岛新区枢纽港的子港,从而形成一种综合效应,进而进入海上运输成本的最低状态。

随着"21世纪海上丝绸之路"规划的推进,浙江省政府已经在着力推行宁波和舟山共同探索建设自由贸易园区、自由港区,推进舟山—宁波一体化建设,将舟山—宁波作为中国与中东欧国家交流合作重要平台来打造。2011年6月30日,国务院批准设立浙江舟山群岛新区。此后的几年里,舟山先后获批舟山港综合保税区、中国(浙江)大宗商品交易中心、舟山江海联运服务中心以及绿色石化基地、波音完工与交付中心、国家远洋渔业基地等一系列国家级战略、国家级平台和国家级项目。尤其令人瞩目的是,2017年4月1日,浙江自贸区挂牌成立,全域落地舟山,并重点发展油品全产业链。随着国际绿色石化基地、国际油品储运基地、国际海事服务基地、东北亚保税燃料油加注中心等项目在舟山的顺利开展,舟山再度成为"海上丝绸之路"建设的重要推力。

第三节　浙江海洋旅游的响应策略

一、新海洋丝绸之路建设与旅游业响应

1. 海上丝绸之路——自古的黄金出游线路

古代海上丝绸之路,不但为当时沿线城市带来经济发展,而且丝绸之路

承载的和平合作、开放包容、互利互惠的精神也得以世代相传。在这条线路上,从东南亚,到波斯湾、西欧等各国的旅游业都可以由此出发,释放更多的潜力,将丰富的旅游资源转化为具有吸引力的旅游产品。21世纪海上丝绸之路的概念为各国的旅游业带来了新的机遇与发展前景。海上丝绸之路从来就是一条黄金出游线路。旅游业的大有可为,也将拉动相关产业的发展,为全球经济新一轮增长探索新路向。

旅游资源是海上丝绸之路的优势资源。悠久而灿烂的海上丝绸之路文化(以下简称海丝文化),保留着丰富而又珍贵的旅游资源和海丝遗产,有古建筑、古墓葬、古船、古遗址和古石刻,构成了海上丝绸之路旅游(以下简称海丝旅游)资源的特色和优势,使该区域从旅游资源密度、旅游影响力和旅游资源等级方面都位于全国较高水平。福建泉州目前保留的属于或与海上丝绸之路历史文化相关的全国重点文物保护单位有12处,福建省重点文物保护单位有18处;浙江宁波先民在开辟海上丝绸之路历史过程中,创造了灿烂的物质文化,至今仍较完好地保存着东汉晚期至清代中期遗存120余处。这些遗存较集中地分布在以宁波城为中心的近海和江河两岸。海丝旅游已为中外游客所景仰和期待,海丝旅游合作开发,一定会产生强烈的旅游吸引力和旅游联动效应。

2015年3月28日,经国务院授权,国家发展改革委员会、外交部、商务部联合发布了《推动共建丝绸之路经济带和21世纪海上丝绸之路的愿景与行动》,在其中明确指出:加强旅游合作,扩大旅游规模,互办旅游推广周、宣传月等活动。联合打造具有丝绸之路特色的国际精品旅游线路和旅游产品,提高沿线各国游客签证便利化水平。要"推动21世纪海上丝绸之路邮轮旅游合作";要"推进西藏与尼泊尔等国家边境贸易和旅游文化合作";要"加大海南国际旅游岛开发开放力度"。为实现"一带一路"的旅游愿景,无论是国家层面还是地方层面,旅游主管部门和企业都已经行动起来。

2.新海上丝绸之路——旅游推广联盟

2015年5月8日,福建联合河北、天津、山东、江苏、上海、浙江、广东、广西、海南等省区市旅游主管部门,以及香港、澳门旅游机构,在厦门成立了中国海上丝绸之路旅游推广联盟,旨在通过资源整合、产品包装、形象宣传、联合营销等方式,促进海上丝绸之路沿线地区旅游产品一体化开发和推广,推动联盟成员之间的区域互动与合作,将中国海丝旅游打造成国际知名旅游品牌。这些区域都囊括了大量旅游资源,拥有大批具备国际竞争力和国际知名度的旅游产品,是中国旅游业的资源富集区和人才富集区,是实现入境游市场区域联动、资源整合的精华宝地。在实施海丝旅游国际品牌战略,打造世界级海丝旅游产品等方面,联盟成员形成多方共识。他们将通过整合资源,把海上丝绸之路沿线自然、人文景点串联起来,每年组合成个性鲜明、一程多站、适销对路的国际、国内旅游精品线路。联盟的成立,对加快推进21世纪海上丝绸之路沿线国家和城市旅游资源整合产生了积极有效的推动作用。

二、浙江旅游业响应——海洋旅游

浙江也加入了中国海上丝绸之路旅游推广联盟(以下简称"海丝"联盟),并且在首批的5条线路中,有效串联了宁波、舟山两地的旅游资源。在海上浙江的大背景下,浙江在"海丝"联盟中应该进一步凸显海洋旅游的资源优势,在统一品牌形象下形成个体亮点。

1.浙江海洋旅游与新海丝之路的建设互动分析

海洋是建设21世纪海上丝绸之路的基础和载体。立足海洋,深刻认识建设21世纪海上丝绸之路的重大意义,有效推进海上丝绸之路建设,是今后一个时期摆在我们面前的重要命题。同时,21世纪海上丝绸之路建设将有利于开创面向海洋的全方位对外开放,这又将进一步推动沿线港口和城市经济的新一轮发展。

海洋资源是浙江最大的优势资源之一,是实现浙江经济社会可持续发展的重要战略资源依托,也是浙江未来发展的重要战略空间所在。改革开放以来,浙江海洋经济先后经历了"开发蓝色国土""建设海洋经济大省"和"建设海洋经济强省"等发展阶段,取得了令人鼓舞的成就,海洋经济综合实力明显增强,海洋产业结构不断优化,沿海与海岛基础设施日趋改善。海洋经济已成为浙江国民经济的重要组成部分。

在众多海洋经济产业中,海洋旅游业是新兴朝阳产业,是海洋经济新的增长点。在当前海洋渔业资源逐渐衰竭、大量渔民面临转产转业的新形势下,充分利用浙江海洋旅游资源优势和地处长三角南翼的区位优势,大力发展海洋旅游,开发高端旅游产品,不仅是优化浙江产业结构、推进经济转型升级的现实选择,还是培育民族海洋意识、树立全新海陆观念的有效途径,对响应新海上丝路建设也具有重要的意义。

2.浙江海丝旅游的海洋优势

(1)持续、快速的海洋旅游产业发展趋势

近年来,在国家拉动内需、加大投入的政策驱动下,我国滨海旅游业总体保持平稳发展,国内旅游增长较快,国际旅游逐步恢复。2016 年,滨海旅游继续保持较快发展态势,邮轮、游艇等新兴旅游业态发展迅速。全年滨海旅游业实现增加值 12047 亿元,比上年增长 9.9%,在整个海洋产业增加值构成比例中稳居第一,占比达到 42.1%,滨海旅游业对我国东部沿海地区经济增长的拉动作用日益凸显(见图 8-1)。①

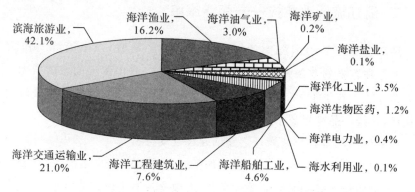

图 8-1 2014 年中国海洋产业增加值构成

(2)得天独厚的海洋旅游资源

浙江是海洋资源大省,海域辽阔,岛屿占全国总数的 40%,大陆海岸线和海岛线占全国的 20.3%;滩涂资源丰富,围垦开发条件优良;拥有全国最大的渔场,渔业有传统优势。浙江海洋旅游资源丰富,各类旅游资源空间分布呈大分散、小集中格局。据 2003 年全省旅游资源普查,全省 7 个沿海市、37 个沿海县市区共有旅游资源单体 7824 个,其中优良级 1535 个,五级 92 个,分别占全省旅游资源的 37%、39% 和 37%,海洋旅游资源优势显著,为发展海洋旅游提供了资源保证。

(3)坚实的海洋旅游产业发展基础

目前,浙江海洋旅游在浙江旅游经济总量中占有近半壁江山。36 个沿海县市区接待国内旅游者人次与收入均占全省一半,入境旅游人次与收入

---

① 国家统计局浙江调查总队. 2016 年中国海洋经济统计公报[EB/OL].（2017-3-16）[2018-8-10]. http://www.soa.gov.cn/zwgk/hygb/zghyjjtjgb/201703/t20170322_55289.html.

占将近 1/3。同时,已初步形成以城市为核心,以国家级和省级旅游功能区为支撑的生产供给体系。沿海 36 个县市区除拥有全省唯一的世界地质公园和国家级海洋自然保护区外,还有 4 个国家级风景名胜区、2 个国家地质公园、10 个国家森林公园、6 个省级旅游度假区、18 个省级旅游区、17 个省级森林公园,有国家 4A 级旅游区 20 个,3A 级旅游区 11 个。此外,旅游接待服务设施也具有较大的总量规模。区域内已拥有星级饭店 749 家,标准床位超过 13 万个,还有为数众多的社会饭店、家庭旅馆等接待设施;旅行社、旅游汽车公司、航运游船公司、旅游票务中心等服务体系也不断完善,已形成了"吃、住、行、游、购、娱"全方位的服务系统。

(4)快捷的海洋旅游交通条件

沪杭甬高速公路、甬台温高速公路、金丽温高速公路、沪杭甬铁路、金温铁路等构成了进入海洋旅游区的陆上交通网;宁波、舟山、路桥、温州等机场则构成了海洋旅游的航空交通网;宁波至舟山、舟山至上海、上海至慈溪、椒江至大陈、温州至洞头、温州至南麂已开通快速海运航线,海岛旅游区与大陆之间的交通,以及海岛交通条件都得到了改善,海洋旅游的可进入性不断增强。杭州湾跨海大桥、舟山连岛工程、洞头连岛工程等的相继完成,甬台温沿海高速铁路、杭甬城际高速铁路等交通网络的完善,也使出行更加便捷,交通工具的选择更为丰富。

(5)优越的区位条件和巨大的客源市场

浙江海洋旅游区位于我国南北海岸线的中部,北邻上海、江苏,南接福建。以上海为龙头、江浙为两翼的长三角,是我国经济、科技、文化最发达的地区之一。一方面,本区域民间资金雄厚,投资开发旅游的热情很高,为浙江海洋文化旅游项目建设的招商引资提供了巨大的空间;另一方面,本区域城乡居民收入高、生活富裕,对旅游的需求日益旺盛,海洋文化旅游对本区域居民有很大的吸引力,在周边形成了极大的客源市场。随着长三角经济一体化进程的推进,江浙沪三地经济、社会发展将相互交融,这一客源市场将为浙江海洋文化旅游提供日趋强劲的需求支撑。

3.浙江海丝旅游的响应构想

(1)规划先行

浙江省旅游管理部门应尽快组织旅游专家学者与旅行社实务专家共同探讨,研究提出浙江在海丝旅游发展中的长远规划和近期工作任务,以国际化的视野统筹海丝旅游主题,推动海丝旅游的长期稳定发展。勇于担当,主动作为,推进海丝旅游与国家战略的对接。

(2)资源挖掘

为确保海上丝绸之路遗产可持续利用的有效推进,一方面要组织历史、考古、文化、宗教等相关领域的专家学者,对浙江海上丝绸之路文化资源的概念加以界定,另一方面要对目前梳理出来的遗产点进行分类研究,评估海上丝绸之路文化资源旅游价值,为海上丝绸之路文化资源可持续利用奠定基础。

现阶段,可通过发展特色文化产业,提升海上丝绸之路建设的文化基础和文化内涵,努力将浙江沿海地区打造成我国海上丝绸之路产业发展带中的特色创新区、交流先行区、新的经济增长点。重点打造海上丝绸之路文化旅游系列品牌,建设以海上丝绸之路为主题的文化旅游精品线路,布局海上丝绸之路文化体验消费场所,打造差异化的旅游文化名街、名镇、名村,推进海上丝绸之路历史文化资源向文化旅游产品、名品、精品转化。鼓励海上丝绸之路旅游发展与演艺娱乐、广播影视、会展节庆、图书出版等产业融合,通过文化创意丰富现有遗产旅游利用形式,延伸旅游产业链,增强文化遗产产业的市场竞争力。

(3)产品开发

海上丝绸之路旅游,是指以邮轮交通为主体,与港澳台地区及东南亚、南亚、东非乃至欧美国家的合作,将海上丝绸之路沿线自然景观和历史文化景观作为旅游资源,共同打造长短多条国际精品海上丝绸之路旅游路线的总称。海上丝绸之路旅游作为一个包括信息流、人员流、资本流等在内的立体的互联互通网络,有助于进一步促进东南沿海城市之间的合作,甚至中国与太平洋、印度洋沿线国家的全方位合作,构建更广阔领域的共赢关系。

开发连接海上丝绸之路沿线国家和地区的邮轮旅游产品。在"海丝"联盟中被各方寄予厚望的浙江应充分发挥"浙江舟山群岛新区"枢纽港的作用,充分利用自身优势,加强与境外邮轮公司合作,并新增连接东亚、东南亚等海上丝绸之路沿线国家的航线,重点开发海丝邮轮旅游度假产品、海丝文化、民俗旅游产品等。宁波北仑已投资4亿元打造国际邮轮母港,为发展国际游船旅游提供了一个良好基础。

（4）多元参与

浙江旅游管理部门应以招投标方式，尝试政府引导、社会参与的多元化的投资结构，制定统一的规划，编制统一协调的丝绸之路国际旅游发展规划，使各投资主体可以共同开发丝绸之路精品旅游资源，实现最佳的旅游资源配置并使之，成为具有影响力的国际知名旅游线路。

（5）开放营销

创新方式，加强营销，采取"走出去，请进来"的双向推介模式。一方面，由浙江省旅游行业协会牵头组织浙江旅游企业赴国外主要客源市场地举办海丝旅游推介会，进行线路推介、洽谈踩线和签订协议，进一步拓展客源市场；另一方面，邀请其他国家和地区的旅行社、重要媒体、客商等到浙江来采访、考察，扩大浙江旅游的知名度。通过双向交流，增强互信，消除因文化差异导致的误解。

（6）全面竞合

21世纪海上丝绸之路是国家对外开放的重大战略，是一项需要境内外不同国家和地区共同参与、涉及领域比较广泛的系统工程。海丝旅游的区域竞合也是必然的阶段和过程。浙江旅游业在积极响应的同时，也需要立足"海丝"联盟，积极谋划21世纪海上丝绸之路沿线城市旅游合作新框架、新平台、新路径和新载体，有效开展国际旅游投资和贸易的跨海合作，密切经贸、旅游、文化和人员往来，开展高规格、高质量的旅游研究及学术研讨活动。

参考文献

[1]保继刚,梁飞勇.滨海沙滩旅游资源开发的空间竞争分析[J].经济地理,1991(2).

[2]陈金华,何巧华.基于旅游者感知的海岛旅游安全实证研究[J].中国海洋大学学报(社会科学版),2010(2).

[3]陈新哲,熊黑钢.新疆交通与旅游协调发展的定量评价及时序分析[J].地域研究与开发,2009(6).

[4]陈扬乐,陈曼真.海南省潜在滨海旅游区研究[M].北京:海洋出版社,2013.

[5]池雄标.滨海旅游理论与实践[M].广州.中山大学出版社,2004.

[6]戴光全,吴必虎.TPC 及 DLC 理论在旅游产品再开发中的应用:昆明市案例研究[J].地理科学,2012(1).

[7]董玉明.海洋旅游[M].青岛:中国海洋大学出版社,2002.

[8]董志文.中国海洋城市旅游品牌价值与竞争力研究[M].青岛:中国海洋大学出版社,2016.

[9]杜栋,庞庆华,吴炎.现代综合评价方法与案例精选[M].北京:清华大学出版社,2008.

[10]高怡,袁书琪.海洋文化旅游资源特征、涵义及分类体系[J].海洋开发与管理,2008(4).

[11]龚艳,郭峥嵘.江苏旅游业发展效率及对策研究[J].华东经济管理,2014(4).

[12]谷慧敏.旅游危机管理研究[M].天津:南开大学出版社,2007.

[13]谷明.国外滨海旅游研究综述[J].旅游学刊,2008(11).

[14]杭州赴法国尼斯"旅游目的地管理"专题研讨班.法国尼斯"旅游目的地管理"对杭州的启示[J].中共杭州市委党校学报,2010(2).

[15]郝建秀.希腊、法国旅游业发展的主要经验及启示[J].环球经济,2001(8).

[16]黄玲,黄永良.海洋休闲运动策划[M].北京:海洋出版社,2017.

[17]黄民生.东南亚旅游资源区域特色和背景分析[J].世界地理研究,1998(2).

[18]黄少辉.中国海洋旅游产业[M].广州:广东经济出版社,2011.

[19]江海旭,李悦铮.浙江省海洋旅游发展研究[J].海洋开发与管理,2009(8).

[20]江海旭.中国滨海城市旅游竞争力空间结构研究[M].北京:北京旅游教育出版社,2015.

[21]金文姬,沈哲.海洋旅游产品开发[M].杭州:浙江大学出版社,2013.

[22]李静.福建滨海旅游产品吸引要素与游客动机关联度研究:以厦门市为例[D].厦门:华侨大学,2011.

[23]李隆华,俞树彪.海洋旅游学导论[M].杭州:浙江大学出版社,2005.

[24]李瑞,苏勇军.第三次旅游革命:第一届中欧国际旅游论坛论文集[C].北京:海洋出版社,2012.

[25]李瑞.港口旅游发展研究进展与实证[J].经济地理,2011(1).

[26]李悦铮.发挥海洋旅游资源优势,加快大连旅游业发展[J].人文地理,2001(5).

[27]李占海,柯贤坤,周旅复,等.海滩旅游资源质量评比体系[J].自然资源学报,2000(3).

[28]梁明珠,易婷婷.广东省城市旅游效率评价与区域差异研究[J].经济地理,2012(10).

[29]林南枝,陶汉军.旅游经济学[M].天津:南开大学出版社,2000.

[30]刘金栋,郑向敏,谢朝武.省域旅游产业与区域经济的耦合协调度研究[J].旅游论坛,2013(1).

[31]刘俊.中国滨海旅游度假区发展及影响因素[M].北京:科学出版社,2012.

[32]柳和勇.舟山群岛海洋文化论[M].北京:海洋出版社,2006.

[33]马丽卿,阳立军.话说海洋旅游[M].北京:海洋出版社,2008.

[34]马丽卿.产业融合背景下的海洋旅游综合管理体制研究[M].北京.海洋出版社,2015.

[35]马丽卿.海岛型旅游目的地的特征及开发模式选择:以舟山群岛为例[J].经济地理,2011(11).

[36]马丽卿.海洋旅游产业理论及实践创新[M].杭州:浙江科学技术出版社,2006.

[37]马丽卿.海洋旅游学[M].北京:海洋出版社,2013.

[38]曲凌雁.世界滨海海岛地区旅游开发经验借鉴[J].世界地理研究,2005(9).

[39]任淑华,蔡克勤.舟山海岛旅游资源开发评价与旅游业可持续发展研究[M].北京:海洋出版社,2010.

[40]沈世伟,Mondou Véronique.地中海区域邮轮港口发展研究[J].宁波大学学报(人文科学版),2014(5).

[41]沈世伟,苏勇军.海洋旅游:第二届中欧国际旅游论坛论文集[C].北京:海洋出版社,2013.

[42]沈世伟.欧洲海滨旅游的演进进程及启示[J].北京第二外国语学院学报,2014(11).

[43]生延超,钟志平.旅游产业与区域经济的耦合协调度研究[J].旅游学刊,2009(8).

[44]苏勇军.浙东海洋文化研究[M].杭州:浙江大学出版社,2011.

[45]苏勇军.浙江海洋文化产业发展研究[M].北京:海洋出版社,2011.

[46]苏勇军.浙江省滨海旅游发展报告[M].杭州:浙江大学出版社,2016.

[47]孙爱军等.中国城市经济与用水技术效率耦合协调度研究[J].资源科学,2008(3).

[48]汪亚明.论明代浙江旅游的特征及文化成因[J].浙江学刊,2015(1).

[49]王芳.滨海旅游可持续发展研究:以江苏省滨海旅游实证研究为例[D].南京:南京大学,2010.

[50]王富玉.国际热带滨海旅游城市发展道路探析[M].北京:中国旅游出版社,2000.

[51]王琪,等.海洋管理制度的现状分析及其变革取向[J].中国海洋大学学报(社会科学版),2005(6).

[52]王艳.广西滨海旅游业发展优势与对策探析[J].市场论坛,2014(7).

[53]王莹.旅游市场旅游消费的不断变化对区域旅游产生的影响[J].地域研究与开发,1995(2).

[54]王颖,阳立军.蓝色交响:浙江海洋经济60年[M].杭州:浙江人民出版社,2009.

[55]魏小安,陈青光,魏诗华.中国海洋旅游发展[M].北京:中国经济出版社,2013.

[56]翁源昌.论舟山海鲜饮食文化形成发展之因素[J].浙江国际海运职业技术学院学报,2007(3).

[57]吴大进,曹力,陈立华.协同学原理和应用[M].武汉:华中理工大学出版社,1990.

[58]吴玉鸣,张燕.中国区域经济增长与环境的耦合协调发展研究[J].资源科学,2008(1).

[59]伍鹏.浙江海洋信仰文化与旅游开发研究[M].北京:海洋出版社,2011.

[60]谢彦君.基础旅游学[M].北京:中国旅游出版社,2004.

[61]杨宁,等.舟山群岛·海洋旅游文化丛书[M].杭州:杭州出版社,2009.

[62]杨士弘,廖重斌,郑宗清.城市生态环境学[M].北京:科学出版社,1996.

[63]余洁.山东省旅游产业与区域经济协调度评价与优化[J].中国人口·资源与环境,2014(4).

[64]於贤德.论海洋旅游的资源开发及其人文意义[J].浙江学刊,2010(6).

[65]张广海,尚修竹.我国沿海省市旅游吸引半径测度及差异分析[J].区域经济研究,2014(6).

[66]张广海.我国滨海旅游资源开发与管理[M].北京:海洋出版社,2013.

[67]张海生.浙江省海洋环境资源基本现状(上下册)[M].北京:海洋出版社,2013.

[68]张海生.浙江省海洋环境资源基本现状[M].北京:海洋出版社,2013.

[69]张明斗,莫冬燕.城市土地利用效益与城市化的耦合协调性分析[J].资源科学,2014(1).

[70]张伟,苏勇军.浙江海洋文化资源综合研究[M].北京:海洋出版社,2014.

[71]张伟.和谐共享海洋时代——港口与城市发展研究专辑[M].北京:海洋出版社,2012.

[72]张伟.中国海洋文化学术研讨会论文集[C].北京:海洋出版社,2013.

[73]张言庆,马波,范英杰.邮轮旅游产业经济特征,发展趋势及对中国的启示[J].北京第二外国语学院学报,2010(7).

[74]张佑印.中国海洋旅游市场特征机制及目的地响应研究[M].北京:中国环境出版集团有限公司,2015.

[75]赵宁曦,杨达源.海滨旅游度假区的生理环境评价[J].海洋科学,1996(6).

[76]浙江省海岛资源综合调查小组.浙江海岛资源综合调查与研究[M].杭州:浙江科学技术出版社,1995.

[77]浙江省旅游局.浙江旅游业发展报告2013[M].北京:中国旅游出版社,2014.

[78]浙江省旅游局.浙江旅游业发展报告2014[M].北京:中国旅游出版社,2015.

[79]郑培迎.我国滨海旅游业的海洋文化开发[J].海岸工程,1999(2).

[80]郑向敏.我国沿海岛屿旅游发展与安全管理[J].人文地理,2007(4).

[81]周彬,等.渔文化旅游资源开发潜力评价研究:以浙江省象山县为例[J].长江流域资源与环境,2011(2).

[82]周彬,钟林生,陈田,等.基于权变模型的舟山群岛生态安全预警[J].应用生态学报,2015(6).

[83]周彬.海洋文化创意与浙江旅游发展[M].杭州:浙江大学出版社,2015.

[84]周国忠,张春丽.我国海洋旅游发展的回顾与展望[J].经济地理,2005(5).

[85]周国忠.基于协同论,"点—轴系统"理论的浙江海洋旅游发展研究[J].生态经济,2006(7).

[86]周世锋.海洋开发战略研究[M].杭州:浙江大学出版社,2009.

[87]Eeekhuis J V. Tourism in the Caribbean:Impacts on the economic, social and natural environments[J].Ambio,1981(10).

[88]Archer E. Emerging environmental problems in a tourist zone—the case of Barbados[J].Caribbean Geography,1985(2).

索　引